# Grammaire pratique française

# 프랑스어 문법

황유미

문예림

**Grammaire pratique française**

**프랑스어 문법**

초판 1쇄 인쇄 2018년 12월 6일
초판 1쇄 발행 2018년 12월 14일

**지은이** 황유미
**펴낸이** 서덕일
**펴낸곳** 도서출판 문예림

**출판등록** 1962. 7. 12 (제406-1962-1호)
**주소** 경기도 파주시 회동길 366 (10881)
**전화** (02) 499-1281~2 **팩스** (02) 499-1283
**전자우편** info@moonyelim.com
**홈페이지** www.moonyelim.com



**ISBN** 978-89-7482-897-4(13760)
**값** 22,000원

# 머 리 말

이 책은 프랑스어를 처음 접하거나 프랑스어 문법을 좀더 깊이 공부하고자 하는 사람들을 위한 책입니다. 문법의 초급부터 중급까지 프랑스어를 혼자서도 충분히 공부할 수 있도록 유용한 책을 만들려는 의도에서 출간되었습니다.

각 단원별로 프랑스어 학습에 필요한 주요 문법적 설명을 차례대로 설명해놓았습니다. 거기에 덧붙여진 예문은 문법적 설명을 이해할 수 있도록 선별해서 수록했으며 혼자 공부하는 데 어려움이 없도록 해석을 달아놓았습니다. 해석은 매끄러운 의역보다는 문법적 설명을 위한 직역에 가깝게 했습니다. 문법의 세세한 부분까지 모두 다룰 수는 없었지만 프랑스어의 문장구조를 이해하고 나아가 프랑스어를 구사하는 데 있어 필요하다고 생각되는 내용은 되도록 빠짐없이 다루고자 했으며 이 책 한 권으로 프랑스어 문법을 충분히 익힐 수 있도록 하였습니다.

각 단원의 마지막에 있는 연습문제는 앞에서 공부한 내용을 확실하게 숙지하고 반복 학습할 수 있는 문제들로 선별하였습니다. 그리고 다섯 과마다 주요 부분을 한눈에 보기 쉽게 정리해놓았으며 책의 뒷부분에는 동사변화표를 수록하여 프랑스어를 공부하는 사람들이 가장 어려워하는 프랑스어 동사의 변화를 한눈에 알기 쉽도록 하였습니다.

마지막으로 이 책을 출판하기까지 70여년이 넘는 세월 동안 묵묵히 어학 교재라는 한 길을 걸어가고 계시는 도서출판 문예림의 직원들분께 깊은 감사를 드립니다. 아울러 이 책으로 프랑스어 문법을 공부하는 독자들에게도 진심어린 감사와 더불어 이 책이 프랑스어 공부에 유용한 참고 도서가 되기를 바라며 많은 학문적 발전이 있기를 바랍니다.

2018년 12월

황 유 미

# 목 차

# 프랑스어 문법

Leçon 0 ~ 54

# Leçon 0. 프랑스어 발음 규칙

## ▣ 알파벳(l'Alphabet)

| | | | | | |
|---|---|---|---|---|---|
| A | [a, ɑ] | J | [ʒi] | S | [ɛs] |
| B | [be] | K | [kɑ] | T | [te] |
| C | [se] | L | [ɛl] | U | [y] |
| D | [de] | M | [ɛm] | V | [ve] |
| E | [ə] | N | [ɛn] | W | [dubləve] |
| F | [ɛf] | O | [o] | X | [iks] |
| G | [ʒe] | P | [pe] | Y | [igʀɛk] |
| H | [aʃ] | Q | [ky] | Z | [zɛd] |
| I | [i] | R | [ɛ:ʀ] | | |

## ▣ 기호(les Signes orthographiques)

| | | |
|---|---|---|
| l'accent aigu ( ´ ) | é [e] | café [kafe], décor [dekɔ:ʀ], étude [etyd], vérité [veʀite] |
| l'accent grave ( ` ) | à [a]<br>è [ɛ]<br>ù [u] | à [a], là [la]<br>mère [mɛ:ʀ], problème [pʀɔblɛm], thème [tɛm]<br>où [u] |
| l'accent circonflexe ( ^ ) | â [a]<br>ê [ɛ]<br>î [i]<br>ô [ɔ]<br>û [y] | âme [ɑ:m], gâteau [gɑto], pâte [pɑ:t], tâche [tɑ:ʃ]<br>tête [tɛt], être [ɛtʀ], fête [fɛt], crêpe [kʀɛp]<br>île [il], dîner [dine]<br>côté [kote], hôtel [ɔtɛl], hôpital [ɔpital]<br>mûr [my:ʀ], sûr [sy:ʀ] |
| le tréma ( ¨ ) | ë [ɛ]<br>ï [i]<br>ü [y] | Noël [nɔɛl]<br>maïs [mais], naïf [naif], haïr [ai:ʀ]<br>Saül [sayl] |
| le cédille ( ¸ ) | ç [s] | leçon [ləsɔ̃], français [fʀɑ̃sɛ], garçon [gaʀsɔ̃] |
| le trait d'union | – | arc-en-ciel [aʀkɑ̃sjɛl], demi-heure [dəmiœ:ʀ]<br>Avez-vous [ave vu] |
| l'apostrophe | ' | l'ami [lami], d'abord [dabɔ:ʀ], j'aime [ʒɛ[e]m] |

- l'accent aigu 악상 떼귀 : e 위에 놓이며 [e]라고 발음된다.
- l'accent grave 악상 그라브 : a, o, u 위에 놓이며 각각 [a], [ɛ], [u]라고 발음된다.
- l'accent circonflexe 악상 씨흐꽁플렉스 : a, e, i, o, u 위에 놓이며 각각 [a], [ɛ], [i], [ɔ], [y]라고 발음된다.
- le tréma 트레마 : e, i, u 위에 놓이며 연속된 모음과 따로 발음된다.
- la cédille 쎄디유 : c 밑에 붙이며 항상 [s]로 발음된다. (쎄디유가 붙지 않은 c는 a, o, u 앞에서 [k]로 발음된다.)
- le trait d'union 트레 디니옹 : 두 개 이상의 단어를 연결해서 하나의 단어로 만들 때, 또는 의문문에서 주어와 동사의 위치가 도치될 때 등 다양하게 사용된다.
- l'apostrophe 아포스트로프 : 모음이나 무음 h 앞에서 모음 생략이 되었을 때 사용된다.

## ▣ 모음(les voyelles)

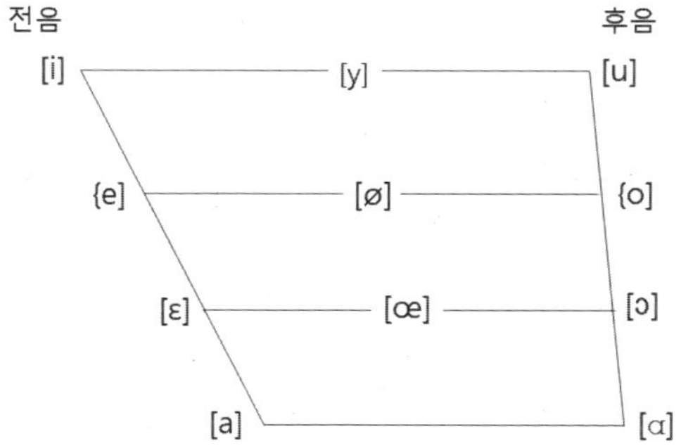


① 구강 모음(les voyelles orales)

- [a], [ɑ]는 둘 다 [아]라고 발음하며 [ɑ]가 좀더 목구멍 쪽에서 발음한다. 하지만 두 소리를 정확하게 구별할 필요는 없으며 [아]라고 발음하면 된다.
- [ə]는 무음으로, 우리말의 [으]와 비슷하나 [어]를 발음할 때의 입 모양을 하고 [으]라고 발음한다.
- [e], [ɛ]는 둘 다 [에]라고 발음하는데 [e]는 앞에서 소리를 내고, [ɛ]는 입을 좀더 크게 하고 뒤에서 소리를 낸다. 두 소리를 정확하게 구별할 필요는 없으며 [에]라고 발음하면 된다.

- [o], [ɔ] : 둘 다 [오]라고 발음하는데 [ɔ]는 입을 좀더 크게 벌리고 약간 [어]에 가깝게 발음한다. 두 소리를 정확하게 구별할 필요는 없고 [오]라고 발음하면 된다.
- [i] : [이]라고 발음한다.
- [y] : 입 모양은 [우]를 발음할 때처럼 한 상태에서 [이]라고 발음한다. 우리 말로 [위]라고 발음해보면 마지막에 입 모양이 변하면서 [이]로 끝나는데, 프랑스어의 [y] 발음은 우리 말의 [위]처럼 발음하되 마지막에 입 모양도 변하지 않고 마지막 [이]도 발음하지 않는다.
- [u] : [우]라고 발음한다.
- [ø], [œ] : [ø]는 [o]를 발음할 때의 입 모양을 하고 [e]라고 발음한다. [œ]는 [ɔ]를 발음할 때의 입 모양을 하고 [ɛ]라고 발음한다.

| | | | |
|---|---|---|---|
| [a] | anana salade là femme | [ɑ] | repas âge âme |
| [ə] | le menu de petit demain | [e] | chez et été idée aimer |
| [ɛ] | mère médecin forêt tête<br>mer lettre mais maître<br>neige beige crayon | [i] | midi dîner Haïti style type |
| [o] | eau chateau aussi zéro pôle | [ɔ] | pomme joli opéra |
| [y] | sucre université usage dû | [u] | vous soupe où goût bonjour |
| [ø] | bleu jeudi Europe heureux | [œ] | chanteur beurre fleur coeur |

② 비강 모음(les voyelles nasales)

구강 모음 [ɑ], [ɔ], [ɛ], [œ]를 발음할 때 콧소리 ' ~ '이 들어가는 소리이다. ' ~ '은 우리 말로 [응]과 같은 소리인데 다만 프랑스어 ' ~ '은 발음하면서 소리의 일부를 코로 내보낸다.

| | | | |
|---|---|---|---|
| [ɑ̃] | santé chambre enfant<br>temps ensemble encore | [ɔ̃] | bon pont nom ombre compte<br>tonton |
| [ɛ̃] | simple vin pain coréen<br>faim sympathique peintre | [œ̃] | brun lundi parfum |

③ 반모음(les semi-voyelles) 혹은 반자음(les semi-consonnes)

[i], [u], [y]는 뒤에 다른 모음이 오면 완전한 모음 소리를 내지 못하고 짧게 발음되는데 이를 반모음 혹은 반자음이라 부른다. 이때 [i]는 [j]로, [u]는 [w]로, [y]는 [ɥ]로 발음된다.

| | | | |
|---|---|---|---|
| [j] | cahier piano yeux fille<br>famille bien yoga yaourt | [w] | oui jouer voilà croissant<br>voyager kiwi western ouest |
| [ɥ] | lui nuage nuit juillet depuis | | |

## ▣ 자음(les consonnes)

– c와 ç의 발음: 뒤에 a, o, u가 오면 발음은 [k]이고, e, i, y가 오면 발음은 [s]이다. ç는 뒤에 어떤 글자가 오든지 항상 [s]라고 발음된다.

cacao [kakao] comme [kɔm] cubisme [kybism]
carte [kaʀt] accord [akɔʀ] cuiller [kɥijɛ:ʀ]

ceci [səsi] ciel [sjɛl] cyan [siɑ̃]
police [polis] cinéma [sinema]

deça [dəsa] français [fʀɑ̃sɛ] reçu[ʀəsy]

– g의 발음: 뒤에 a, o, u가 오면 발음은 [g]이고, e, i, y가 오면 발음은 [ʒ]이다.

gant [gɑ̃] gomme [gəm] guitare [gita:ʀ]

manger [mɑ̃ʒe] girafe [ʒiʀaf] gymnastique [ʒimnastik]

– sc의 발음: 뒤에 a, o, u가 오면 발음은 [sk]이고, e, i가 오면 발음은 [s]이다.

scandale [skɑ̃dal] scolaire [skɔlɛ:ʀ] sculpture [skylty:ʀ]

scène [sɛn] science [sjɑ̃:s]

- [ʃ] : [슈]라고 발음한다.
- [r] : 목을 긁듯이 [ㅎ] 소리를 낸다.
- [ɲ] : [니유]라고 발음하되 한 음절로 소리를 낸다.

| | | | |
|---|---|---|---|
| [b] | arbre bois bon banane | [p] | papa piano absent absolu |
| [d] | des madame addition | [t] | tout taxi question théâtre |
| [g] | gare gomme gâteau guerre baguette | [k] | cuisine vacances chrétien écho quatre quatier kiwi kiosque |
| [f] | café femme pharmacie photo | [v] | valise vin verre vélo wagon |
| [s] | ce ça garçon salle style science scène nation audition | [z] | zéro gaz jazz rose dixième musique |
| [ʃ] | chanson marché chemin chic | [ʒ] | jour jasmin George gym énergie |
| [l] | lampe lune salle | [r] | rare mer voiture restaurant |
| [m] | maison monde drama | [n] | nature nage nouvelle nombre |
| [ɲ] | montagne campagne Espagne | | |

# 프랑스어의 끝자음은 원칙적으로 발음되지 않는다.

| | | | |
|---|---|---|---|
| chat [ʃa] | 고양이 | heureux [œʀø] | 행복한 |
| doigt [dwa] | 손가락 | mais [mɛ] | 그러나 |
| enfant [ɑ̃fɑ̃] | 아이 | nuit [nɥi] | 밤 |
| et [e] | 그리고 | objet [ɔbʒɛ] | 사물 |
| français [fʀɑ̃se] | 프랑스 사람 | plat [pla] | 요리 |
| gilet [ʒilɛ] | 조끼 | poids [pwa] | 무게 |

# 예외적으로 끝자음이 발음되는 경우도 있다.

| | | | |
|---|---|---|---|
| bus [bys] | 버스 | mars [maʀs] | 3월 |
| est [ɛst] | 동쪽 | os [ɔs] | 뼈 |

| | | | |
|---|---|---|---|
| index [ɛ̃dɛks] | 색인 | ouest [wɛst] | 서쪽 |
| fils [fis] | 아들 | ours [uʀs] | 곰 |
| maïs [mais] | 옥수수 | sud [syd] | 남쪽 |

# c, f, l, r, q로 끝나는 단어의 경우 끝자음이 발음되는 경우가 많다.

| | | | |
|---|---|---|---|
| avec [avɛk] | ~와 함께 | lac [lak] | 호수 |
| bloc [blɔk] | 덩어리 | sac [sak] | 핸드백 |
| cognac [kɔɲak] | 꼬냑 | | |

| | | | |
|---|---|---|---|
| chef [ʃɛf] | 쉐프 | neuf [nœf] | 새로운 |
| naïf [naif] | 순진한 | | |

| | | | |
|---|---|---|---|
| animal [animal] | 동물 | festival [fɛstival] | 페스티발 |
| cil [sil] | 속눈썹 | signal [siɲal] | 신호 |

| | | | |
|---|---|---|---|
| cher [ʃɛ:ʀ] | 사랑하는 | coq [kɔk] | 수탉 |
| jour [ʒu:ʀ] | 낮 | mer [mɛʀ] | 바다 |
| chanteur [ʃɑ̃tœʀ] | 가수 | soeur [sœ:ʀ] | 누이 |
| dur [dy:ʀ] | 단단한 | | |

## ▣ 모음 생략(l'élision)

: 앞 단어의 끝이 모음으로 끝나고 뒤이은 단어의 첫 글자가 모음이나 무음 h로 시작할 경우 모음 충돌을 일으키며 이때 앞 단어의 끝에 있는 모음이 생략된다.

| | |
|---|---|
| 정관사 le, la 뒤에서 | le homme → *l'*homme<br>la église → *l'*église |
| 지시대명사 ce 뒤에서 | ce est → *c'*est |

| | |
|---|---|
| 주어인칭대명사 je 뒤에서 | je ai → *j'*ai,  je aime → *j'*aime |
| 목적보어대명사 me, te, le, la 뒤에서 | il me attend → il *m'*attend<br>tu le as → tu *l'*as |
| 재귀대명사 se 뒤에서 | ils se aiment → ils *s'*aiment |
| 관계대명사 que 뒤에서 | ce que il → ce *qu'*il |
| 전치사 de 뒤에서 | le père de Hélène → le père *d'*Hélène<br>de où → *d'*où |
| ne, jusque~, 종속절의 que 뒤에서 | Elle ne a pas → Elle *n'*a pas~<br>jusque à présent → *jusqu'*à présent<br>que il parte → *qu'*il parte |
| 접속사 si 뒤에서<br><br>※ 주의 : 뒤에 il, ils이 올 때만 모음 생략을 하고 elle, on이 올 때는 모음 생략을 하지 않는다. | si il vous plaît → *s'*il vous plaît<br><br>※ Attention !<br>si elle est arrivée (o) / s'elle est arrivée (×)<br>si on est venu (o) / s'on est venu (×) |

# 다음의 경우는 모음 생략을 하지 않는다.

| | |
|---|---|
| 주어인칭대명사 tu, elle 뒤에서 | *tu* es, *Elle* est |
| 부정관사 une 뒤에서 | *une* amie<br>*une* étudiante |
| 지시형용사 cette 뒤에서 | *cette* école<br>*cette* étudiante |
| 의문형용사 quelle 뒤에서 | *Quelle* est votre adresse? |
| 소유형용사 notre, votre 뒤에서 | *notre* ami<br>*votre* ami |

| | |
|---|---|
| 수사 un, huit, huitaine, huitième, onze, onzième 앞에서 | acte *un*<br>chapitre *huit*<br>le *huit* mai<br>une *huitaine*<br>*le huitième art*<br>chapitre *onze*<br>le *onzième* rang |
| oui 앞에서 | Je crios que *oui*. |
| 부사 où 뒤에서 | *Où* est–il? |
| 부사 si 뒤에서 | Elle est *si* aimable. |
| 의문대명사 qui, 관계대명사 qui 뒤에서 | *Qui* est–ce?<br>La femme *qui* est là est ma soeur. |
| 조동사 + 본동사/과거분사 사이에서 | Elle *va arriver* à la gare.<br>J'*ai été* à Paris |
| 전치사 à와 강세인칭대명사 elle, eux, elles 사이에서 | Je pense *à eux*.<br>Elle donne un livre *à elle*. |

# 프랑스어에서 h는 유음 h 와 무음 h의 두 가지가 있다.

– 유음 h (†h) : 유음 h(h aspiré)는 자음으로 취급되어 모음 생략이나 연음을 하지 않는다.

| | | | |
|---|---|---|---|
| la hache | 도끼 | la honte | 불명예 |
| la haie | 울타리 | le huit | 8 |
| la haine | 증오 | haïr | 미워하다 |
| la harpe | 하프 | haut(e) | 높은 |
| le hasard | 우연 | la hauteur | 높이 |
| la hâte | 서두름 | hausser | 높이다 |
| le hibou | 올빼미 | le héros | 영웅 |
| la Hollande | 네덜란드 | | |

– 무음 h : 무음 h(h muet)는 모음으로 취급되어 모음생략이나 연음을 한다.

| | | | |
|---|---|---|---|
| l'heure | 시간 | l'hôpital | 병원 |
| l'herbe | 허브 | l'histoire | 역사 |
| l'hôtel | 호텔 | heureux | 행복한 |

▣ **연음**(la liaison) : 프랑스어의 발음에서 한 단어의 마지막 자음은 원칙적으로 발음하지 않는다. (물론 끝자음을 발음하는 예외적인 경우도 있다.) 연음이란 대화를 하거나 글을 읽을 때 발음되지 않던 끝자음에 뒤이어 나오는 단어의 첫 글자가 모음이나 무음 h로 시작되는 경우, 발음되지 않던 끝자음이 발음되는 것을 말한다. 그리고 이때 연음이 되면서 끝자음의 발음이 변하는 경우도 있다.

| | |
|---|---|
| 관사 + 명사 사이 | un oiseau, les histoires |
| 관사 + 형용사 사이 | les anciens temps |
| 형용사(품질형용사/지시형용사/의문형용사/소유형용사) + 명사 사이 | un petit enfant, un grand espoir<br>cet hôtel<br>quel arbre<br>mon ami |
| 주어인칭대명사/목적보어대명사 + 동사 사이 | ils arrivent, vous êtes<br>je les ai |
| 동사 + 속사 사이 | Je suis heureux.<br>Elle est étudiante. |

| | |
|---|---|
| 조동사 + 과거분사 사이 | Je suis_arrivé<br>Nous sommes_allés |
| 부사 + 형용사 사이 | bien_arrivé, très_utile<br>plus_aimable |
| 전치사 + 명사 사이 | chez_elle, en_été<br>dans_un café |
| 관용구에서 | à tout_à l'heure<br>petit_à petit<br>tout_à coup<br>quant_à<br>de plus_en plus<br>de temps_en temps<br>pas_à pas |

# 연음이 되면서 발음이 변하는 자음들

| | |
|---|---|
| s, x → [z] | dix heures [di zœːʀ]<br>nous avons [nu zavõ]<br>les enfants [lezɑ̃fɑ̃] |
| d → [t] | un grand arbre [grɑ̃tɛːʀ]<br>quand on dit [kɑ̃ tõ di]<br>prend-elle ~? [pʀɑ̃ tɛl] |
| f → [v] | neuf ans [nœ vɑ̃]<br>neuf hommes [nœ vɔm] |
| g → [k] | long hiver [lõ kivɛʀ] |

# 다음의 경우는 연음을 하지 않는다.

| | |
|---|---|
| 유음 h로 시작하는 단어 앞에서 | les / héros<br>les / Hollandais<br>en / haut<br>un / haricot |
| 접속사 et 뒤에서 | un homme et / une femme<br>vingt et / un |
| 명사 주어 + 동사 | Mes amis / ont des vélos.<br>Pierre / aime le jazz.<br>Paul / est à Paris. |
| 단수 명사 + 형용사 | un enfant / aimable<br>un étudiant / étranger |
| 수 형용사 huit, onze 앞에서<br>cent 뒤에서 | les / huit livres<br>les / onze livres<br>deux cents / un<br>cent / artistes |
| oui 앞에서 | mais / oui |
| 의문부사 combien, comment, quand 뒤에서 | Combien / êtes–vous?<br>Comment / est–il?<br>Quand / est–elle partie?<br><br>※ 예외 :<br>Comment‿allez–vous?<br>Quand‿est–ce que vous arrivez? |
| – es로 끝나는 동사 변화(직설법 현재와 접속법 현재 시제) 다음에서 | Tu cherches / un dictionnaire.<br>Elle veux que tu restes / ici. |

# Leçon 1. être 동사, 국적과 직업 소개하기

## ▣ 주어인칭대명사

| | 단수 | | 복수 | |
|---|---|---|---|---|
| 인칭 | je | 나(는) | nous | 우리(는) |
| | tu | 너(는) | vous | 너희들(은) 당신(들)(은) |
| | il | 그(는) | ils | 그들(은) |
| | elle | 그녀(는) | elles | 그녀들(은) |
| | on | 사람(들)(은), 우리(는) | | |

① 주어인칭대명사는 문장 안에서 주어의 역할을 한다. 1·2인칭 주어 je, tu, nous, vous는 남·여성의 성(性) 구별이 없지만, 주어를 수식하는 속사나 형용사로 성 구별을 한다. 3인칭 주어 il, elle, ils, elles은 남·여성을 구분하여 사용한다.

*Je* suis *étudiant.* 나는 학생이다. (je = 남성단수)
*Nous* sommes *étudiantes.* 우리는 학생들이다. (nous = 여성단수)
*Il* est *étudiant.* 그는 학생이다. (il = 남성단수)
*Elle* est *étudiante.* 그녀는 학생이다. (elle = 여성단수)

② 2인칭 주어 tu와 vous

– 'tu'는 가족, 친구 등 친밀한 관계에서 사용되는 친숙어이다.

Merci, papa! *Tu* es toujours gentil. 아빠, 고마워! 항상 친절해서.
Maman! *Tu* n'oublies pas mon anniversaire? 엄마, 내 생일 잊고 있는 거 아니지?
Julie! Qu'est-ce que *tu* fais? 줄리! 너 지금 뭐해?

- 'vous'는 상황에 따라 단수적 존칭어 혹은 복수적 의미로 사용된다. 형식적인 관계나 예의를 지켜야 하는 관계에서 단 한 명의 상대를 지칭하는 존칭어 '당신'의 의미로 사용되거나, tu의 복수 개념으로 '너희들', 혹은 존칭어의 복수 개념으로 '당신들'의 의미로 사용된다.

*Tu* es occupé? 너는 바쁘니?
*Vous* êtes occupé? 당신은 바쁘세요?
*Vous* êtes occupés? 너희들은 바쁘니?/ 당신들은 바쁘십니까?

*Cf. Tu es* américain? 너는 미국인이니?
→ Non, *je suis* français. 아니, 난 프랑스인이야.

*Vous êtes* américain? 당신은 미국인입니까?
→ Non, *je suis* français. 아니요, 저는 프랑스인입니다.

③ 3인칭(단수) 주어 on

- 'on'은 회화체에서 'nous'(우리) 대신에 빈번하게 대체되어 사용된다. 이때 복수 개념으로 사용될지라도 문법적으로는 단수 주어이다.

Après le cours, *on* va où? (= Après le cours, nous allons où?) 수업 끝나고 우리 어디 갈까?
Qu'est-ce qu'*on* fait? (= Qu'est-ce que nous faisons?) 우리 뭐 할까?

- 'on'은 '누구'라는 의미로도 사용되며 또한 다른 주어를 대신하여 사용될 수 있다.

*On* frappe à la porte. 누군가 문을 노크한다.
Tiens, *on* y va! 자, 갑시다!
Oui, *on* y va. 네, 갑니다.

– 'on'은 특정하지 않은 일반적인 '사람들'을 지칭하며 번역이 생략되는 경우가 많다.

*On* mange du riz en Corée. 한국에서는 (사람들이) 쌀밥을 먹는다.
*On* mange du pain en France. 프랑스에서는 (사람들이) 빵을 먹는다.

④ 3인칭 주어 il, elle, ils, elles은 사람 이외에 사물을 가리키기도 한다. 프랑스어의 모든 명사는 남성 혹은 여성의 성을 지니고 있으므로 반드시 남・여성과 단・복수를 구분하여 사용해야 한다.

Voilà Martin. *Il* est journaliste. 저기 마르탱이 있다. 그는 기자이다.
Voilà *des* fleur*s*. *Elles* sont belles. 저기 꽃들이 있다. 그것들은 아름답다.

⑤ 남성과 여성이 함께 있는 복수형의 경우 남성복수형을 사용한다.

Pierre et Sophie, *ils* sont lycéens. 피에르와 소피, 그들은 고등학생들이다.
Mon frère et ma soeur, *ils* sont tous avocats. 나의 형제와 누이, 그들은 모두 변호사이다.

⑥ 3인칭 남성 단수 주어 il은 날씨, 날짜, 비인칭 구문 등에서 비인칭 주어로도 사용되며 이때 il은 아무런 의미 없이 형식적으로 사용된 주어이다.

*Il* est neuf heures. 9시이다.
*Il* pleut. 비가 온다.
*Il* fait beau. 날씨가 좋다.
*Il* y a des livres sur la table. 테이블 위에 책들이 있다.

⑦ 모음이나 무음 h로 시작하는 동사 앞에서 주어 je는 모음 충돌에 의해 축약이 되지만 tu와 elle은 축약되지 않는다.

*J'*aime le cinéma. 나는 영화를 좋아한다. *J'*habite à Paris. 나는 파리에 살고 있다.
*Tu* aimes le cinéma. 너는 영화를 좋아한다. *Tu* habites à Paris. 너는 파리에 살고 있다.
*Elle* aime le cinéma. 그녀는 영화를 좋아한다. *Elle* habite à Paris. 그녀는 파리에 살고 있다.

⑧ 주어 인칭대명사의 위치는 평서문에서는 동사의 앞이다. 의문문에서는 주어와 동사가 도치될 수 있으며 이때 주어와 동사는 '–'(trait d'union)으로 연결된다.

*Tu* es étudiant. 너는 대학생이다.
Es–*tu* étudiant? 너는 대학생이니?

## ▣ être 동사

: être 동사는 영어의 'be' 동사와 같은 의미이며 일상적으로 매우 빈번하게 사용되는 동사이다.

| être 동사의 직설법 현재 변화 | | 단수 | 복수 |
|---|---|---|---|
| 인칭 | 1인칭 | je suis | nous sommes |
| | 2인칭 | tu est | vous êtes |
| | 3인칭 | il est | ils sont |
| | 3인칭 | elle est | elles sont |

① 주어와 명사 혹은 형용사를 연결하여 '~이다' 라는 의미를 가지며 상태, 시간, 날씨 등을 나타낸다.

Il *est* étudiant. 그는 대학생이다.
Nous *sommes* français. 우리는 프랑스인이다.
Elle *est* à l'heure. 그녀는 약속을 잘 지킨다.
Je *suis* en forme. 나는 컨디션이 좋다.
La maison *est* grande. 집이 크다.
Il *est* quatre heures dix. 4시 10분이다.

② ‘있다’, ‘존재하다’의 의미이다.

Nous *sommes* à Québec maintenant. 우리는 지금 퀘벡에 있다.
L'hôpital *est* en face de la poste. 병원은 우체국 앞에 있다.
Je pense donc je *suis*. (Descartes) 나는 생각한다, 고로 나는 존재한다. (데카르트)

③ être 동사가 사용된 문장에서 수식어는 주어의 성・수에 일치시켜서 사용한다.

| | | | |
|---|---|---|---|
| *Il* est *français.* | 그는 프랑스인이다. | *Elle* est *française.* | 그녀는 프랑스인이다. |
| *Il* est *avovat.* | 그는 변호사이다. | *Elle* est *avocate.* | 그녀는 변호사이다. |
| *Ils* sont *américains.* | 그들은 미국인이다. | *Elles* sont *américaines.* | 그녀들은 미국인이다. |
| *Ils* sont *lycéens.* | 그들은 고등학생이다. | *Elles* sont *lycéennes.* | 그녀들은 고등학생이다. |

# 'vous'의 경우, 주어의 의미에 따라 수식어의 성・수도 변화한다.

Vous êtes *étudiant.* 당신은 남학생입니다. (vous = 남성단수)
Vous êtes *étudiante.* 당신은 여학생입니다. (vous = 여성단수)
Vous êtes *étudiants.* 당신들[너희들]은 남학생들입니다[이다]. (vous = 남성복수)
Vous êtes *étudiantes.* 당신들[너희들]은 여학생들입니다[이다]. (vous = 여성복수)

④ 국적이나 직업, 종교 등을 표현할 때 사용하며 이때 관사는 생략된다.

Nous sommes *des* étudiants (x) → Nous sommes étudiants. (o) 우리는 대학생이다.
Vous êtes *un* allemand. (x) → Vous êtes allemand. (o) 당신은 독일인이다.
Elle est une catholique. (x) → Elle est catholique. (o) 그녀는 가톨릭 신자이다.

## Exercices

### 1. 다음 빈칸에 être 동사를 인칭에 맞게 변화시키시오.

(1) Je ________ français.

(2) Nous ________ coréens.

(3) Ils ________ italiens.

### 2. 다음 괄호 안의 명사를 성·수에 맞게 고치시오.

(1) Elle est ( musicien ).

(2) Ils sont ( anglais ).

(3) Mademoiselle, vous êtes ( célibataire )?

### 3. 다음 보기처럼 답하시오.

| |
|---|
| Je travaille dans une école. → Je suis professeur. |

(1) Il travaille dans un hôtel. →

(2) Il travaille dans une entreprise. →

(3) Il travaille dans un hôpital. →

### 4. 다음 예문처럼 문장을 만드시오.

| |
|---|
| Amélie Nothomb, français, romancier : Bonjour! Je suis Amélie Nothomb.<br>Je suis française et je suis romancière. |

(1) Bora Kim, coréen, étudiant :

(2) Charles Lebreton, belge, médecin :

(3) Lucien Grégoire, canadien, écrivain :

## Leçon 2. 명사(le nom)와 부정관사(l'article indéfini), avoir 동사

### ▣ 명사

#### 1. 명사의 성(性)과 여성형 만들기

① 일반 명사의 성(性) : 프랑스어의 모든 명사는 남성 혹은 여성의 성을 지닌다. 사람과 동물은 타고난 자연적인 성을 따르고 사물이나 관념을 의미하는 명사는 문법적으로 정해진 성을 갖는다.

| | 남성명사 | 여성명사 |
|---|---|---|
| 자연성 : 사람, 동물 | homme 남자<br>coq 수탉 | femme 여자<br>poule 암탉 |
| 문법성 : 사물 | livre 책<br>courage 용기 | table 테이블<br>tristesse 슬픔 |

② 고유명사의 성

– 국가 명사 : 'e'로 끝난 국가명은 여성명사이고(le Mexique, le Cambodge, le Mozambique 제외), 그 외는 남성명사이며, 미국, 필리핀, 네덜란드는 복수명사이다.

| | | | | | |
|---|---|---|---|---|---|
| le Canada | 캐나다 | l'Allemande (f) | 독일 | les États–Unis | 미국 |
| le Japon | 일본 | la Corée | 한국 | les Pays–bas | 네덜란드 |
| le Maroc | 모로코 | la Chine | 중국 | les Philippines | 필리핀 |
| le Mexique | 멕시코 | la France | 프랑스 | | |
| le Cambodge | 캄보디아 | la Grèce | 그리스 | | |
| le Mozambique | 모잠비크 | la Hollande | 네덜란드 | | |

– 산 이름은 단수는 남성형, 복수('~산맥'을 의미)는 여성형이다.

le Mont–Blanc 몽블랑　　les Alpes 알프스 산맥　　les Pyrénées 피레네 산맥

- 강, 도시 이름은 'e'로 끝난 것은 여성이고, 그 외는 남성이다.

le Nil 나일 강 la Loire 루아르 강
le Rhin 라인 강 la Seine 센 강

Paris est *beau.* 파리는 아름답다.
Rome est *belle.* 로마는 아름답다.

# 일반적으로 도시명에는 관사를 붙이지 않지만 예외적으로 관사를 붙이는 것도 있다.

Le Havre 르아브르 La Rochelle 라로쉘
Le Mans 르망 La Haye 헤이그
Le Caire 카이로

③ 국적, 직업, 동물 등을 나타내는 명사처럼 남성과 여성 모두 필요한 경우, 남성명사가 기본이며 여성형을 만드는 방법은 다음과 같다.

| | | |
|---|---|---|
| 원칙 : 남성명사 + -e<br>(남성명사가 자음으로 끝난 경우, 발음되지 않던 끝자음이 발음 된다.) | ami/ ami*e* 친구<br>client/ client*e* 손님<br>étudiant/ étudiant*e* 대학생 | français/ français*e* 프랑스인<br>québécois/ qébécois*e* 퀘백사람 |
| 남성형이 -e로 끝난 것은 불변 | artist*e*/ artist*e* 예술가 | journalist*e*/ journalist*e* 기자 |
| er → ère | boulang*er*/ boulang*ère* 제빵사 | ingéni*er*/ ingéni*ère* 엔지니어 |
| an, en, on → 중자음 + e | pays*an*/ pays*anne* 농부<br>li*on*/ li*onne* 사자 | coré*en*/ coré*enne* 한국인 |
| teur → trice | direc*teur*/ direc*trice* 감독 | ac*teur*/ ac*trice* 배우 |
| eur → euse | chant*eur*/ chant*euse* 가수 | visit*eur*/ visit*euse* 방문객 |

(여성형 만들기는 이 외에도 다양한 변칙이 있다. 'Résumé et plus-savoir' 참고)

## 2. 명사의 복수형 만들기

| | | |
|---|---|---|
| 원칙 : 단수형 + -s | chaise/ chaise*s* 의자 | étudiante/ étudiante*s* 대학생 |
| s, x, z로 끝난 것은 불변 | pay*s*/ pay*s* 나라<br>pri*x*/ pri*x* 상 | ne*z*/ ne*z* 코 |
| au, eu, eau, → aux, eux, eaux | bat*eau*/ bat*eaux* 배<br>chev*eu*/ chev*eux* 머리카락 | cout*eau*/ cout*eaux* 칼 |
| ail → aux | cor*ail*/ cor*aux* 산호 | trav*ail*/ trav*aux* 작업 |
| al → aux | anim*al*/ anim*aux* 동물 | chev*al*/ chev*aux* 말 |
| | ※ 예외 :<br>b*al*/ b*als* 무도회<br>chor*al*/ chor*als* 합창 | carnav*al*/ carnav*als* 카니발<br>festiv*al*/ festiv*als* 페스티발 |

(복수형 만들기는 이 외에도 다양한 변칙이 있다. 'Résumé et plus-savoir' 참고)

## ▣ 부정관사

### 1. 형태

: 부정관사는 특정하지 않은 사람이나 사물을 가리키는 셀 수 있는 명사 앞에 사용하며 명사의 성・수에 따라 세 가지 형태가 있다.

| 부정관사 종류 | 쓰임 | 예시 |
|---|---|---|
| un | 남성명사 앞에서 | *un* homme　　*un* étudiant |
| une | 여성명사 앞에서 | *une* femme　　*une* étudiante |
| des | 복수명사 앞에서 (남. 여) | *des* hommes　　*des* femmes<br>*des* étudiants　　*des* étudiantes |

### 2. 용법

① 특정하지 않은 사람이나 사물을 가리키는 셀 수 있는 명사 앞에 사용한다.

Il y a *des* étudiants dans la classe. 교실에는 학생들이 있다.
J'ai *des* lunettes de soleil. 나는 선글라스를 가지고 있다.

② '어떤', '하나의', '몇 개의'라는 의미를 지닌다.

Voilà *une* table et *des* chaises. 저기에 테이블 한 개와 의자 몇 개가 있다.
J'ai *un* vélo et *une* moto. 나는 자전거 한 대와 오토바이 한 대를 가지고 있다.

③ Attention! une는 뒤에 모음이나 무음 h로 시작하는 단어가 와도 모음 생략하지 않는다.

*une* étudiante 여학생
*une* école 학교

## ▣ avoir 동사의 직설법 현재변화

| avoir 동사의 직설법 현재 변화 | | 단수 | 복수 |
|---|---|---|---|
| 인칭 | 1인칭 | j'ai | nous avons |
| | 2인칭 | tu as | vous avez |
| | 3인칭 | il a | ils ont |
| | 3인칭 | elle a | elles ont |

① 목적어를 수반하여 '~을 가지다, 소유하다'라는 의미로 사용된다.

J'*ai* un voiture. 나는 자동차를 가지고 있다.
Ils *ont* des livres. 그들은 책들을 가지고 있다.
Vous *avez* un téléphone? 당신은 전화를 가지고 있어요? (당신은 전화번호가 뭐에요?)

② 신체적 상태, 즉 고통이나 결여의 감정을 나타낸다.

J'*ai* chaud/ froid/ faim/ soif/ sommeil/ peur. 나는 덥다/ 춥다/ 배고프다/ 목마르다/ 졸립다/ 두렵다.
J'*ai* mal à la tête/ à la gorge. 나는 머리가/ 목이 아프다.

③ 관용적인 표현을 나타낸다.

Elle *a* raison/ tort/ de la chance/ du courage. 그녀는 옳다/ 잘못이다/ 운이 좋다/ 용기가 있다.
Elle *a* besoin de ton aide. 그녀는 너의 도움이 필요하다.
Elle *a* l'air malade. 그녀는 아픈 듯이 보인다.

④ 뒤에 모음이나 무음 h로 시작하는 단어가 올 때 je는 모음 충돌에 의해 축약이 되지만 tu와 elle은 축약되지 않는다.

*J'*ai un vélo. 나는 자전거를 가지고 있다.
*Tu* as un vélo. 너는 자전거를 가지고 있다.
*Elle* a un vélo. 그녀는 자전거를 가지고 있다.

## Exercices

### 1. 다음 명사를 여성형으로 바꾸시오.

(1) un étudiant

(2) un acteur

(3) un chanteur

(4) un musicien

(5) un artiste

### 2. avoir 동사와 부정관사를 사용하여 문장을 완성하시오

(1) Tu _______ _______ table.

(2) J' _______ _______ fleurs.

(3) Il _______ _______ manteau.

(4) Elle _______ _______ maison.

(5) Nous _______ _______ bicyclettes.

### 3. 다음 예문처럼 문장을 바꾸시오.

| chien, chats (je, tu) : J'ai un chien, et tu as des chats. |
|---|

(1) fille, garçon (je, vous) : ______________________________.

(2) pantalon, jupe (tu, elle) : ______________________________.

(3) vélos, motos (nous, vous) : ______________________________.

## Leçon 3. être + 형용사. 품질 형용사(les adjectif qualificatis)의 일치

품질 형용사는 사람이나 사물의 속성이나 상태를 나타내는 보통의 형용사를 말한다.

### 1. 품질 형용사의 여성형 만들기

① 프랑스어의 명사는 남성 혹은 여성의 성이 있다. 따라서 명사를 수식하는 형용사는 명사의 성에 일치시켜주어야 하는데 형용사의 여성형 만드는 방법은 다음과 같다.

| | | |
|---|---|---|
| 원칙 : 남성명사 + -e (남성명사가 자음으로 끝난 경우 발음되지 않던 끝자음이 발음된다.) | grand/ grand*e* 큰<br>petit/ petit*e* 작은 | joli/ joli*e* 예쁜<br>français/ français*e* 프랑스의 |
| 남성형이 e로 끝난 것은 불변 | aimabl*e*/ aimabl*e* 상냥한<br>difficil*e*/ difficil*e* 어려운 | libr*e*/ libr*e* 한가한<br>util*e*/ util*e* 유용한 |
| en, on → enne, onne | anci*en*/ anci*enne* 옛날의<br>itali*en*/ itali*enne* 이탈리아의 | b*on*/ b*onne* 좋은<br>mign*on*/ mign*onne* 귀여운 |
| er → ère | lég*er*/ lég*ère* 가벼운<br>premi*er*/ premi*ère* 첫 번째의 | fi*er*/ fi*ère* 자랑스러운<br>derni*er*/ derni*ère* 마지막의 |
| et → ète | compl*et*/ compl*ète* 완전한<br>concr*et*/ concr*ète* 구체적인 | inqui*et*/ inqui*ète* 불안한<br>secr*et*/ secr*ète* 비밀의 |
| eur → euse | ment*eur*/ ment*euse* 거짓의 | travaill*eur*/ travaill*euse* 근면한 |
| x → se | heureu*x*/ heureu*se* 행복한 | jalou*x*/ jalou*se* 질투하는 |
| 독특한 여성 변화를 하는 주요 형용사들 | blan*c*/ blan*che* 흰색의<br>dou*x*/ dou*ce* 달콤한<br>fau*x*/ fau*sse* 거짓의<br>favor*i*/ favor*ite* 좋아하는<br>fra*is*/ fra*îche* 신선한 | gent*il*/ gent*ille* 친절한<br>gre*c*/ gre*cque* 그리스의<br>lon*g*/ long*ue* 긴<br>publi*c*/ publi*que* 공중의<br>se*c*/ s*èche* 메마른 |

(여성형 만들기는 이 외에도 다양한 변칙이 있다. 'Résumé et plus-savoir' 참고)

② beau, nouveau, vieux는 남성 단수형을 두 개 갖는 형용사로, 모음이나 무음 h로 시작하는 남성명사 앞에서는 남성단수 제2형 bel, nouvel, vieil를 사용한다.

| 남성단수 제1형 | 남성단수 제2형 | 여성단수 |
|---|---|---|
| beau | bel | belle |
| nouveau | nouvel | nouvelle |
| vieux | vieil | vieille |

un beau acteur (x) → un *bel* acteur (o) 멋진 배우
un nouveau ordinateur (x) → un *nouvel* ordinateur (o) 새 컴퓨터
un vieux hôtel (x) → un *vieil* hôtel (o) 오래된 호텔

# nouveau/ neuf, ancien/ vieux의 차이 : nouveau(nouvelle)은 이전 것과는 다른 새로운 것이라는 의미이고 neuf(ve)는 새 것, 새로 산 것이라는 의미이다. ancien(ne)는 예전의 것이라는 의미이고 vieux(vieille)는 오래되었다는 의미이다.

mon *nouveau* numéro de téléphone 나의 새 전화번호
mes chaussures *neuves* 나의 새 신발

mon *ancien* numéro de téléphone 나의 예전 전화번호
mes *vieilles* chaussures 나의 오래된 신발

## 2. 형용사의 복수형 만들기

① 명사가 단수인지 복수인지에 따라 형용사도 명사의 수에 일치시켜주어야 한다. 형용사를 복수형으로 만들 때는 원칙적으로 단수형에 복수어미 -s를 첨가한다. 그 외에 다양한 변칙이 있다.

| | | |
|---|---|---|
| 원칙 : 남성명사 + -s | grand/ grand*s* 큰 | petite/ petit*es* 작은 |
| s, x로 끝난 것은 불변 | gro*s*/ gro*s* 뚱뚱한<br>fau*x*/ fau*x* 허위의 | frai*s*/ frai*s* 신선한<br>heureu*x*/ heureu*x* 행복한 |

| | | |
|---|---|---|
| al → aux | ég*al*/ égaux 동등한<br>génér*al*/ généraux 일반적인 | roy*al*/ roy*aux* 왕의<br>amic*al*/ amic*aux* 정다운 |
| | ※ 예외 :<br>fat*al*/ fat*als* 숙명적인 | fin*al*/ fin*als* 마지막의 |
| eau → eaux | b*eau*/ b*eaux* 아름다운 | nouv*eau*/ nouv*eaux* 새로운 |

② 여성 형용사는 모두 e로 끝나기 때문에 복수형은 여성 단수형에 –s만 첨가하면 된다.

une étudiant*e* gentill*e* 친절한 여학생
*des* étudiante*s* gentille*s* 친절한 여학생들

③ 단수 명사가 –s 혹은 –x로 끝나는 경우 복수형으로 바뀌어도 복수형 어미 –s를 붙이지 않는다.

Il est gros. 그는 뚱뚱하다.
Ils sont gros. 그들은 뚱뚱하다.

Il est *roux*. 그는 머리가 적갈색이다.
Ils sont *roux*. 그들은 머리가 적갈색이다.

④ 형용사가 명사 앞에 위치하는 경우, 부정관사 복수형 des가 de로 변화한다.

une autre problème → *d'*autres problèmes 다른 문제들
une belle photo → *de* belles photos 멋진 사진들
un bel arbre → *de* beaux arbres 아름다운 나무들

*Cf.* 형용사가 명사 뒤에 위치하는 경우는 부정관사 복수형 des는 de로 변화하지 않는다.

*des* roses jaunes 노란색 장미들 *de* belles roses 아름다운 장미들
*des* hôtels près 가까운 호텔들 *de* grands hôtels 큰 호텔들

*Cf.* 합성어의 경우는 형용사가 명사 앞에 위치하더라도 부정관사 복수형 des는 de로 변화하지 않는다.

| | | | |
|---|---|---|---|
| *des* beaux-arts | 미술 | *des* jeunes filles | 처녀들 |
| *des* grandes personnes | 어른들 | *des* grands-parents | 조부모 |
| *des* jeunes gens | 젊은이들 | *des* petits-enfants | 손주들 |

## 3. 품질형용사의 위치

① 품질 형용사는 대부분 명사 뒤에 위치하며, 물리적 성질(색깔, 형태, 맛, 온도, 상태 등), 또는 분류(국적, 종교, 학문, 기술, 예술 등)를 나타내는 형용사는 반드시 명사 뒤에 위치한다.

| | | | |
|---|---|---|---|
| le vin *rouge* | 적포도주 | les sciences *sociales* | 사회 과학 |
| une table *carrée* | 네모난 탁자 | l'église *catholique* | 가톨릭 교회 |
| un gâteau *doux* | 달콤한 케이크 | un enfant *aimable* | 사랑스런 아이 |
| un chocolat *chaud* | 핫초콜릿 | une femme *fatale* | 치명적 여인 |
| un acteur *connu* | 유명한 배우 | une jupe *blanche* | 흰색 치마 |
| la langue *coréenne* | 한국어 | un cinéma *intéressant* | 재미있는 영화 |

② 단음절이거나 자주 사용되는 형용사는 명사 앞에 위치한다.
명사 앞에 위치하는 형용사 : ancien(ne), autre, beau(belle), bon(ne), gentil(le), grand(e), gros(se), haut(e), jeune, joli(e), long(ue), mauvais(e), même, nouveau(nouvelle), petit(e), vieux(vieille)...

| | | | |
|---|---|---|---|
| une *grande* table | 큰 테이블 | une *petite* maison | 작은 집 |
| un *beau* pays | 아름다운 나라 | une *jolie* robe | 예쁜 원피스 |
| un *jeune* homme | 젊은 사람 | un *long* hiver | 긴 겨울 |
| un *vieux* piano | 낡은 피아노 | une *nouvelle* voiture | 새 자동차 |

③ 몇몇 형용사는 명사 앞에 위치할 때와 명사 뒤에 위치할 때 뜻이 달라진다. 특히 사람과 관계된 수식을 하는 경우 grand, petit, bon 등의 명사 앞에 위치하는 형용사는 원래의 비유적인 의미와 구별짓기 위해 명사 뒤에 위치하며 의미가 달라진다.

| | | | | |
|---|---|---|---|---|
| ancien | un *ancien* ami | 예전 친구 | un immeuble *ancien* | 낡은 건물 |
| certain | un *certain* sourire | 어떤 미소 | une preuve *certaine* | 확실한 증거 |
| cher | mon *cher* ami | 나의 소중한 친구 | une robe *chère* | 비싼 원피스 |
| grand | un *grand* homme | 위인 | un homme *grand* | 키 큰 남자 |
| gros | une *grosse* femme | 뚱뚱한 여자 | une femme *grosse* | 임신한 여자 |
| honnête | un *honnête* homme | 신사 | un homme *honnête* | 성실한 사람 |
| pauvre | de *pauvres* garçons | 불쌍한 소년들 | des garçons *pauvres* | 가난한 소년들 |
| propre | mon *propre* pouvoir | 나 자신의 능력 | un mouchoir *propre* | 께끗한 손수건 |
| vieux | un *vieil* ami | 옛 친구 | un ami *vieil* | 늙은 친구 |

④ 숫자는 명사 앞에 위치한다. 숫자가 명사 앞에 위치하는 다른 형용사와 함께 사용될 경우에는 그 형용사보다 앞에 놓인다.

Les *Trois* Mousquetaires 삼총사
Le cinéma est le *septième* art. 영화는 제7의 예술이다.
les <u>*deux*</u> <u>petits</u> chiens 두 마리의 귀여운 강아지
les <u>*trois*</u> <u>prochains</u> cours 다음 세 개의 강의

⑤ premier, dernier, prochain은 명사 앞에 위치한다. 하지만 dernier, prochain이 특히 요일, 달, 계절 등을 나타내는 명사와 함께 사용될 때는 명사 뒤에 위치한다.

le *premier* amour 첫사랑
la *première* impression 첫인상

| | | | |
|---|---|---|---|
| le *dernier* cours | 마지막 강의 | jeudi *dernier* | 지난 목요일 |
| le *dernier* train | 마지막 기차 | la semaine *dernière* | 지난 주 |
| | | l'hiver *dernière* | 지난 겨울 |
| la *prochaine* station | 다음 역 | la semaine *prochaine* | 다음 주 |
| | | le mois *prochain* | 다음 달 |

### 4. 품질형용사의 일치

① 품질형용사는 수식하는 명사의 성·수에 일치시켜 사용한다.

| | |
|---|---|
| Sophie, tu es *prête* ? | 소피, 준비 다 했니? |
| Les enfants, vous êtes *prêts*? | 얘들아, 준비 다 했니? |

② 품질형용사가 여러 개의 명사를 수식할 때 그 명사들의 성·수에 일치시켜 사용한다. 다만 명사들의 성이 다를 경우는 남성복수형으로 한다.

| | |
|---|---|
| une tarte et une boisson chaud*es* | 따뜻한 타르트와 음료 |
| un pull et une jupe blanc*s* | 흰색 스웨터와 치마 |
| Pierre et Amélie sont voisin*s*. | 피에르와 아멜리는 이웃이다. |

③ demi, semi, grand이 명사 앞에서 접두어로 사용될 경우 명사의 성·수에 일치되지 않는다.

| | |
|---|---|
| une *demi*–heure | 반 시간 (30분) |
| la *semi*–conserve | 반 저장식품 |
| la *grand*–mère | 할머니 |

④ nu가 명사 앞에서 접두어로 사용될 경우 명사의 성·수에 일치되지 않지만 여성명사 뒤에 놓일 경우에는 변화한다.

| | |
|---|---|
| la *nu*–tête/ la tête *nue* | 대머리 |
| les *nu*–mains/ les mains *nues* | 맨손 |
| les *nu*–pieds/ les pieds *nus* | 맨발 |

⑤ 색을 나타내는 형용사 중에서 명사에서 파생되었거나 합성 형용사일 경우 명사의 성·수에 일치되지 않는다.

| | | | |
|---|---|---|---|
| une jupe *abricot* | 살구색 치마 | des photos *noir et blanc* | 흑백 사진들 |
| des cheveux *marron* | 밤색 머리 | une robe *bleu marine* | 블루마린색 원피스 |
| une chemise *noisette* | 헤이즐넛색 셔츠 | des yeux *vert foncé* | 짙은 초록색 눈 |
| des pulls *orange* | 오렌지색 스웨터들 | une foulard *rosé clair* | 옅은 분홍빛 스카프 |
| une étoffe *prune* | 자두색 천 | | |

*Cf.* châtain, mauve, rose, violette...처럼 명사에서 파생되었지만 오래전부터 형용사로 사용되는 경우에는 명사의 성·수에 일치된다.

| | | | |
|---|---|---|---|
| des yeux *châtains* | 밤색 눈 | des pulls *roses* | 장미빛 스웨터들 |
| des chemises *mauves* | 연보라색 셔츠 | des rideaux *violettes* | 보라색 커튼 |

## Exercices

### 1. 다음 문장을 보기와 같이 여성형으로 바꾸시오.

| |
|---|
| Il est bon. → Elle est bonne. |

(1) Il est marié.

(2) Ils sont fatigués.

(3) Il est sympa.

(4) Ils sont célibataires.

(5) Il est pressé.

### 2. 다음 문장을 인칭에 맞게 형용사를 일치시켜 완성하시오.

Je suis prêt. Tu ______ Il ______ Elle ______

Nous ______ Vous ______ Ils ______ Elles ______

### 3. 다음 형용사를 명사의 성 · 수에 일치시키시오.

(1) Eric et Max sont ______(amusant).

(2) Anne et Julie sont ______(fatigué).

(3) Thomas et Amélie sont ______(têtu).

(4) une blouse et une jupe ______(noir)

(5) un chocolat et une tarte ______(chaud)

### 4. 다음 명사와 형용사를 성 · 수에 맞게 고쳐서 문장을 완성하시오.

(1) le ciel • • blanc Le ciel est ______

(2) la neige • • bleu ______

(3) l'arbre • • vert ______

(4) la nuit • • noir ______

(5) la pomme • • rouge ______

# Leçon 4. 정관사(l'article défini)

## 1. 형태

: 정관사는 특정한 사람이나 사물을 가리키는 셀 수 있는 명사 앞에 사용하며 명사의 성·수에 따라 세 가지 형태가 있다.

| 정관사 종류 | 쓰임 | 예시 |
|---|---|---|
| le | 남성명사 앞에서 | le soleil<br>le ciel |
| la | 여성명사 앞에서 | la lune<br>la littétature |
| les | 복수명사 앞에서 (남, 여성) | les États-Unis |
| l' | 모음이나 묵음 h로<br>시작하는 단어 앞에서 | l'acteur<br>l'homme |

## 2. 용법

① 정관사는 특정한 사람이나 사물을 가리키는 셀 수 있는 명사 앞에 사용한다.

*le* livre de Paul 폴의 책
*La* table de ma chambre 내 방의 테이블

② 총체적인 의미를 나타낼 때 사용한다. (보통명사의 종류 전체를 나타낸다.)

J'aime *le* café. 나는 커피를 좋아한다.
*L'*homme est un roseau pensant. 인간은 생각하는 갈대이다.

③ 이 세상에 하나밖에 없는 것(해, 달, 계절, 병명, 학술명, 산, 강, 나라..)을 의미하는 명사 앞에 사용한다.

*le* soleil/ *le* ciel/ *la* lune/ *la* terre 태양/ 하늘/ 달/ 지구
*le* printemps/ *l'*été/ *l'*automne/ *l'*hiver 봄/ 여름/ 가을/ 겨울
*la* grippe/ *le* cancer 감기/ 암
*la* littérature/ *la* philosophie 문학/ 철학
*le* Mont–Blanc/ *les* Alpes/ *la* Seine/ *la* Méditerranée 몽블랑/ 알프스 산맥/ 센 강/ 지중해
*la* France/ *les* États–Unis 프랑스/ 미국

# 국가 명사와 형용사 : 국가 명사 앞에는 정관사를 사용한다. –e로 끝난 나라는 여성명사이고(le Mexique, le Cambodge, le Mozambique, le Belize, le Zaïre 제외), 미국, 네덜란드, 필리핀은 복수명사이며, 그 외에는 남성명사이다.

| 나라명 | | 국민 | 형용사 | 언어 |
|---|---|---|---|---|
| l'Angleterre 영국 |  | Anglais(e) | anglais(e) | l'anglais |
| l'Allemagne 독일 |  | Allemand(e) | allemand(e) | l'allemand |
| la Belgique 벨기에 |  | Belge | belge | |
| le Brésil 브라질 |  | Brésilien(ne) | brésilien(ne) | |
| le Canada 캐나다 |  | Canadien(ne) | canadien(ne) | |
| la Chine 중국 |  | Chinois(e) | chinois(e) | le chinois |
| la Corée 한국 |  | Coréen(ne) | coréen(ne) | le coréen |
| le Danemark 덴마크 |  | Danois(e) | danois(e) | le danois |
| l'Égypte 이집트 (f) |  | Égyptien(ne) | égyptien(ne) | l'égyptien |

| | | | | |
|---|---|---|---|---|
| l'Espagne 스페인 (f) |  | Espagnol(e) | espagnol(e) | l'espagnol |
| les États-Unis 미국 |  | Américain(e) | américain(e) | l'anglais |
| la France 프랑스 |  | Français(e) | français(e) | le français |
| la Grèce 그리스 |  | Grec(Grecque) | grec(grecque) | le grec |
| la Hollande<br>les Pays-bas 네덜란드 |  | Hollandais(e)<br>Néerlandais(e) | hollandais(e)<br>néerlandais(e) | le hollandais<br>le néerlandais |
| le Japon 일본 |  | Japonais(e) | japonais(e) | le japonais |
| l'Inde 인도 (f) |  | Indien(ne) | indien(ne) | l'indien |
| l'Irak 이라크 (m) |  | Irakien(ne) | irakien(ne) | l'irakien |
| l'Iran 이란 (m} |  | Iranien(ne) | iranien(ne) | l'iranien |
| l'Italie 이탈리아 (f) |  | Italien(ne) | italien(ne) | l'italien |
| le Maroc 모로코 |  | Marocain(e) | marocain(e) | |
| le Mexique 멕시코 |  | Mexicain(e) | mexicain(e) | |
| la Norvège 노르웨이 |  | Norvégien(ne) | norvégien(ne) | le norvégien |
| le Portugal 포르투갈 |  | Portugais(e) | portugais(e) | le portugais |
| la Russie 러시아 |  | Russe | russe | le russe |
| la Suède 스웨덴 |  | Suédois(e) | suédois(e) | le suédois |
| la Suisse 스위스 |  | Suisse | suisse | |
| la Tunisie 튀니지 |  | Tunisien(ne) | tunisien(ne) | |
| la Turquie 터키 |  | Turc(Turque) | turc(turque) | le turc |

④ 날짜를 표현할 때 정관사 le가 사용된다.

On/ C'est est *le* combien? 오늘은 며칠입니까?
→ On est/ C'est *le* lundi 14 juillet. 오늘은 7월 14일입니다.

# 날짜 표현에 있어서 요일을 단독으로 나타낼 때는 정관사를 쓰지 않는다. 요일과 날짜를 함께 나타낼 때는 정관사를 쓴다.

On est/ C'est lundi. 오늘은 월요일이다.
On est/ C'est *le* lundi 14 juin. 오늘은 7월 14일 월요일이다.

⑤ 신체의 일부나 정신 활동을 나타내는 명사 앞에서 정관사를 사용한다.

J'ai mal à *la* tête. 나는 머리가 아프다.
Elle a *les* yeux bleus. 그녀는 파란 눈을 가지고 있다.
Il a perdu *la* mémoire. 그는 기억력을 상실했다.

⑥ 시간을 의미하는 명사 앞에서 '매~', '~마다'를 뜻한다.

*Le* matin, je fais du jogging. 아침마다 나는 조깅을 한다.
*Le* dimanche, elle va à l'église. 일요일마다 그녀는 교회에 간다.
Tous *les* jours, j'écoute la radio. 매일 나는 라디오를 듣는다

⑦ 가문이나 작품을 의미한다.

*Les* Perrier 페리에씨 가족 (이름 뒤에 –s를 붙이지 않는다.)
*Les* Victor Hugo<u>s</u> 빅토르 위고의 작품 (이름 뒤에 –s를 붙인다.)

## Exercices

### 1. 다음 예문처럼 문장을 완성하시오.

| |
|---|
| blanc, gris (vous) : Vous avez les cheveux blancs et vous avez les yeux gris. |

(1) brun, noir (je) :

(2) blond, bleu (elle) :

(3) marron, roux (tu) :

### 2. 다음 문장에 알맞은 정관사를 채워 넣으시오.

(1) Il aime _______ printemps, mais il déteste _______ hiver.

(2) J'ai mal à _______ tête, et il a mal à _______ gorge.

(3) Elle a _______ photos de Max.

(4) Il y a _______ soleil, _______ lune, et _______ étoiles dans _______ ciel.

(5) Vous avez _______ adresse de Bora.

### 3. 다음 문장에 알맞은 부정관사 혹은 정관사를 채워 넣으시오.

(1) J'ai acheté _______ livres. Je mets _______ livres sur _______ table.

(2) Voila _______ enfants. Ce sont _______ enfants de M. et Mme Kim.

(3) Je vois _______ film à _______ télévision.

(4) _______ pyramide du Louvre est _______ pyramide de verre.

(5) _______ Arc de triomphe est _______ construction immense.

## 프랑스 문화 알아보기

▶ 프랑스는 어떤 나라인가?

프랑스 국기

- 국명: 프랑스 공화국, La République Française
- 위치: 북위 42°~51°, 서경 5°~동경 8°
- 면적: 약 55만㎢, 유럽 최대의 넓이이며 우리나라의 2.5배이다.
- 국경: 3면은 바다(북해, 대서양, 지중해), 3면은 육지에 접하고 있는 육각형의 형태이다.
- 국기: 자유・평등・박애를 의미하는 삼색기
- 행정구역: 18개의 도
- 언어: 프랑스어
- 통화: 유로화(Euro)
- 시간: 영국 표준시간보다 1시간 빠르고 우리나라보다 8시간 늦다.

프랑스의 행정구역

(출처 : 야후 프랑스, Wikipédia)

- 기후: 서북부는 해양성 기후로, 겨울은 영하로 떨어지는 경우가 거의 없고 비가 자주 내리며 햇빛이 많지 않아 체감온도가 낮다(평균 6℃). 여름은 습도가 낮고 신선하다(평균 15℃~25℃ 정도). 동부와 동북부는 대륙성 기후로, 겨울에는 눈을 동반한 추운 날씨이며 여름은 신선하다(20℃). 남쪽은 지중해성 기후로, 겨울은 온화하고 짧으며(8℃), 여름은 덥고 건조한(23℃) 최적의 기후이다. 프랑스의 북중부에 위치한 파리의 날씨는 동부의 대륙성 기후와 서부의 해양성 기후가 만나는 지점으로 기후의 변화가 심하다.

## Leçon 5. 의문문(La forme interrogative)

의문문은 단순도치 형태, 복합도치 형태, Est- ce que를 사용하는 형태 등 다양한 방식으로 표현할 수 있다.

① 주어와 동사를 도치시킨다.

| avoir 동사의 의문형 | | être 동사의 의문형 | |
|---|---|---|---|
| Ai-je | Avons-nous | Suis-je | Sommes-nous |
| As-tu | Avez-vous | Es-tu | Êtes-vous |
| A-t-il | Ont-ils | Est-il | Sont-ils |
| A-t-elle | Ont-elles | Est-elle | Sont-elles |

Êtes-vous avovat? 당신은 변호사입니까?
Est-il anglais? 그는 영국 사람입니까?
Vas-tu à la bibliothèque? 너는 도서관에 가니?

# aller, avoir, il y a의 비인칭구문, 1군 동사의 현재변화 3인칭 단수 등의 의문문 도치형에서 동사가 모음으로 끝나고 주어가 모음으로 시작할 경우, 모음 충돌을 막기 위해 동사와 주어 사이에 -t-를 넣는다.

A-*t*-elle des enfants? 그녀는 아이들이 있나요?
Habite-*t*-il à Paris? 그는 파리에 살고 있나요?
Y-a-*t*-il des étudiants? 학생들이 있습니까?
Va-t-il à l'école? 그는 학교에 갑니까?
Va-t-elle partir? 그녀는 조금 후에 출발합니까? [근접미래]
Quand arrivera-t-il? 그는 언제 도착할까요?

# pouvoir 동사의 1인칭 단수형 je peux를 의문문에서 도치형으로 만들 경우 peux 대신에 puis를 사용한다.

*Puis*–je entrer? 들어가도 될까요?

*Puis*–je t'aider? 내가 너를 도와줄까?

② 주어가 일반 명사이거나 고유 명사일 때 : 복합 도치시킨다.

Le bus, est–il arrivé? 버스가 도착했나요?

Amélie, est–elle en retard? 아멜리, 그녀는 늦나요?

③ 평서문의 끝부분 억양을 올린다.

Vous êtes français?↗ 당신은 프랑스 사람입니까?

Elle a des livres?↗ 그녀는 책들을 가지고 있나요?

C'est le livre de Victor Hugo?↗ 이것은 빅토르 위고의 책입니까?

④ 모든 평서문 앞에 Est–ce que를 붙인다. Est-ce que를 사용하면 주어와 동사는 도치되지 않는다.

Est–ce qu'elle est étudiante? 그녀는 학생입니까?

Est–ce que tu as un dictionnaire? 너는 사전을 가지고 있니?

# Ce sont~의 의문문, 1군 동사의 1인칭 단수형의 의문문의 경우는 Est–ce que~를 사용한다.

Sont–ce sont des livres? (x) → Est–ce que ce sont des livres? (o) 그것들은 책인가요?

Commence–je ce travail? (x) → Est–ce que je commence ce travail? (o) 제가 그 일을 시작할까요?

⑤ 부정 의문문에서 긍정으로 답할 때 oui 대신에 si를 사용한다.

Est-ce qu'elle est mariée? 그녀는 결혼했나요?
→ Oui, elle est mariée. 네 그녀는 결혼했어요.
→ Non, elle n'est pas mariée. 아니요, 그녀는 결혼하지 않았어요.

Est–ce qu'elle *n'*est *pas* mariée? 그녀는 결혼하지 않았나요?
→ *Si*, elle est mariée. 아니요, 그녀는 결혼했어요.
→ Non, elle n'est pas mariée. 네, 그녀는 결혼하지 않았어요.

# moi aussi는 긍정문에 대한 대답이고 moi non plus는 부정문에 대한 대답으로 사용된다.

Je suis célibataire. 저는 독신이에요.
→ *Moi aussi.* 저도요.

Je ne suis pas marié. 저는 결혼하지 않았어요.
→ *Moi non plus.* 저도요.

## Exercices

**1. 다음 답에 대한 질문을 만드시오.**

(1) Est-ce que ____________________ → Oui, le garçon est beau.

(2) Est-ce que ____________________ → Non, je ne suis pas japonaise.

(3) Est-ce que ____________________ → Non, la chambre n'est pas chère.

**2. 다음 답에 대해 도치형 질문을 만드시오.**

(1) __________________________ → Oui, elle habite dans ce quartier.

(2) __________________________ → Oui, il va à l'école.

(3) __________________________ → Oui, il y a un cours.

**3. 다음 답에 대해 부가 의문문을 만드시오.**

(1) __________________________ → Si, je suis coréen.

(2) __________________________ → Si, elle est mariée.

(3) __________________________ → Non, je ne suis pas professeur.

## Résumé et plus-savoir (Leçon 1 ~ Leçon 5)

### ▣ être 동사의 직설법 현재 변화와 자기소개하기

| | | | |
|---|---|---|---|
| Je *suis* catholique. | 나는 가톨릭 신자이다. | Nous *sommes* à Paris. | 우리는 파리에 있다. |
| Tu *est* coréen. | 너는 한국사람이다. | Vous *êtes* américains. | 당신들은 미국사람들이다. |
| Il *est* professeur. | 그는 교수이다. | Ils *sont* en vacances. | 그들은 휴가중이다. |
| Elle *est* Cécile Duma. | 그녀는 세실 뒤마이다. | Elles *sont* étudiantes | 그녀들은 학생들이다. |

### ▣ avoir 동사의 직설법 현재 변화와 부정관사의 활용

| | | | |
|---|---|---|---|
| J'*ai* un vélo. | 나는 자전거를 가지고 있다. | Nous *avons* des fleurs. | 우리는 꽃을 가지고 있다. |
| Qu'est-ce que tu *as*? | 무슨 일이니? | Vous *avez* un problème? | 문제 있습니까? |
| Il *a* une moto. | 그는 오토바이를 가지고 있다. | Ils *ont* raison. | 그들이 옳다. |
| Elle *a* mal à la tête. | 그녀는 머리가 아프다. | Elles *ont* des portables. | 그녀들은 노트북컴퓨터를 가지고 있다. |

### ▣ 정관사의 활용

| | | |
|---|---|---|
| le (l') | Il aime *le* cinéma.<br>J'ai *le* livre de Christine.<br>On est *le* lundi 14 juin. | 그는 영화를 좋아한다.<br>나는 크리스틴의 책을 가지고 있다.<br>6월 14일 월요일이다. |
| la (l') | J'ai mal à *la* tête.<br>Paris est *la* capitale de la France.<br>Elle va à *l'*école. | 나는 머리가 아프다.<br>파리는 프랑스의 수도이다.<br>그녀는 학교에 간다. |
| les | Elle a *les* cheveux longs.<br>J'aime *les* romans de Victor Hugos. | 그녀는 머리가 길다.<br>나는 빅토르 위고의 소설을 좋아한다. |

## ▣ 명사

### – 명사의 복수형 만들기

| | | |
|---|---|---|
| 원칙 : 단수형 + –s | homme/ homme*s* 남자 | étudiante/ étudiante*s* 대학생 |
| s, x, z로 끝난 것은 불변 | pay*s*/ pay*s* 나라<br>boi*s*/ boi*s* 숲<br>pri*x*/ pri*x* 상 | voi*x*/ voi*x* 목소리<br>ga*z*/ ga*z* 가스<br>ne*z*/ ne*z* 코 |
| au, eu, eau<br>→ aux, eux, eaux | bat*eau*/ bat*eaux* 배<br>chap*eau*/ chap*eaux* 모자<br>chât*eau*/ chât*eaux* 성 | chev*eu*/ chev*eux* 머리카락<br>f*eu*/ f*eux* 불<br>neuv*eu*/ nev*eux* 조카 |
| | ※ 예외 :<br>pn*eu*/ pn*eus* 타이어 | |
| ou → ous | tr*ou*/ tr*ous* 구멍 | *cou*/ *cous* 목 |
| | ※ 예외 :<br>bij*ou*/ bij*oux* 보석<br>caill*ou*/ caill*oux* 조약돌<br>ch*ou*/ ch*oux* 양배추 | gen*ou*/ gen*oux* 무릎<br>jouj*ou*/ jouj*oux* 장난감 |
| ail → aux | cor*ail*/ cor*aux* 산호<br>ém*ail*/ ém*aux* 에나멜 | trav*ail*/ trav*aux* 작업<br>vitr*ail*/ vitr*aux* 유리창 |
| | ※ 예외 :<br>*ail*/ *ails* 마늘<br>chand*ail*/ chand*ails* 스웨터 | r*ail*/ r*ails* 레일 |
| al → aux | anim*al*/ anim*aux* 동물<br>chev*al*/ chev*aux* 말 | hôpit*al*/ hôpit*aux* 병원<br>journ*al*/ journ*aux* 신문 |
| | ※ 예외 :<br>b*al*/ b*als* 무도회<br>carnav*al*/ carnav*als* 카니발 | chor*al*/ chor*als* 합창<br>festiv*al*/ festiv*als* 페스티발 |
| 단수와 복수에 따라 의미가 달라지는 명사 | lettre 편지/ lettres 문학<br>lunette 망원경/ lunettes 안경 | vacance 빈자리/ vacances 휴가 |
| 특수한 복수형 | oeil/ *yeux* 눈 | |
| 복수형이 두 개인 명사 | ciel/ ciel*s* 하늘 | ciel/ ci*eux* 천국, 지역, 풍토 |

– 명사의 여성형 만들기

| | | |
|---|---|---|
| 원칙 : 남성형 + –e | ami/ ami*e* 친구<br>client/ client*e* 손님<br>étudiant/ étudiant*e* 대학생 | français/ français*e* 프랑스인<br>québécois/ québécois*e* 퀘백 사람 |
| –e로 끝난 것은 불변 | artist*e*/ artist*e* 예술가<br>célibatair*e*/ célibatair*e* 독신자<br>cinéast*e*/ cinéast*e* 영화인<br>collègu*e*/ collègu*e* 동료<br>dentist*e*/ dentist*e* 치과의사<br>élèv*e*/ élèv*e* 학생 | journalist*e*/ journalist*e* 신문기자<br>malad*e*/ malad*e* 환자<br>peintr*e*/ peintr*e* 화가<br>secrétair*e*/ secrétair*e* 비서<br>tourist*e*/ tourist*e* 관광객 |
| | ※ 예외 :<br>comt*e*/ comt*esse* 백작<br>hôt*e*/ hôt*esse* 주인<br>maîtr*e*/ maîtr*esse* 주인 | nègr*e*/ négr*esse* 흑인<br>princ*e*/ princ*esse* 왕자/ 공주<br>prophèt*e*/ peophét*esse* 예언자 |
| an, en, et, on<br>→ 중자음 + e | pays*an*/ pays*anne* 농부<br>pharmaci*en*/ pharmaci*enne* 약사 | mu*et*/ mu*ette* 벙어리<br>li*on*/ li*onne* 사자 |
| at, ot → atte, otte | ch*at*/ ch*atte* 고양이 | *sot*/ *sotte* 바보 |
| | ※ 예외 :<br>avoc*at*/ avoc*ate* 변호사<br>candid*at*/ candid*ate* 후보 | idi*ot*/ idi*ote* 백치 |
| el, eau → elle | colon*el*/ colon*elle* 대령 | jum*eau*/ jum*elle* 쌍둥이 |
| er → ère | boulang*er*/ boulang*ère* 제빵사<br>écoli*er*/ écoli*ère* 초등학생 | ingéni*er*/ ingéni*ère* 엔지니어<br>infirmi*er*/ infirmi*ère* 간호사 |
| eur → euse | chant*eur*/ chant*euse* 가수<br>dans*eur*/ dans*euse* 무용가 | visit*eur*/ visit*euse* 방문객 |
| | ※ 예외 :<br>défend*eur*/ défend*eresse* 피고<br>min*eur*/ mineure 미성년자 | péch*eur*/ péch*eresse* 죄인<br>supéri*eur*/ supérieure 상관 |
| teur → trice | ac*teur*/ ac*trice* 배우<br>créa*teur*/ créa*trice* 창조자<br>direc*teur*/ direc*trice* 감독 | fonda*teur*/ fonda*trice* 설립자<br>inven*teur*/ inven*trice* 발명가<br>inspec*teur*/ inspec*trice* 감독관 |
| f, p → ve | Jui*f*/ Jui*ve* 유태인 | lou*p*/ lou*ve* 늑대 |
| x → se | épou*x*/ épou*se* 배우자 | ambitieu*x*/ ambitieu*se* 야심가 |

| | | |
|---|---|---|
| c → que | tur*c*/ tur*que* 터키인 | |
| | ※ 예외 :<br>gre*c*/ gre*cque* 그리스인 | |
| 남성형과 여성형이 같은 명사 | enfant 아이<br>écrivain 작가<br>élève 학생 | auteur 작가<br>médecin 의사<br>chef 쉐프 |
| 남성형과 여성형이 다른 명사 | abbé/ abbesse 수도원장<br>compagnon/ compagne 동료<br>copain/ copine 친구<br>dieu/ déesse 신 | héros/ héroïne 영웅<br>neveu/ nièce 조카<br>roi/ reine 왕/여왕<br>empereur/ impératrice 황제 |

## ▣ 품질형용사

### – 품질형용사의 복수형 만들기

| | | |
|---|---|---|
| 원칙 : 단수형 + –s | grand/ grand*s* 큰<br>grand*e*/ grand*es* 큰 | petit/ petit*s* 작은<br>petit*e*/ petit*es* 작은 |
| –s, –x로 끝난 것은 불변 | gro*s*/ gro*s* 뚱뚱한<br>fau*x*/ fau*x* 허위의 | frai*s*/ frai*s* 신선한<br>heureu*x*/ heureu*x* 행복한 |
| al → aux | brut*al*/ brut*aux* 난폭한<br>génér*al*/ génér*aux* 일반적인 | loy*al*/ loy*aux* 충실한<br>amic*al*/ amic*aux* 우호적인 |
| | ※ 예외 :<br>fat*al*/ fat*als* 숙명적인<br>nat*al*/ nat*als* 태어난 | fin*al*/ fin*als* 마지막의 |
| eau → eaux | b*eau*/ b*eaux* 아름다운 | nouv*eau*/ nouv*eaux* 새로운 |
| eu → eus | bl*eu*/ bl*eus* 푸른색의 | |

### – 품질형용사의 여성형 만들기

| | | |
|---|---|---|
| 원칙 : 남성형 + –e | grand/ grand*e* 큰 | petit/ petit*e* 작은 |
| –e로 끝난 것은 불변 | aimabl*e*/ aimabl*e* 상냥한<br>difficil*e*/ difficil*e* 어려운 | facil*e*/ facil*e* 쉬운<br>honnêt*e*/ honnêt*e* 성실한 |

| | | |
|---|---|---|
| | jeune/ jeune 젊은<br>pauvre/ pauvre 가난한<br>rouge/ rouge 붉은 | tranquille/ tranquille 조용한<br>triste/ triste 슬픈<br>utile/ utile 유용한 |
| el, eil, il → elle, eille, ille | actuel/ actuelle 현행의<br>naturel/ naturelle 자연의<br>officiel/ oficielle 공식적인 | pareil/ pareille 비슷한<br>vermeil/ vermeille 주홍색의<br>gentil/ gentille 비슷한 |
| en, on → enne, onne | ancien/ ancienne 옛날의<br>européen/ européenne 유럽의 | bon/ bonne 좋은<br>mignon/ mignonne 귀여운 |
| er → ère | étranger/ étrangère 외국의<br>fier/ fière 자랑스러운 | léger/ légère 가벼운<br>premier/ première 첫 번째의 |
| et. ot → ette, otte | muet/ muette 벙어리의<br>net/ nette 깨끗한 | violet/ violette 보라색의<br>sot/ sotte 어리석은 |
| | ※ 예외 :<br>prêt/ prête 준비된 | idiot/ idiote 바보같은 |
| et → ète | complet/ complète 완전한<br>concret/ concrète 구체적인<br>discret/ discrète 신중한 | inquiet/ inquiète 불안한<br>secret/ secrète 비밀의 |
| eur → euse | rêveur/ rêveuse 꿈꾸는<br>menteur/ menteuse 거짓말하는 | travailleur/ travailleuse 근면한<br>trompeur/ trompeuse 위선적인 |
| | ※ 예외 :<br>antérieur/ antérieure 이전의<br>extérieur/ extérieure 외부의<br>inférieur/ inférieure 열등한<br>intérieur/ intérieure 내부의 | majeur/ majeure 더 좋은<br>meilleur/ meilleure 더 좋은<br>postérieur/ postérieure 나중의<br>supérieur/ supérieure 우등의 |
| teur → trice | admirateur/ admiratrice 감탄하는<br>créateur/ créatrice 창조적인<br>directeur/ directrice 지도하는 | observateur/ observatrice 관찰하는<br>protecteur/ protectrice 보호하는<br>consolateur/ consolatrice 위안 주는 |
| c → que, che | public/ publique 공공의<br>turc/ turque 터키의 | blanc/ blanche 흰색의<br>franc/ franche 솔직한 |
| | ※ 예외 :<br>grec/ grecque 그리스의<br>sec/ sèche 건조한 | chic/ chic 멋진 |
| f → ve | actif/ active 활동적인 | agressif/ agressive 공격적인 |

| | | |
|---|---|---|
| | naïf/ naïve 순진한<br>négatif/ négative 부정적인 | neuf/ neuve 새로운<br>sportif/ sportive 스포츠의 |
| | ※ 예외 :<br>bref/ brève 간결한 | grief/ grième 심한 |
| g → gue | long/ longue 긴 | oblong/ oblongue 장방형의 |
| gu → guë | aigu/ aiguë 날카로운 | ambigu/ ambiguë 애매한 |
| s → sse | bas/ basse 낮은<br>épais/ épaisse 두꺼운<br>gras/ grasse 기름진 | gros/ grosse 뚱뚱한<br>las/ lasse 피곤한 |
| | ※ 예외 :<br>divers/ diverse 다양한<br>frais/ fraîche 신선한 | gris/ grise 회색의<br>tiers/ tierce 제3의 |
| x → se | dangereux/ dangereuse 위험한<br>furieux/ furieuse 분노한<br>jaloux/ jalouse 질투심의<br>heureux/ heureuse 행복한 | honteux/ honteuse 부끄러워하는<br>nerveux/ nerveuse 신경질적인<br>paresseux/ paresseuse 게으른<br>sérieux/ sérieuse 신중한 |
| | ※ 예외 :<br>doux/ douce 부드러운<br>faux/ fausse 거짓의 | roux/ rousse 갈색의<br>vieux/ vieille 늙은 |
| 특수한 여성형을 갖는 형용사 | bénin/ bénigne 관대한<br>dû/ due 지불해야 하는 | malin/ maligne 교활한<br>favori/ favorite 좋아하는 |

– 남성단수형이 두 개인 형용사

| 남성단수 1형 | 남성단수 2형 | 여성단수 |
|---|---|---|
| un *beau* garçon<br>→ de *beaux* garçons<br>잘생긴 소년(들) | un *bel* hôtel<br>→ de *beaux* hôtels<br>멋진 호텔(들) | une *belle* dame<br>→ de *belles* dames<br>아름다운 부인(들) |
| un *nouveau* dictionnaire<br>→ de *nouveaux* dictionnaires<br>새 사전(들) | un *nouvel* ordinateur<br>→ de *nouveaux* ordinateurs<br>새 컴퓨터(들) | une *nouvelle* histoire<br>→ de *nouvelles* histoires<br>새로운 이야기(들) |
| un *vieux* piano<br>→ de *vieux* pianos 낡은 피아노(들) | un *vieil* ami<br>→ de *vieux* amis 오랜 친구(들) | une *vielle* guitare<br>→ de *vielles* guitares 오래된 기타(들) |

– 품질형용사의 위치

| | | |
|---|---|---|
| 명사 뒤에 위치하는 형용사 | 형용사는 원칙적으로 명사 뒤에 위치한다. 특히 물리적 성질(색깔, 형태, 맛, 온도, 상태...), 또는 분류(국적, 종교, 학문, 기술, 예술...)를 나타내는 형용사는 항상 명사 뒤에 위치한다. | |
| 명사 앞에 위치하는 형용사 : 단음절이거나 자주 사용되는 주요 형용사들은 명사 앞에 위치한다. | ancien(ne) 예전의<br>autre 다른<br>beau(bel, belle) 아름다운<br>bon(ne) 좋은<br>gentil(le) 친절한<br>grand(e) 큰<br>gros(se) 뚱뚱한<br>haut(e) 높은 | jeune 젊은<br>joli(e) 예쁜<br>long(ue) 긴<br>mauvais(e) 나쁜<br>même 같은<br>nouveau(nouvel, nouvelle) 새로운<br>petit(e) 작은<br>vieux(vieil, vieille) 오랜 |
| 명사의 앞과 뒤에 사용될 수 있고 위치에 따라 의미가 변화하는 형용사 | un *grand* homme 위인<br>un *ancien* ami 예전 친구<br>un *brave* garçon 정직한 소년<br>un *certain* sourire 어떤 미소<br>mon *cher* ami 나의 소중한 친구<br>de *différentes* opinions 여러 가지 의견들<br>une *grosse* femme 뚱뚱한 여자<br>un *honnête* homme 신사<br>un *maigre* repas 보잘 것 없는 식사<br>un *pauvre* garçon 불쌍한 소년<br>un *petit* homme 키가 작은 사람<br>mon *propre* pouvoir 나 자신의 능력<br>un *seul* homme 유일한 남자<br>une *triste* femme 한심한 여자<br>un *vieil* ami 옛 친구<br>un *vrai* ami 진짜 친구 | un homme *grand* 키 큰 남자<br>un immeuble *ancien* 낡은 건물<br>un garçon *brave* 용감한 소년<br>une preuve *certaine* 확실한 증거<br>une robe *chère* 비싼 원피스<br>des opinions *différentes* 다른 의견들<br>une femme *grosse* 임신한 여자<br>un homme *honnête* 성실한 사람<br>un repas *maigre* 고기 없는 식사<br>un garçon *pauvre* 가난한 소년<br>un homme *petit* 소인, 난장이<br>un mouchoir *propre* 깨끗한 손수건<br>un homme *seul* 고독한 남자<br>une histoire *triste* 슬픈 여자<br>un ami *vieil* 늙은 친구<br>un coeur *vrai* 진실한 마음 |

## ▣ 의문문

| | | |
|---|---|---|
| 단순도치 형태 : 주어와 동사를 도치시킨다.<br><br># 동사가 모음으로 끝나고 주어가 모음으로 시작할 경우, 모음 충돌을 막기 위해 동사와 주어 사이에 –t–를 넣는다.<br><br># je peux는 도치형 의문문에서 puis를 사용한다. | Êtes–vous étudiant?<br><br>Y–a–*t*–il un cours?<br>A–*t*–elle des enfants?<br>Habite–*t*–il à Paris?<br><br>*Puis*–je entrer? | 당신은 변호사입니까?<br><br>수업이 있습니까?<br>그녀는 아이들이 있나요?<br>그는 파리에 살고 있나요?<br><br>들어가도 될까요? |
| 복합도치 형태 : 주어가 일반 명사이거나 고유 명사일 경우 | Le train, est–il arrivé?<br>Amélie, est–elle sympa? | 기차가 도착했나요?<br>아멜리, 그녀는 친절해요? |
| 평서문의 끝부분 억양을 올린다. | Vous êtes français?↗ | 당신은 프랑스 사람입니까? |
| 평서문 앞에 Est– ce que를 붙인다. | Est–ce qu'elle est étudiante? | 그녀는 학생입니까? |

## Leçon 6. 부정문(La forme négative)

부정문은 기본적으로 동사의 앞 · 뒤에 ne ~ pas를 붙여서 만들며 pas 대신에 rien, jamais, guère, personne, plus, point 등을 사용하여 다양하게 표현할 수 있다.

① ne ~ pas : ~ 아니다 (가장 일반적인 부정문이다.)

| | |
|---|---|
| Tu es fatigué? | 너는 피곤하니? |
| → Non, je *ne* suis *pas* fatigué. | 아니, 나는 피곤하지 않아. |
| Vous êtes québécois? | 당신은 퀘벡 사람입니까? |
| → Non, je *ne* suis *pas* québécois. | 아니요, 저는 퀘벡 사람이 아닙니다. |

② ne ~ plus : 더 이상 ~ 아니다

| | |
|---|---|
| Elle *n'* habite *plus* à Paris. | 그녀는 더이상 파리에 살지 않는다. |
| Vous fumez toujours? | 당신은 여전히 담배를 피우십니까? |
| → Non, je *ne* fume *plus*. | 아니요, 전 더이상 담배를 피우지 않아요. |

③ ne ~ personne : 아무도 ~ 아니다

| | |
|---|---|
| Il *n'* y a *personne* dans la maison. | 집에 아무도 없다. |
| *Personne ne* répond. | 아무도 대답하지 않는다. |
| Elle attend quelqu'un? | 그녀는 누군가를 기다리고 있나요? |
| → Non, elle *n'*attend *personne*. | 아니요, 그녀는 아무도 기다리지 않아요. |

# personne는 ne 없이 단독으로도 사용될 수 있다.

| | |
|---|---|
| Qui est arrivé? | 누가 도착했나요? |
| → *Personne*. | 아무도요. |

④ ne ~ rien : 아무 것도 ~ 아니다. (전체 부정)

Elle *ne* dit *rien*. 그녀는 아무 것도 말하지 않는다.
Il *n'*y a *rien* dans le sac. 가방 안에 아무것도 없다.
*Rien ne* se voit à cause de brouillard. 안개 때문에 아무것도 보이지 않는다.

# rien은 ne 없이 단독으로도 사용될 수 있다.

A quoi penses-tu? 너는 무슨 생각을 하니?
→ *Rien*. 아무것도.

⑤ ne ~ jamais : 절대로[결코] ~ 아니다 (전체 부정)

Elle boit quelquefois de la bière? 그녀는 가끔 맥주를 마시나요?
→ Non, elle *ne* boit *jamais* de bière. 아니요, 그녀는 절대 맥주를 마시지 않아요.

⑥ ne ~ point : 조금도 ~아니다 (전체 부정)

Pierre parle le coréen. 피에르는 한국어를 말하나요?
→ Non, il *ne* parle *point* le coréen. 피에르는 한국어를 조금도 말하지 못합니다.

⑦ ne ~ guère : 거의 ~아니다. (부분 부정)

Il *ne* regarde *guère* la télévision. 그는 TV를 거의 보지 않는다.

Vous voyez souvent Cécile? 당신은 세실을 자주 만나나요?
→ Non, je *ne* vois *guère* Cécile. 아니요, 저는 세실을 거의 만나지 못해요.

⑧ ne ~ ni~ ni~ : ~도 ~도 아니다.

| | |
|---|---|
| Elle *n'*est pas *ni* jeune *ni* vieux. | 그녀 젊지도 늙지도 않다. |
| Ils *n'*ont *ni* fils *ni* fille. | 그들은 아들도 딸도 없다. |
| | (ne~ ni~ ni~의 문장에서 부정의 de는 생략된다.) |

⑨ ne ~ que : 오로지 ~뿐이다.

| | |
|---|---|
| Il *ne* travaille *que* quatre jours par semaine. | 그는 일주일에 4일만 일한다. |
| Elle *ne* dort *que* cinq heures par jour | 그녀는 하루에 5시간만 잔다. |
| Je *ne* pense *qu'*à toi. | 나는 너만을 생각한다. |

# plus, jamais, rien, personne 등은 하나의 문장 안에서 동시에 두 개 이상 사용할 수 있다.

| | |
|---|---|
| Il *n'*y a *plus personne* dans la classe. | 교실 안에는 더이상 아무도 없다. |
| Elle *ne* comprend *jamais rien.* | 그녀는 절댜로 아무 것도 이해하지 못한다. |

# 조동사나 준조동사가 있는 부정문에서 ne ~ pas는 조동사나 준조동사의 앞・뒤에 위치한다.

┌ 복합과거 문장 : ne + 조동사 + pas + 과거분사
└ 준조동사 문장 : ne + 준조동사 + pas + 동사원형

| | |
|---|---|
| Tu as pris du café? | 너는 커피를 마셨니? |
| → Non, je *n'*ai *pas* pris de café. | 아니, 난 커피를 마시지 않았어. |
| Vous avez vu quelque chose? | 당신은 무언가를 보았나요? |
| → Non, je *n'ai rien* vu. | 아니요, 전 아무 것도 보지 못했어요. |
| Vous avez vu quelqu'un? | 당신은 누군가를 만났나요? |
| → Non, je *n'*ai vu *personne.* | 아니요, 전 아무도 만나지 않았어요. |
| | (personne는 과거분사 뒤에 위치) |
| Vous pouvez aller au cinéma ce soir? | 당신은 오늘 저녁 극장에 갈 수 있어요? |
| → Non, je *ne* peux *pas* aller. | 아니요, 저는 갈 수 없어요. |

## Exercices

### 1. 다음 물음에 부정으로 답하시오.

(1) Est–ce que la blouse est chère?

(2) Est–ce que vous êtes anglaises?

(3) Est–ce qu'il est élégant?

(4) Est–ce que le thé est chaud?

(5) Est–ce qu'elle est là?

### 2. 다음 예문과 같이 답하시오.

| |
|---|
| Êtes–vous chinois? (japonais) → Non, je ne suis pas chinois, je suis japonais. |

(1) Es–tu américaine? (anglais)

(2) Est–elle blonde? (brun)

(3) Êtes–vous étudiant? (professeur)

(4) Est–elle sèche? (sympa)

(5) Est–il célibataire? (marié)

### 3. 다음 물음에 제시된 부정으로 답하시오.

(1) Tu vois souvent Paul? (ne~ guère)

(2) Tu fumes quelquefois? (ne~ jamais)

(3) Elle habite à Londres? (ne~ plus)

(4) Vous voyez quelque chose? (ne~ rien)

(5) Vous attendez quelqu'un? (ne~ personne)

# Leçon 7. 부정의 de

직접목적어를 취하는 타동사를 부정문으로 만들 때 관사에 변화가 생기는 경우가 있는데 이때 관사가 de로 변화한 것을 '부정의 de'라고 부른다.

① 부정문에서 동사가 직접목적어를 취할 때 명사 앞의 부정관사와 부분관사는 de로 변화한다. (부분관사 Leçon 20 참고)

| | |
|---|---|
| As-tu un vélo? | 너는 자전거를 가지고 있니? |
| → Oui, j'ai un vélo | 응, 나는 자전거를 가지고 있어. |
| → Non, je n'ai pas *de* vélo. | 아니, 난 자전거를 가지고 있지 않아. |
| A-t-il des enfants? | 그는 아이들이 있나요? |
| → Oui, il a des enfants. | 네, 그는 아이들이 있어요. |
| → Non, il n'a pas *d'*enfants. | 아니요, 그는 아이들이 없어요. |
| A-t-ellel met un chapeau? | 그녀는 모자를 쓰고 있나요? |
| → Oui, elle met un chapeau. | 네, 그녀는 모자를 쓰고 있어요. |
| → Non, elle ne met pas *de* chapeau | 아니요, 그녀는 모자를 쓰고 있지 않아요. |
| Est-ce que vous buvez du vin? | 당신은 포도주를 마시나요? |
| → Oui, je bois du vin. | 네, 전 포도주를 마셔요. |
| → Non, je ne bois jamais *de* vin. | 아니요, 전 포도주를 전혀 마시지 않아요. |

# 부정문에서 동사가 직접목적어를 취할지라도 명사 앞의 관사가 정관사일 경우는 de로 변화하지 않는다.

| | |
|---|---|
| Vous aimez le café? | 당신은 커피를 좋아하세요? |
| → Non, Je n'aime pas *le* café. | 아니요, 전 커피를 좋아하지 않아요. |
| Tu as le livre de Pierre? | 너는 피에르의 책을 가지고 있니? |
| → Non, je n'ai pas *le* livre de Pierre. | 아니, 난 피에르의 책을 가지고 있지 않아. |

# 동사가 자동사일 경우 부정관사와 부분관사는 de로 변화하지 않는다.

Est-ce que ce sont des lunettes? 그것은 안경인가요?
→ Non, ce ne sont pas *des* lunettes. 아니요, 그것은 안경이 아닙니다.

# ne ~ ni~ ni~ 가 사용된 문장에서는 부정의 de가 생략된다.

Il *n'*a *ni* cahier *ni* stylo. 그는 노트도 펜도 가지고 있지 않다.
Elle *ne* veut *ni* café *ni* thé. 그녀는 커피도 차도 원하지 않는다.

② il y a~의 부정문에서 부정관사와 부분관사는 de로 변화한다.

Y a-t-il des étudiants dans la classe? 교실에 학생들이 있습니까?
→ Non, il n'y a pas *d'*étudiants dans la classe. 아니요, 학생들이 없습니다.

Y a-t-il du pain? 빵이 있습니까?
→ Non, il n'y a plus *de* pain. 아니요, 빵이 더이상 없습니다.

## Exercices

### 1. 다음 물음에 부정으로 답하시오.

(1) Est-ce que c'est un roman?

(2) Est-ce que tu prends du café?

(3) Votre fils a un vélo?

(4) Est-ce qu'il aime le cinéma?

(5) Avez-vous un plan de Paris?

### 2. 다음 물음에 답하시오.

Dans ta chambre,

(1) y a-t-il un bureau? → Oui,

(2) y a-t-il une télévision? → Non,

(3) y a-t-il une plante? → Non,

(4) y a-t-il un PC portable? → Oui,

(5) y a-t-il un fauteuil? → Non,

### 3. 다음 예문처럼 문장을 만드시오.

| ne jamais, manger de la viande (elle) : elle ne mange jamais de viande. |
|---|

(1) ne pas, mettre des lunettes dans mon sac (je)

(2) ne guère, lire un roman (il)

(3) ne plus, boire du vin (je)

(4) ne pas, avoir un rendez-vous (elle)

(5) ne point, prendre du lait (vous)

## 프랑스 문화 알아보기

### ▶ 유럽 연합 (EU, European Union)

EU 국기

유럽 연합은 유럽의 정치·경제의 통합을 위해 설립된 유럽 국가들의 기구이다. 1952년 프랑스, 서독, 이탈리아, 베네룩스 3국에 의해 유럽석탄철강공동체 (ECSC, European Coal and Steel Community)가 설립되었다. 이 협력이 성공을 거두자 철강 이외의 경제 부분으로 협력 분야를 확대하기 위해 1957년 유럽경제공동체(EEC, European Economic Community)로 범위가 넓어졌다. 1991년 경제통화동맹(EMU, European Economic and Monetary Union)의 추진과 정치 통합에 관한 마스트리히트 조약을 통해 유럽공동체(EC, European Communities)를 거쳐 오늘날의 유럽 연합에 이르렀다. 2002년부터는 유럽 연합의 주요 창립 목적인 유럽 내 단일시장의 구축과 단일통화의 실현을 위해 단일 통화인 유로화가 사용되고 있다.

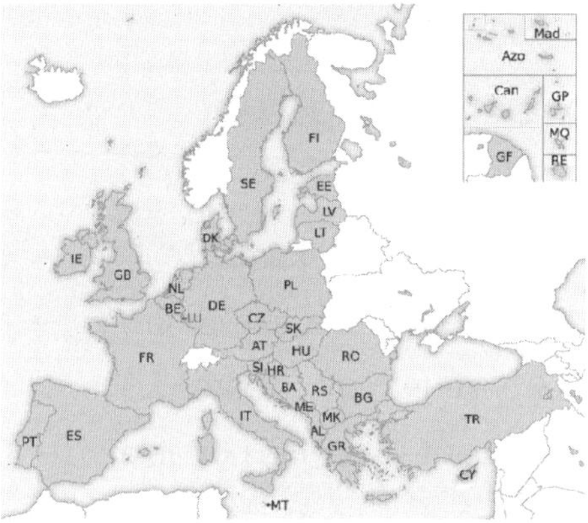


EU 가입국 : 독일, 프랑스, 아일랜드, 벨기에, 네덜란드, 룩셈부르크, 덴마크, 스웨덴, 핀란드, 오스트리아, 이탈리아, 스페인, 포르투갈, 그리스, 체코, 헝가리, 폴란드, 슬로바키아, 리투아니아, 라트비아, 에스토니아, 슬로베니아, 키프로스, 몰타, 불가리아, 루마니아, 크로아티아
EU 후보국 : 아이슬란드, 터키, 몬테네그로, 마케도니아, 알바니아, 세르비아

(출처 : 야후 프랑스, Wikipédia)

한편, 영국은 유럽 연합의 재정 악화에 의해 영국이 내야 할 분담금 부담이 커지고 이슬람권의 난민 유입이 계속 되자, 2016년 국민투표를 통해 51.9%가 찬성에 표를 던지면서 유럽 연합 탈퇴가 확정되었다. 브렉시트(Brexit)는 영국의 유럽 연합 탈퇴를 의미하는 명칭으로, 영국(Britain)과 탈퇴(exit)의 합성어이다. 영국의 탈퇴로 유럽 연합은 존립에 대한 문제가 제기될 것으로 보인다. 실제로 그렉시트(Grexit, 그리스의 유로존 이탈)를 비롯하여 프랑스, 이탈리아, 덴마크, 체코 등에서도 유럽 연합 탈퇴를 요구하는 목소리가 높아지고 있기 때문이다. 브렉시트는 영국의 국민투표 이후 2년간 협상이 진행될 예정이지만 협상이 불발될 경우 영국은 2019년 3월 29일 EU를 떠나게 된다.

## Leçon 8. 소유형용사(L'adjectif possessif)

### 1. 형태

| | 인칭 | 남성단수 | 여성단수 | 남여성복수 |
|---|---|---|---|---|
| 단수 | 1인칭 : 나의 | mon | ma (mon) | mes |
| | 2인칭 : 너의 | ton | ta (ton) | tes |
| | 3인칭 : 그(그녀)의 | son | sa (son) | ses |
| 복수 | 1인칭 : 우리들의 | notre | | nos |
| | 2인칭 : 당신(들)의, 너희들의 | votre | | vos |
| | 3인칭 : 그들(그녀)들의 | leur | | leurs |

### 2. 용법

① 소유형용사는 명사에 대한 소유를 나타내는 형용사로, 그 명사의 성・수에 일치시켜서 사용한다. 위치는 항상 명사 앞에 놓이며 소유형용사가 사용되면 관사는 사용되지 않는다.

| | | | | | |
|---|---|---|---|---|---|
| *mon* père | 나의 아버지 | *ma* mère | 나의 어머니 | *mes* parents | 나의 부모님 |
| *ton* père | 너의 아버지 | *ta* mère | 너의 어머니 | *tes* parents | 너의 부모님 |
| *son* père | 그(녀)의 아버지 | *sa* mère | 그(녀)의 어머니 | *ses* parents | 그(녀)의 부모님 |
| *notre* père | 우리의 아버지 | *notre* mère | 우리의 어머니 | *nos* parents | 우리의 부모님 |
| *votre* père | 당신(들)의 아버지 | *votre* mère | 당신(들)의 어머니 | *vos* parents | 당신(들)의 부모님 |
| *leur* père | 그(녀)들의 아버지 | *leur* mère | 그(녀)들의 어머니 | *leurs* parents | 그(녀)들의 부모님 |

C'est le vélo de Pierre? 이것은 피에르 자전거이니?
→ Oui, c'est *son* vélo. 응, 그의 자전거야.
C'est la maison de *tes* parents? 이것은 네 부모님의 집이니?
→ Oui, c'est *leur* maison. 응, 그들의 집이야.

② 소유형용사 ma, ta, sa는 모음이나 무음 h로 시작하는 여성명사 앞에서는 모음 충돌을 피하기 위해 mon, ton, son으로 바뀌어 사용된다. 하지만 notre, votre는 뒤에 모음이나 무음 h로 시작하는 명사가 오더라도 모음생략하지 않는다.

| | | |
|---|---|---|
| ma amie (x) | → *mon* amie (o) | 나의 친구 |
| ta auto (x) | → *ton* auto (o) | 너의 자동차 |
| sa opinion (x) | → *son* opinion (o) | 그(녀)의 의견 |

| | |
|---|---|
| *notre* habitude | 우리들의 습관 |
| *votre* erreur | 당신의 실수 |

# 문장 내에서 여성단수 소유형용사와 여성단수 명사 사이에 품질형용사가 위치하는 경우, 소유형용사의 변화에 유의한다. 즉, 품질형용사가 모음이나 무음 h로 시작하면 소유형용사는 mon, ton, son이 사용되고, 품질형용사가 자음이나 유음 h로 시작하면 소유형용사는 ma, ta, sa가 사용된다.

| | | | |
|---|---|---|---|
| *ma* fille | 나의 딸 | *mon* aimable fille | 나의 사랑스러운 딸 |
| *ton* habitude | 너의 습관 | *ta* mauvais habitude | 너의 잘못된 습관 |
| *son* auto | 그(녀)의 자동차 | *son* belle auto | 그(녀)의 멋진 자동차 |

## Exercices

### 1. 다음 빈 칸에 알맞는 소유형용사를 넣으시오

(1) C'est l'ordinateur de Bora. → C'est ______ ordinateur.

(2) C'est l'idée de Minsu. → C'est ______ idée.

(3) Ce sont les chiens de M. et Mme Dupont. → Ce sont ______ chiens.

(4) Prêtez-moi ______ stylo. J'ai oublié ______ stylo.

(5) Ils ont un enfant. → C'est ______ enfant.

### 2. 다음 문장에 알맞은 소유형용사를 넣으시오.

(1) Où est la chambre de Léo? ______ chambre est près de ______ université.

(2) J'ai un frère et une soeur. ______ frère est avovcat et ______ soeur est étudiante.

(3) Voici M. et Mme Kim. Ils aiment ______ enfants.

### 3. 다음 보기에서 알맞은 것을 골라 예문처럼 문장을 완성하시오.

| |
|---|
| poèmes, cinématographe, tableaux impressionnistes, musiques symphoniques, sourire mystérieux |

| |
|---|
| Léonard de Vinci est célébre pour son tableau 'La Joconde'. |

(1) Auguste Renoir est célébre pour ____________________.

(2) 'Mona Lisa' est célébre pour ____________________.

(3) Beethoven est célébre pour ____________________.

(4) Stéphane Mallarmé est célébre pour ____________________.

(5) Les frères Lumière sont célébre pour ____________________.

## 프랑스 문화 알아보기

### ▶ 유로화

유로화는 유럽 연합의 단일화폐이다. 유럽 연합(EU, European Union) 결성 후 회원국은 나라 간에 화폐가 달라 무역 등에 어려움이 따르자 이를 해결하기 위해 유로화를 사용하게 되었다. 1992년 마스트리히트 조약에 의해 유럽경제통화동맹과 단일통화의 법적 토대를 마련했고, 1999년 유럽경제통화동맹(EMU: European Economic and Monetary Union)이 출범하였으며, 단일통화의 명칭을 '유로'라고 하는 데 합의했다. 2002년부터는 유로화를 단일통화로 사용하기 시작했는데 유로화의 시행은 단순히 단일통화의 사용에 그치는 것이 아니라 유럽의 단일 경제권의 구축을 목적으로 한다. 유로화는 '€'라고 표시되며 7종의 지폐와 8종의 동전으로 구성되어 있다. 유로화는 국가별로 발행하며 주화의 경우 한쪽 면은 '국가면'이고 다른 쪽 면은 '유럽면'이다.

(출처 : 야후 프랑스, Wikipédia)

- 유로존(19개국) : 그리스, 네덜란드, 독일, 라트비아, 룩셈부르크, 리투아니아, 몰타, 벨기에, 스페인, 슬로바키아, 슬로베니아, 아일랜드, 에스토니아, 오스트리아, 이탈리아, 크로아티아, 포르투갈, 프랑스, 핀란드

- 유로 미사용 국가(10개국) : 덴마크, 스웨덴, 불가리아, 체코, 헝가리, 라트비아, 리투아니아, 폴란드, 루마니아

- 유럽 연합 가입국이 아니면서 유럽 연합과 금융협정을 맺고 유로를 사용하는 나라 : 모나코, 바티칸 시국 등

- 유럽 연합과 금융협정을 맺지 않고 유로를 사용하는 나라 : 안도라, 코소보, 몬테네그로

# Leçon 9. 지시형용사(L'adjectif démonstratif)

## 1. 형태

| | 남성단수 | 여성단수 | 남 · 여성복수 |
|---|---|---|---|
| 단순형 | ce (cet) | cette | ces |
| 복합형 | ce (cet) ~ –ci [–là] | cette ~ –ci [–là] | ces ~ –ci [–là] |

## 2. 용법

① 대화 중에 이미 알려진 사람이나 사물을 가리키는 명사 앞에 쓰여 지시한다. '이, 저, 그'의 뜻을 가지며 명사 앞에서 그 명사의 성 · 수에 일치시켜서 사용한다.

| | | | | |
|---|---|---|---|---|
| 남성단수명사 앞 : | *ce* livre | 이[저, 그] 책 | *ce* village | 이[저, 그] 마을 |
| | *cet* hôtel | 이[저, 그] 호텔 | *cet* homme | 이[저, 그] 남자 |
| 여성단수명사 앞 : | *cette* ville | 이[저, 그] 도시 | *cette* école | 이[저, 그] 학교 |
| 복수명사 앞 : | *ces* livres | 이[저, 그] 책들 | *ces* hôtels | 이[저, 그] 호텔들 |

*Ce* vélo est à Léo. 이 자전거는 레오의 것이다.
*Ces* vélos sont à Léo. 이 자전거들은 레오의 것이다.
*Cette* robe est à Amélie. 이 원피스는 아멜리의 것이다.
*Ces* robes sont à Amélie. 이 원피스들은 아멜리의 것이다.

# être à + 사람 : 소유에 대한 표현으로 '~의 것이다'라는 의미이다.

*Ce* café *est à* qui? 이 커피는 누구거니?
→ Il *est à* Léa. 그것은 레아의 것이다.
*A* qui *sont ces* livres? 이 책들은 누구거니?
→ Ils *sont à* Pierre. 그것들은 피에르의 것이다.

# 남성단수 cet는 모음이나 무음 h로 시작하는 남성명사 앞에 사용한다.

| | | | |
|---|---|---|---|
| *cet* ami | 이[저, 그] (남자)친구 | *cet* ordinateur | 이[저, 그] 컴퓨터 |
| *cet* arbre | 이[저, 그] 나무 | *cet* homme | 이[저, 그] 남자 |
| *cet* enfant | 이[저, 그] 아이 | *cet* hôtel | 이[저, 그] 호텔 |
| *cet* étudiant | 이[저, 그] (남)학생 | | |

# cette는 뒤에 모음이나 무음 h로 시작하는 단어가 와도 모음생략하지 않는다.

| | |
|---|---|
| *cette* amie | 이[저, 그] (여자)친구 |
| *cette* étudiante | 이[저, 그] (여)학생 |

# 문장 내에 남성단수 지시형용사와 남성단수 명사 사이에 품질형용사가 위치하는 경우 지시형용사의 변화에 유의한다. 즉 품질형용사가 모음이나 무음 h로 시작하면 지시형용사는 cet가 사용되고, 품질형용사가 자음이나 유음 h로 시작하면 지시형용사는 ce가 사용된다.

| | | | |
|---|---|---|---|
| *cet* enfant | 이[저, 그] 아이 | *ce* mauvais enfant | 이[저, 그] 심술궂은 아이 |
| *ce* garçon | 이[저, 그] 소년 | *cet* aimable garçon | 이[저, 그] 사랑스런 소년 |

② 시간을 나타내는 명사 앞에 지시형용사가 쓰이면 현재와 관계된 가까운 시간을 나타낸다.

| | | | |
|---|---|---|---|
| *ce* matin | 오늘 아침 | *cette* année | 올 해 |
| *ce* soir | 오늘 저녁 | *cet* été | 올 여름 |
| *cet* après-midi | 오늘 오후 | *cet* hiver | 올 겨울 |
| *cette* semaine | 이번 주 | | |

*Cette* année, les cheveux courtes sont à la mode. 올해는 짧은 머리가 유행이다.

*Cet* été, il fait très chaud. 올 여름은 날씨가 무척 덥다.

*Cette* semaine, je suis préssé. 이번 주에 나는 바쁘다.

③ 복합형 : –ci는 시간 · 공간적으로 가까운 것을, –là는 먼 것을 의미한다.

Voilà deux bouteilles de vin. Ce vin–*ci* est sec, et ce vin–*là* est doux.

여기 두병의 포도주가 있다. 이 포도주는 드라이하고 저 포도주는 달콤하다.

Je choisis ce pantalon–*ci*, et tu choisis cette jupe–*là*.

나는 이 바지를 선택하고 너는 저 치마를 선택한다.

## Exercices

### 1. 다음 괄호 안에 알맞은 지시형용사를 넣으시오.

(1) (          ) garçon est français.

(2) (          ) robe est chère.

(3) (          ) pains sont délicieux.

(4) (          ) arbre est grand.

(5) (          ) sac est très pratique.

### 2. 다음 예문처럼 답하시오.

| |
|---|
| Cette table est à qui? (Sumin) → Elle est à Sumin. |

(1) Ces livres sont à qui? (Charles) → ______________________________.

(2) Ce sac est à qui? (Max) → ______________________________.

(3) Cette maison est à qui? (M. Kim) → ______________________________.

(4) Ce café est à qui? (Annie) → ______________________________.

(5) Ces motos sont à qui? (Julien) → ______________________________.

### 3. 다음 문장에 알맞은 지시형용사를 넣으시오.

(1) J'ai un vélo. ________ vélo est très beau.

(2) Elle a trois enfants. ________ enfants sont aimables.

(3) C'est une photo. ________ photo est à Julie.

(4) Voici des étudiants. ________ étudiant-ci est grand, et ________ étudiante-là est petite.

(5) Voilà deux problèmes. ________ problème-ci est simple, et ________ problème-là est complexe.

## Leçon 10. 1군 동사의 직설법 현재변화 (le présent de l'indicatif du verbe en 'er')

프랑스어의 동사는 동사 원형의 어미 활용에 따라 세 가지로 분류되는데 동사원형의 어미가 −er로 끝나는 동사가 1군 동사이다. 1군 동사는 프랑스어 동사의 약 90%를 차지한다. 1군 동사는 규칙 동사로 어미 변화가 규칙적으로 변화한다. 하지만 어간에 약간의 변칙이 일어나는 동사들이 있다.

직설법은 실제로 일어나는 동작이나 상태를 긍정, 부정 또는 의문의 형식으로 표현하는 객관적인 서술 방식으로, 일상적으로 많이 사용된다.

### 1. 형태

| 1군 동사의 현재형 어미변화 | | | |
|---|---|---|---|
| je(j') | −e | nous | −ons |
| tu | −es | vous | −ez |
| il/ elle | −e | ils/ elles | −ent |

| aimer | regarder |
|---|---|
| j'aim*e* | je regard*e* |
| tu aim*es* | tu regard*es* |
| il/elle aim*e* | il/elle regard*e* |
| nous aim*ons* | nous regard*ons* |
| vous aim*ez* | vous regard*ez* |
| ils/elles aim*ent* | ils/elles regard*ent* |

J'*aime* la musique classique. 나는 클래식 음악을 좋아한다.

Ils *regardent* la télévision. 그들은 TV를 본다.

Vous *habitez* dans un studio? 당신은 스튜디오에 살고 있어요?

# 1군 규칙동사의 변칙 변화 : 1군 규칙동사 중에서 어미 변화는 규칙적으로 변화하지만 어간 부분에만 변화가 생기는 동사들이 있는데 다음과 같다.

① 1, 2, 3인칭 단수와 3인칭 복수형에서만 변화가 생기는 경우

| | | |
|---|---|---|
| e(é) + 자음 하나 + er | 자음 앞의 e(é)가 è로 변화한다. | acheter, achever, compléter, considérer, espérer, (s')inquiéter, (se) lever, mener, peser, (se) promener, préférer, protéger... |
| e + 자음 하나 + er | 이중자음으로 변화한다. | appeler, jeter... |
| –yer로 끝나는 동사 | y가 i로 변화한다. | appuyer, employer, envoyer, (s')ennuyer, essayer, essuyer, nettoyer, payer... |

② 1인칭 복수형에서만 변화가 생기는 경우

| | | |
|---|---|---|
| –cer로 끝나는 동사 | –ons 앞의 c가 ç로 변화한다. | commencer, annoncer, avancer exercer, placer |
| –ger로 끝나는 동사 | –ons 앞의 g가 ge로 변화한다. | manger, changer, loger, mélanger, nager, obliger, protéger, voyager.. |

| | e → è | é → è | 자음 하나 → 두개 | y → i | | c → ç | g → ge |
|---|---|---|---|---|---|---|---|
| | acheter | préférer | appeler | payer | | commencer | manger |
| je(j') | achète | préfère | appelle | paie | paye | commence | mange |
| tu | achètes | préfères | appelles | paies | payes | commences | manges |
| il/elle | achète | préfère | appelle | paie | paye | commence | mange |
| nous | achetons | préférons | appelons | payons | payons | commençons | mangeons |
| vous | achetez | préférez | appelez | payez | payez | commencez | mangez |
| ils/elles | achètent | préfèrent | appellent | paient | payent | commencent | mangent |

(–yer로 끝나는 동사들중 payer만은 y가 i로 변해도 되고 안 변해도 된다.)

J'*achète* du pain à la boulangerie. 나는 빵집에서 빵을 산다.

Tu *préfères* le cinéma. 너는 영화를 특히 좋아한다.

Elle *appelle* le médecin. 그녀는 의사를 부른다.
Il *emploie* mon ordinateur. 그는 나의 컴퓨터를 사용한다.
Nous *commençons* le travail à 9 heures. 우리는 9시에 일을 시작한다.
Nous *mangeons* du pain au petit déjeuner. 우리는 아침 식사로 빵을 먹는다.

## 2. 용법

① 현재의 행위나 묘사, 상황을 나타낸다.

J'*aime* le sport. 나는 스포츠를 좋아한다.
Elle *habite* à Séoul depuis deux ans. 그녀는 2년 전부터 서울에 살고 있다.

② 현재의 습관이나 반복을 나타낸다.

Le soir, nous *nous promenons*. 저녁마다 우리는 산책한다.
D'habitude, elle *dîne* en famille. 평소 그녀는 가족과 함께 저녁 식사를 한다.

③ 변함없는 진리를 나타낸다.

La terre *tourne*. 지구는 회전한다.
La neige *tombe* en hiver. 겨울에는 눈이 내린다.

## Exercices

1. 다음 1군 동사의 어미를 인칭에 맞게 변화시키시오.

(1) Je jou____

(2) Vous aim____

(3) Nous voyag____

(4) Tu parl____

(5) Elles march____

2. 다음 동사를 직설법 현재형으로 바꾸시오.

(1) Ma femme ___________(travailler) à la banque.

(2) Combien ___________(peser)-tu?

(3) Elle ___________(préparer) la cuisine.

(4) Il ___________(appeler) le médecin.

(5) Le bus ___________(passer).

3. 다음 동사를 직설법 현재형으로 바꾸시오.

(1) Tu ________(parler) l'anglais? → Oui, je ________(parler) l'anglais.

(2) Vous ________(étudier) le franais? → Oui, nous ________(étudier) le français.

(3) Est-ce que tu ________(préférer) le jazz? → Non, je ne ________(préférer) pas le jazz.

(4) Est-ce que vous _________(commencer) la Leçon 7?
→ Oui, nous ________(commencer) la leçon 7.

(5) Vous ________(acheter) un nouvel ordinateur? → Oui, j'________(acheter) un nouvel ordinateur.

# Résumé et plus-savoir (Leçon 6 ~ Leçon 10)

## ▣ 다양한 부정 표현

| | | |
|---|---|---|
| ne ~ pas : ~아니다 | Je *ne* suis *pas* français. | 나는 프랑스인이 아니다. |
| ne ~ plus : 더 이상 ~아니다 | Elle *ne* vois *plus* Jean. | 그녀는 쟝을 더이상 만나지 않는다. |
| ne ~ personne : 아무도 ~않다 | Je *n'*ai pas attendu *personne*. | 나는 아무도 기다리지 않았다. |
| ne ~ rien : 아무 것도 ~아니다 | Elle *n'*a *rien* préparé. | 그녀는 아무 것도 준비하지 않는다. |
| ne ~ jamais : 절대 ~아니다 | Je ne suis *jamais* content. | 나는 결코 만족스럽지 않다. |
| ne ~ point : 조금도 ~아니다 | Il *ne* ment *point*. | 그는 조금도 거짓말하지 않는다. |
| ne ~ guère : 거의 ~아니다 | Je *ne* boit *guère* de vin. | 나는 포도주를 거의 마시지 않는다. |
| ne ~ ni ~ ni ~ : ~도 ~도 아니다 | Elle *n'*a *ni* frère *ni* soeur. | 그녀는 형제도 자매도 없다. |
| ne ~ que : 오로지 ~뿐 | Je *ne* travaille *que* sept heures par jour. | 나는 하루에 7시간만 일한다. |

## ▣ 타동사의 부정형, 부정의 de

| | |
|---|---|
| **부정문에서 직접목적보어로 사용된 명사 앞의 부정관사 혹은 부분관사는 부정의 de(d')로 변화한다.** | Je n'ai pas *d'*opinion. 나는 의견이 없다.<br>Il ne mange pas *de* viande. 그는 고기를 먹지 않는다.<br>Ils n'ont pas *d'*enfant. 그들은 아이가 없다.<br>Nous ne voyons pas *de* cinéma. 우리는 영화를 보지 않는다.<br>Elle ne mettent pas *de* lunettes. 그녀는 안경을 쓰고 있지 않다.<br>Il n'y a plus *de* fruits. 과일이 더이상 없다. |
| **# Attention : 부정문에서 직접목적보어로 사용된 명사 앞의 정관사는 부정의 de(d')로 변화하지 않는다.** | Je aime *le* cinéma. 나는 영화를 좋아한다.<br>Je n'aime pas *le* vin. 나는 포도주를 좋아하지 않는다. |
| **# Attention : 부정문에서 속사로 사용된 명사 앞의 부정관사나 부분관사는 부정의 de(d')로 변화하지 않는다.** | Ce n'est pas *un* ordinateur. 그것은 컴퓨터가 아니다.<br>Ce n'est pas *du* bon travail. 그것은 좋은 일이 아니다.<br>Ce ne sont pas *des* idées intéressantes.<br>그것들은 흥미로운 생각이 아니다. |

## ■ 부정문에서의 다양한 문장 표현

| | |
|---|---|
| 부정문에서 부사를 사용하는 경우 | Léo *ne* va *pas* *souvent* au cinéma. 레오는 극장에 자주 가지 않는다.<br>Le film *n'*a *pas* *encore* commencé. 영화는 아직 시작하지 않았다.<br>La pharmacie *n'*est *pas* *encore* fermée. 약국은 아직 문을 닫지 않았다. |
| 단순시제와 복합시제의 부정문 | Je *n'*ai *pas* froid. 나는 춥지 않다.<br>Je *n'*ai *pas* eu froid. 나는 춥지 않았다.<br>Il *ne* va *pas* sortir. 그는 외출하지 않을 것이다. |

## ■ 소유에 대한 표현 être à~

*Ce* vélo est à qui? 그 자전거는 누구 것이니?
→ Il est à Léo. 그것은 레오의 것이야.

## ■ 소유형용사의 활용

| | 남성단수 | 여성단수 | 남・여성복수 |
|---|---|---|---|
| 1인칭 단수 : 나의 | mon | ma (mon) | mes |
| | *mon* père | *ma* mère (*mon* idée) | *mes* parents |
| 2인칭 단수 : 너의 | ton | ta (ton) | tes |
| | *ton* père | *ta* mère (*ton* idée) | *tes* cousins |
| 3인칭 단수 : 그(그녀)의 | son | sa (son) | ses |
| | *son* père | *sa* mère (*son* idée) | *ses* lunettes |
| 1인칭 복수 : 우리들의 | notre | | nos |
| | *notre* père, *notre* mère | | *nos* parents |
| 2인칭 복수 : 당신(들)의 | votre | | vos |
| | *votre* père, *votre* mère | | *vos* parents |
| 3인칭 복수 : 그들(그녀)들의 | leur | | leurs |
| | *leur* père, *leur* mère | | *leurs* parents |

## ▣ 지시형용사의 활용

| | 남성단수 | 여성단수 | 남・여성복수 |
|---|---|---|---|
| 단순형 | ce (cet) | cette | ces |
| | *ce* livre<br>*cet* hôtel<br>*cet* étudiant | *cette* ville<br>*cette* étudiante<br>*cette* école | *ces* livres<br>*ces* hôtels<br>*ces* villes |
| 복합형 | ce (cet) ~ –ci [–là] | cette ~ –ci [–là] | ces ~ –ci [–là] |
| | *ce* pantalon–*ci* / *cet* hôtel–*ci*<br>*ce* pantalon–*là* / *cet* hôtel–*là* | *cette* jupe–*ci*<br>*cette* jupe–*là* | *ces* livres–*ci*<br>*ces* livres–*là* |

## ▣ 제1군 동사의 직설법 현재변화의 활용 : 동사원형의 어미가 –er로 끝나며 어미 변화가 규칙적으로 변화하지만 어간에 약간의 변칙이 있는 동사들도 있다.

– 규칙 변화

| | | | |
|---|---|---|---|
| je (j') | *–e* | J'aim*e* le cinéma. | 나는 영화를 좋아한다. |
| tu | *–es* | Tu regard*es* le télé. | 너는 TV를 본다. |
| il/elle | *–e* | Il/Elle march*e*, le soir. | 그(녀)는 저녁마다 걷는다. |
| nous | *–ons* | Nous dîn*ons* au restaurant. | 우리는 레스토랑에서 저녁을 먹는다. |
| vous | *–ez* | Vous arriv*ez* à l'heure. | 당신(들)은 제시간에 도착한다. |
| ils/elles | *–ent* | Ils/Elles étudi*ent* le français. | 그(녀)들은 프랑스어를 공부한다. |

– 변칙 변화

| | | | |
|---|---|---|---|
| 1,2,3인칭 단수와 3인칭 복수형에서만 변화가 생기는 경우 | e(é) + 자음 하나 + er : 자음 앞의 e(é)가 è로 변화<br>acheter, achever, amener, compléter, considérer, espérer, (s')inquiéter, (se) lever, libérer, mener, peser, (se) promener, préférer, protéger... | acheter<br><br>j'achète<br>tu achètes<br>il/elle achète<br>nous achetons<br>vous achetez<br>ils/elles achètent | préférer<br><br>je préfère<br>tu préfères<br>il/elle préfère<br>nous préférons<br>vous préférez<br>ils/elles préfèrent |

| | | | |
|---|---|---|---|
| | e + 자음 하나 + er : 이중자음으로 변화<br>appeler, jeter... | appeler | jeter |
| | | j'appelle<br>tu appelles<br>il/elle appelle<br>nous appelons<br>vous appelez<br>ils/elles appellent | je jette<br>tu jettes<br>il/elle jette<br>nous jetons<br>vous jetez<br>ils/elles jettent |
| | -yer로 끝나는 동사: y가 i로 변화<br>appuyer, employer, envoyer, (s')ennuyer, essayer, essuyer, nettoyer, payer... | employer | payer |
| | | j'emploie<br>tu emploies<br>il/elle emploie<br>nous employons<br>vous employez<br>ils/elles emploient | je pai[y]e<br>tu pai[y]es<br>il/elle pai[y]e<br>nous payons<br>vous payez<br>ils/elles pai[y]ent |
| 1인칭 복수형에서만 변화가 생기는 경우 | -cer로 끝나는 동사 : -ons 앞의 c가 ç로 변화<br>annoncer, avancer, commencer, exercer, placer... | commencer | placer |
| | | je commence<br>tu commences<br>il/elle commence<br>nous commençons<br>vous commencez<br>ils/elles commencent | je place<br>tu places<br>il/elle place<br>nous plaçons<br>vous placez<br>ils/elles placent |
| | -ger로 끝나는 동사 : -ons 앞의 g가 ge로 변화<br>changer, loger, manger, mélanger, nager, obliger, protéger, voyager... | manger | voyaer |
| | | je mange<br>tu manges<br>il/elle mange<br>nous mangeons<br>vous mangez<br>ils/elles mangent | je voyage<br>tu voyages<br>il/elle voyage<br>nous voyageons<br>vous voyagez<br>ils/elles voyagent |

# Leçon 11. 수 형용사(L'adjectif numéral) : 기수(les nombres cardinaux)와 서수(les nombres ordinaux)

## ▣ 기수

| | | | | | | | |
|---|---|---|---|---|---|---|---|
| 0 | zéro | | | | | | |
| 1 | un, une | 11 | onze | 21 | vingt et un | 31 | trente et un |
| 2 | deux | 12 | douze | 22 | vingt-deux | 32 | trente-deux |
| 3 | trois | 13 | treize | 23 | vingt-trois | 33 | trente-trois |
| 4 | quatre | 14 | quatorze | 24 | vingt-quatre | 34 | trente-quatre |
| 5 | cinq | 15 | quinze | 25 | vingt-cinq | 35 | trente-cinq |
| 6 | six | 16 | seize | 26 | vingt-six | 36 | trente-six |
| 7 | sept | 17 | dix-sept | 27 | vingt-sept | 37 | trente-sept |
| 8 | huit | 18 | dix-huit | 28 | vingt-huit | 38 | trente-huit |
| 9 | neuf | 19 | dix-neuf | 29 | vingt-neuf | 39 | trente-neuf |
| 10 | dix | 20 | vingt | 30 | trente | 40 | quarante |

| | | | | | | | |
|---|---|---|---|---|---|---|---|
| 41 | quarante et un | 51 | cinquante et un | 61 | soixante et un | 71 | soixante et onze |
| 42 | quarante-deux | 52 | cinquante-deux | 62 | soixante-deux | 72 | soixante-douze |
| 43 | quarante-trois | 53 | cinquante-trois | 63 | soixante-trois | 73 | soixante-treize |
| 44 | quarante-quatre | 54 | cinquante-quatre | 64 | soixante-quatre | 74 | soixante-quatorze |
| 45 | quarante-cinq | 55 | cinquante-cinq | 65 | soixante-cinq | 75 | soixante-quinze |
| 46 | quarante-six | 56 | cinquante-six | 66 | soixante-six | 76 | soixante-seize |
| 47 | quarante-sept | 57 | cinquante-sept | 67 | soixante-sept | 77 | soixante-dix-sept |
| 48 | quarante-huit | 58 | cinquante-huit | 68 | soixante-huit | 78 | soixante-dix-huit |
| 49 | quarante-neuf | 59 | cinquante-neuf | 69 | soixante-neuf | 79 | soixante-dix-neuf |
| 50 | cinquante | 60 | soixante | 70 | soixante-dix | 80 | quatre-vingts |

| | | | |
|---|---|---|---|
| 81 | quatre-vingt-un | 91 | quatre-vingt-onze |
| 82 | quatre-vingt-deux | 92 | quatre-vingt-douze |
| 83 | quatre-vingt-trois | 93 | quatre-vingt-treize |
| 84 | quatre-vingt-quatre | 94 | quatre-vingt-quatorze |
| 85 | quatre-vingt-cinq | 95 | quatre-vingt-quinze |
| 86 | quatre-vingt-six | 96 | quatre-vingt-seize |
| 87 | quatre-vingt-sept | 97 | quatre-vingt-dix-sept |
| 88 | quatre-vingt-huit | 98 | quatre-vingt-dix-huit |
| 89 | quatre-vingt-neuf | 99 | quatre-vingt-dix-neuf |
| 90 | quatre-vingt-dix | 100 | cent |

| | | | |
|---|---|---|---|
| 101 | cent un | 1,001 | mille un |
| 102 | cent deux | 1,599 | mille cinq cent quatre-vingt-dix-neuf |
| 110 | cent dix | 2,000 | deux mille |
| 125 | cent vingt-cinq | 10,000 | dix mille |
| 199 | cent quatre-vingt-dix-neuf | 20,000 | vingt mille |
| 200 | deux cents | 100,000 | cent mille |
| 201 | deux cent un | 200,000 | deux cent mille |
| 210 | deux cent dix | 1,000,000 | un million |
| 255 | deux cent cinquante-cinq | 2,000,000 | deux millions |
| 300 | trois cents | 10,000,000 | dix millions |
| 301 | trois cent un | 20,000,000 | vingt millions |
| 320 | trois cent vingt | 100,000,000 | cent millions |
| 900 | neuf cents | 1,000,000,000 | un milliard (= mille millions) |
| 999 | neuf cent quatre-vingt-dix-neuf | 2,000,000,000 | deux milliards |
| 1,000 | mille | | |

① un, une는 남성・여성의 성 구별이 있다. 여성명사 앞에서는 une를 사용한다.

*un* étudiant 한 남학생 *une* étudiante 한 여학생

② cinq, six, huit, dix는 뒤에 자음으로 시작되는 단어가 오면 각각 끝자음이 발음되지 않는다.

*dix* minutes [di minyt] 10분 *huit* livres [ɥi li:vʀ] 8권의 책

③ sept는 p가 항상 묵음이다.

*sept* jours [sɛt ʒu:ʀ] 7일

④ 17~99까지의 숫자에서 21, 31, 41, 51, 61, 71은 접속사 et로 연결한다. 그 외에 두 개 이상의 수를 연결할 때는 -(trait-d'union)으로 연결한다.

Il a quel âge?　그는 몇 살입니까?　→ Il a *vingt et un* ans.　그는 21살입니다.
Elle a quel âge? 그녀는 몇 살입니까? → Elle a *vingt-cinq* ans. 그녀는 25살입니다.

⑤ vingt, cent은 복수일 경우 s를 붙이지만 뒤에 다른 숫자가 올 경우는 s를 생략한다.

quatre-vingt*s* euros　80유로
quatre-vingt-cinq euros　85유로

deux cent*s* euros　200유로
deux cent cinquante euros　255유로

⑥ cent, mille에는 un을 붙이지 않는다. mille은 단수형, 복수형이 같으므로 복수형에 s를 붙이지 않는다. 연도를 표시할 때에는 mille 대신에 mil을 사용한다.

un cent euros (x),　cent euros (o)　100 유로
un mille euros (x),　mille euros (o)　1,000 유로
dix mille euros　10,000 유로
L'an *mil* neuf cent quatre-vingt-quatorze　1994년
L'an deux *mil* dix-huit　2018년

⑦ 1~*99,999* 미만의 숫자는 형용사이지만, 0과 1,000,000 이상의 숫자는 명사이다. 따라서 다른 명사가 뒤이어 쓰일 경우는 de로 연결해준다.

deux milliards *d'*euros　20억 유로
Dix millions *d'*habitants habitent à Séoul. 천만 명의 주민이 서울에 살고 있다.

## ▣ 서수

| | | | | | | | |
|---|---|---|---|---|---|---|---|
| 1er | premier(ère) | 11e | onzième | 21e | vingt et unième | 31e | trente et unième |
| 2e | deuxième, second(e) | 12e | douzième | 22e | vingt-deuxième | 32e | trente-deuxième |
| 3e | troisième | 13e | treizième | 23e | vingt-troisième | 40e | quarantième |
| 4e | quatrième | 14e | quatorzième | 24e | vingt-quatrième | 41e | quarante et unième |
| 5e | cinquième | 15e | quinzième | 25e | vingt-cinquième | 42e | quarante-deuxième |
| 6e | sixième | 16e | seizième | 26e | vingt-sixième | 49e | quarante-neuvième |
| 7e | septième | 17e | dix-septième | 27e | vingt-septième | 50e | cinquantième |
| 8e | huitième | 18e | dix-huitième | 28e | vingt-huitième | 51e | cinquante et unième |
| 9e | neuvième | 19e | dix-neuvième | 29e | vingt-neuvième | 52e | cinquante-deuxième |
| 10e | dixième | 20e | vingtième | 30e | trentième | 59e | cinquante-neuvième |

| | | | | | |
|---|---|---|---|---|---|
| 60e | soixantième | 82e | quatre-vingt-deuxième | 110e | cent dixième |
| 61e | soixante et unième | 89e | quatre-vingt-neuvième | 200e | deux centième |
| 62e | soixante-deuxième | 90e | quatre-vingt-dixième | 201e | deux cent unième |
| 69e | soixante-neuvième | 91e | quatre-vingt-onzième | 210e | deux cent dixième |
| 70e | soixante-dixième | 92e | quatre-vingt-douzième | 1000e | millième |
| 71e | soixante et onzième | 99e | quatre-vingt-dix-neuvième | 1001e | mille unième |
| 72e | soixante-douzième | 100e | centième | 2000e | deux millième |
| 79e | soixante-dix-neuvième | 101e | cent unième | 10 000e | dix millième |
| 80e | quatre-vingtième | 102e | cent deuxième | 100 000e | cent millième |
| 81e | quatre-vingt-unième | 109e | cent neuvième | 1000 000e | millionième |

① 서수는 일반적으로 기수에 -ième를 붙여 만든다.

trois → trois*ième*
vingt-trois → vingt-trois*ième*

② 특수하게 변화하는 서수
- e로 끝난 기수를 서수로 만들 때는 e를 빼고 - ième를 붙인다 : quatrième, treizième, quarantième...

- q로 끝난 기수를 서수로 만들 때는 u를 붙이고 -ième를 붙인다 : cinquième
- f로 끝난 기수를 서수로 만들 때는 f를 v로 바꾸고 -ième를 붙인다 : neuvième

③ 특수한 형태의 서수가 있다 : premier, second

Elle est au *premier* rang 그녀는 첫 번째 줄에 있다.
la *Second* Empire 제 2제정

④ premier(ère), second(e), dernier(ère)는 여성형이 있다. 서수는 형용사이므로 명사의 성・수에 일치시켜 사용한다.

la *première* place 첫 번째 자리
la *seconde* classe 2등칸
la *dernière* classe 마지막 수업

⑤ 왕이나 황제의 호칭의 경우 : 1세만 서수를 사용하고 2세부터는 기수를 사용한다.

Napoléon 1er (premier) 나폴레옹 1세
Louis 14 (quatorze) 루이 14세

⑥ 책의 장(章)이나 연극 작품의 막 등의 경우 : 명사 앞에서는 서수를 사용하고 뒤에서는 기수를 사용한다.

la *première* chapitre/ Chapitre *un* 제1장
le *troisième* acte/ Acte *trois* 제3막

## Exercices

1. 다음 숫자를 프랑스어로 쓰시오.

(1) 51

(2) 75

(3) 87

(4) 198

(5) 999

**2. 다음 빈칸에 알맞은 기수 형용사를 써넣으시오**

(1) Dans une année, il y a ___________ mois.

(2) Dans une année, il y a ___________ jours.

(3) Dans une heure, il y a ___________ minutes.

(4) Dans une année, il y a ___________ saisons.

(5) Dans une équipe de baseball, il y a ___________ joueurs.

**3. 알맞은 서수 형용사를 써넣으시오**

(1) Mercredi est le ___________ jour de la semaine.

(2) Août est le ___________ mois de l'année.

(3) Décembre est le ___________ mois de l'année.

(4) Le printemps est la ___________ saison.

(5) L'hiver est la ___________ saison.

# Leçon 12. 의문형용사(L'adjectif interrogatif)

## 1. 형태

| 의문형용사 | 쓰임 | 예시 |
|---|---|---|
| quel | 남성명사 앞에서 | quel livre 어떤 책 |
| quelle | 여성명사 앞에서 | quelle musique 어떤 음악 |
| quels | 남성복수명사 앞에서 | quels étudiants 어떤 학생들 |
| quelles | 여성복수명사 앞에서 | quelles cuisines 어떤 요리들 |

## 2. 용법

① 의문형용사는 의문문에 사용되며 '어떤~', '무슨~'의 의미이고 수식하는 명사의 성・수에 일치시켜서 사용한다.

*Quel* temps fait-il? 날씨가 어때요?
*Quel* acteur aimez-vous? 당신은 어떤 영화배우를 좋아하십니까?
*Quelle* heure est-il? 몇 시입니까?
*Quelle* couleur aimez-vous? 당신은 어떤 색깔을 좋아하십니까?
*Quelle* taille faites-vous? 당신은 옷 사이즈가 어떻게 되나요?
*Quels* pays visitez-vous? 당신은 몇 나라를 방문하나요?
*Quels* livres achète-t-elle? 그녀는 어떤 책들을 사나요?
*Quelles* langues parles-tu? 너는 몇 개 국어를 말하니?
Il a *quel* âge? 그는 몇 살입니까?
À *quel* étage habites-tu? 너는 몇 층에 살고 있니?
À *quelle* heure le train arrive? 기차는 몇 시에 도착하나요?
À *quelle* heure prends-tu le dîner? 너는 몇 시에 저녁을 먹니?
De *quelle* couleur est ce pull? 그 스웨터 무슨 색깔인가요?

② 주어의 속사 역할을 하며 이때 주어의 성・수에 일치시켜 사용한다.

| | |
|---|---|
| *Quel* est votre nom? | 당신의 이름은 무엇입니까? |
| *Quelle* est votre profession? | 당신의 직업은 무엇입니까? |
| *Quels* sont leurs projets? | 그들의 계획은 어떤 것입니까? |
| *Quelles* sont vos coordonnées? | 당신의 연락처는 무엇입니까? |

③ 감탄문에서 감탄형용사로 사용된다.

| | |
|---|---|
| *Quel* beau temps! | 날씨가 얼마나 좋은지요! |
| *Quelle* belle fille! | 얼마나 아름다운 소녀인지요! |
| *Quelle* neige, aujourd'hui! | 오늘 눈이 얼마나 많이 오는지! |

## Exercices

### 1. 다음 문장에 알맞은 의문형용사를 넣으시오.

(1) _________ acteur aimes-tu?

(2) _________ est votre nationalité?

(3) _________ est ton numéro de téléphone?

(4) _________ sont vos jours de vacances?

(5) _________ fleurs achetez-vous?

### 2. 다음 문장에 대해 의문형용사를 사용하여 감탄문을 만드시오.

(1) La petite fille est mignonne. → ______________________!

(2) Il fait du vent. → ______________________!

(3) Le film est intéressant. → ______________________!

(4) le roman est ennuyeux. → ______________________!

(5) La statue est très belle. → ______________________!

### 3. 다음 답에 대해 의문형용사를 사용하여 질문을 만드시오.

(1) ______________________? → Mon nom est Lunel.

(2) ______________________? → Elle aime le film noir.

(3) ______________________? → Le bus arrive à trois heures et quart.

(4) ______________________? → J'habite à deuxième étage.

(5) ______________________? → Je préfère le jazz.

## 프랑스 문화 알아보기

### ▶ 프랑스어권 국제기구 (l'Organisation internationale de la Francophonie)

OIF는 1970년 창설된 국제기구로, 프랑스어를 모국어나 행정 언어로 사용하거나 혹은 민주적인 통치, 평화, 환경 보호 등과 같은 보편적 가치관을 공유하는 국가들로 이루어져 있다. OIF는 프랑스어권 국가들 간에 민주주의 확립 및 세계 평화, 인권 보장, 경제 부흥, 프랑스어 신장, 문화적 다양성 장려 등을 목적으로 한다.

OIF 표장
(출처 : https://www.francophonie.org)

그 본부는 프랑스의 파리에 있으며, 2년마다 정상 회담(le Sommet de la Francophonie)을 개최한다. 2018년 7월 기준으로 세계 84개국이 OIF에 참여하고 있으며, 회원국 54개, 준회원국 4개, 옵서버국 26개로 구성되어 있다.

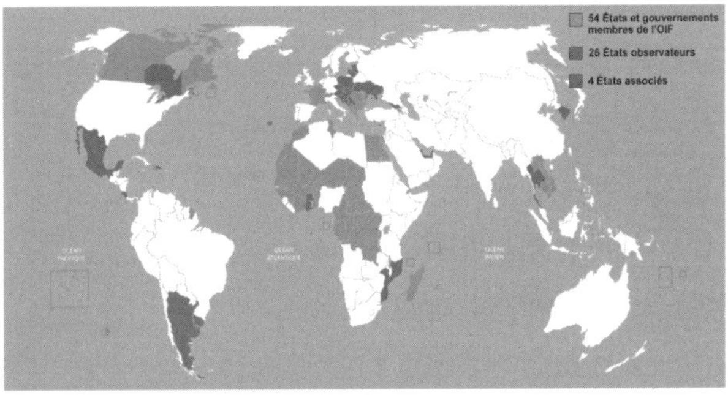

OIF 참여 국가들 (출처 : https://www.francophonie.org)

한국은 2016년 동북아 국가 중 최초로 OIF에 옵서버로 가입함으로써 프랑스어권 국가들과의 문화・외교영역을 넓히는 계기를 마련했다. 옵서버 가입국은 OIF 회의에 참석할 수 있고 발언권을 가지지만 표결권 등 의사 결정권은 없다. 2018년 평창에서 개최된 평창동계올림픽대회 및 동계패럴림픽대회에 앞서 조직위원회는 OIF와의 업무협약 체결을 통해 올림픽 공식 언어인 프랑스어 사용 증진과 상호협력 사업발굴을 통해 문화올림픽의 기반을 다지고 다양성을 확보하기 위하여 체결을 한 바 있다.

## Leçon 13. 의문부사(L'adverbe interrogatif) : combien, comment, où, quand

### 1. combien

① 의문문에서 가격을 물을 때 사용하며 '얼마나'의 의미이다.

*Combien* coûte la robe? 원피스는 얼마입니까?
*Combien* paies-tu? 너는 얼마나 지불하니?

② 날짜를 물을 때 사용한다.

C'est le *combien*?/ On est le *combien*? 오늘은 며칠인가요?

③ combien + de + 복수명사 : 명사와 함께 사용하며 '얼마나 많은~'의 의미이다.

*Combien de* frères avez-vous? 당신은 얼마나 많은 형제들을 가지고 있습니까?
Il y a *combien de* personnes? 얼마나 많은 사람들이 있습니까?

# 양을 의미하는 명사가 사용될 경우 명사는 단수가 사용된다.

*Combien d'*argent as-tu? 너는 돈을 얼마나 가지고 있니?

### 2. comment

: 의문문에서 방법을 물을 때 사용하며 '어떻게'의 의미이다.

*Comment* va ta mère? 너의 어머니는 요즘 어떠시니?
*Comment* va-t-elle à l'école? 그녀는 학교에 어떻게 가나요?
*Comment* est-il? 그는 어때요?

## 3. où

: 의문문에서 장소를 물을 때 사용하며 '어디'의 의미이다.

| | |
|---|---|
| *Où* habitez-vous? | 당신은 어디에 살고 계세요? |
| *Où* va-t-elle? | 그녀는 어디에 갑니까? |
| *Où* est-il? | 그는 어디에 있나요? |
| *Par où* passe le bus? | 버스는 어디로 지나가나요? |

## 4. quand

: 의문문에서 시간을 물을 때 사용하며 '언제'의 의미이다.

| | |
|---|---|
| *Quand* est-ce que le film commence? | 영화가 언제 시작합니까? |
| *Quand* est-ce que vous prenez l'avion? | 당신은 언제 비행기를 탑니까? |
| *Depuis quand* est-ce que tu étudies le français? | 너는 언제부터 프랑스어를 공부하고 있니? |
| *Jusqu'à quand* est-ce qu'elle est logée ici? | 그녀는 언제까지 여기 머무나요? |

## Exercices

**1. 다음 문장에 알맞은 의문부사 combien, comment, où, quand을 넣으시오.**

(1) __________ habitent-ils?

(2) __________ allez-vous? → Je vais bien.

(3) __________ de pièces as-tu dans ta maison?

(4) __________ travailles-tu?

(5) __________ arrive-t-il?

**2. 다음 문장들을 내용이 맞는 것끼리 연결하시오.**

| | | | |
|---|---|---|---|
| (1) Où travaille-t-il? | • | • | À pied. |
| (2) Ça coûte combien? | • | • | Dans dix minutes. |
| (3) Où habite ton frère? | • | • | À Séoul. |
| (4) Comment vas-tu à la banque? | • | • | Quarante euros. |
| (5) Quand commence le cours? | • | • | Dans une poste. |

**3. 의문부사 combien, comment, où, quand을 사용하여 질문을 만드시오.**

(1) Je vais à la bibliothèque.

(2) Elle rentre demain ou après-demain.

(3) Il va en métro ou en taxi.

(4) Le chapeau coûte vingt-trois euros.

(5) Je travaille à Paris.

## 프랑스 문화 알아보기

### ▶ 셍겐조약(Convention de Schengen)

셍겐조약은 유럽 각국이 공통의 출입국 관리 정책을 시행하여 국경시스템을 최소화해 국가 간에 비자 없이 통행이 가능하게 한다는 내용을 담은 조약이다. 1985년 6월 룩셈부르크의 작은 마을 셍겐에서 독일, 프랑스, 베네룩스 3국(벨기에, 네덜란드, 룩셈부르크)이 모여 여권 검사 없이 자유롭게 통행이 가능하도록 국경을 개방하기로 합의한 것으로부터 시작한 조약이다. 이후 유럽 나라들이 가입을 하고 개정을 거쳐 1995년부터 시행되고 있다. 현재는 영국과 아일랜드를 제외한 유럽 연합(EU) 회원국과 유럽 연합 비회원국인 스위스, 아이슬란드, 노르웨이, 리히텐슈타인 등 모두 26개국이 가입되어 있다.

(출처 : 야후 프랑스, Wikipédia)

| | |
|---|---|
| | 셍겐 영역 (EU 회원국) |
| | 셍겐 영역 (EU 비회원국) |
| | 후보국 |
| | 비 셍겐 영역 (EU 회원국) |

셍겐조약 가맹국들은 국경 검사소 및 국경 검문소를 철거하였으며 '셍겐 국가', 즉 셍겐 영역 내에서는 여권 심사나 비자 없이 자유롭게 통행할 수 있다.

# Leçon 14. 축약관사(L'article comtracté)

전치사 à, 혹은 de 뒤에 정관사가 올 경우 le와 les는 축약되는데 이를 축약관사라고 부른다.

## 1. 형태

| | le | la | les |
|---|---|---|---|
| à + | au (à l') | à la (à l') | aux |
| de + | du (de l') | de la (de l') | des |

## 2. 용법

① 문장 내에서 전치사 à 혹은 de 뒤에 정관사가 올 경우 le와 les는 축약된다.

Je vais *au* bureau. (au = à + le) 나는 사무실에 간다.
Il travaille *à l'*hôtel. (à l' = à + le) 그는 호텔에서 일한다.
Elle est *à la* bibliothèque. 그녀는 도서관에 있다.
Je suis *à l'*Italie. (à l' = à + la) 나는 이탈리아에 있다.
Elle reste *aux* États-Unis. (aux = à + les) 그녀는 미국에 머물고 있다.
C'est la carte *du* Japon. (du = de + le) 이것은 일본의 지도이다.
Paris est la capitale *de la* France. 파리는 프랑스의 수도이다.
Londres est la capitale *de l'*Angleterre. (de l' = de + la) 런던은 영국의 수도이다.
C'est le drapeau *des* États-Unis. (des = de + les) 이것은 미국의 국기이다.

② aller à/ en + 도시, 국가, 대륙, 혹은 섬 : ~에 간다
être à/ en + 도시, 국가, 대륙, 혹은 섬 : ~에 있다

일반적으로 남성명사, 복수명사 앞에서는 축약관사를 사용한다. 그러나 여성명사나 모음으로 시작하는 명사 앞에서는 관사 없이 전치사 en을 사용한다.

| à + 관사 없는 도시/국가/섬 | au + 관사 있는 도시/<br>남성형 국가<br>aux + 복수형 국가/ 섬 | en + 여성형 국가/대륙,<br>모음으로 시작하는 지명 |
|---|---|---|
| Je suis *à* Paris.<br>나는 파리에 있다.<br>Je vais *à* Rome.<br>나는 로마에 간다.<br>Je suis *à* Monaco.<br>나는 모나코에 있다.<br>Je vais *à* Cuba.<br>나는 쿠바에 간다.<br>Je vais *à* Hawaï.<br>나는 하와이에 간다. | Je suis *au* Caire.<br>나는 카이로에 있다.<br>Je vais *au* Canada.<br>나는 캐나다에 간다.<br>Je suis *aux* États–Unis.<br>나는 미국에 있다.<br>Je vais *aux* Pays–Bas.<br>나는 네덜란드에 간다.<br>Je vais *aux* Canaries.<br>나는 카나리아 제도에 간다. | Je suis *en* Corée.<br>나는 한국에 있다.<br>Je vais *en* France.<br>나는 프랑스에 간다.<br>Je suis *en* Espagne.<br>나는 스페인 한국에 있다.<br>Je vais *en* Égypte<br>나는 이집트에 간다.<br>Je suis *en* Iran.<br>나는 이란에 있다.<br>Je vais *en* Afrique.<br>나는 아프리카에 간다.<br>Je vais *en* Allemagne.<br>나는 독일에 간다. |

# 도시 명칭 앞에는 정관사가 붙지 않지만 원래 붙어있는 경우도 있다. 정관사 le가 붙는 지명 앞에 전치사 à가 올 경우는 축약이 일어난다.

| | | | |
|---|---|---|---|
| Le Havre | 르아브르 | La Havane | 아바나 |
| Le Caire | 카이로 | La Haye | 헤이그 |
| Le Cap | 케이프타운 | La Rochelle | 라로셸 |

aller *au* Havre　르아브르에 가다
être *au* Caire　카이로에 있다
aller *à la* Havane　아바나에 가다
être *à la* Rochelle　라로셸에 있다

# 도시 명칭은 e로 끝난 것은 여성형으로 취급된다.

Prague/ Rome est belle. 프라하는/ 로마는 아름답다.
Paris/ Séoul est beau. 파리는/ 서울은 아름답다

# 정관사가 붙는 사람 이름 앞에 전치사 à나 de가 올 때는 정관사의 축약이 일어나지 않는다.

Le design *de Le* Corbusier 르 코르뷔지에의 디자인

# 국가 명사, 대륙 명사 앞에는 정관사를 붙이는 것이 원칙이나 붙이지 않는 경우도 있는데, 도시 이름이나 고유명사에서 유래된 국가 명사에는 관사를 붙이지 않는다. 섬의 명칭에는 정관사를 붙이는 것도 있고 붙이지 않는 것도 있다. 복수형 섬에는 정관사를 붙인다.

| | | | | | |
|---|---|---|---|---|---|
| le Pérou | 페루 | Andorre | 안도라 | l'Irlande (f) | 아일랜드 |
| la France | 프랑스 | Bahreïne | 바레인 | la Martinique | 마르티니크 |
| les États-Unis | 미국 | Chypre | 키프러스 | la Réunion | 레위니옹 |
| l'Afrique (f) | 아프리카 | La Corse | 코르시카 | La Sicile | 시칠리아 |
| l'Amérique (f) | 아메리카 | La Crète | 크레타 | Israël | 이스라엘 |
| l'Asie (f) | 아시아 | Cuba | 쿠바 | Madagascar | 마다가스카르 |
| l'Europe (f) | 유럽 | Dubaï | 두바이 | Malte | 몰타 |
| les Antilles | 서인도 제도 | Haïti | 아이티 | Monaco | 모나코 |
| les Canaries | 카나리아 제도 | Hawaï | 하와이 | Oman | 오만 |
| les Bahamas | 바하마 | Hong-Kong | 홍콩 | Singapore | 싱가포르 |

③ venir de + 도시, 지방, 혹은 국가 : ~ 출신이다, ~산(產)이다 (출신지, 원산지를 나타낸다.)

Vous êtes de quel pays?(당신은 어디 출신이세요?)라고 출신지를 물어볼 경우, 남성 명사 앞에서는 축약관사 du(de + le)를, 복수 명사 앞에서는 des(de + les)를 붙이고, 여성 명사 앞에서는 관사를 생략하고 전치사 de만 붙인다.

| du + 남성형 국가,<br>정관사(le)가 붙는 도시 | de + 여성형 국가,<br>관사 없는 도시/ 국가/ 섬 | des + 복수형 국가,<br>복수형 섬 |
|---|---|---|
| Je viens *du* Canada.<br>나는 캐나다 출신이다.<br>Je viens *du* Japon.<br>나는 일본 출신이다.<br>Je viens *du* Havre.<br>나는 르아브르 출신이다.<br>Je viens *du* Bordeaux.<br>나는 보르도 출신이다.<br>le foie gras *du* Périgord<br>페리고르 푸아그라<br>le fromage *du* Danemark<br>덴마크 치즈<br>le café *du* Brésil<br>브라질 커피 | Je viens *de* Belgique.<br>나는 벨기에 출신이다.<br>Je viens *de* France.<br>나는 프랑스 출신이다.<br>Je viens *de* Normandie.<br>나는 노르망디 출신이다.<br>Je viens *de* Paris.<br>나는 파리 출신이다.<br>Je viens *de* Monaco.<br>나는 모나코 출신이다.<br>les citrons *d'*Espagne<br>스페인 레몬<br>le café *d'*Éthiopie<br>에티오피아 커피<br>les oranges *de* Californie<br>캘리포니아 오렌지<br>les vins *de* Bourgogne<br>부르고뉴 포도주 | Je viens *des* États-Unis.<br>나는 미국 출신이다.<br>Je viens *des* Pays-Bas.<br>나는 네덜란드 출신이다.<br>Je viens *des* Canaries<br>나는 네덜란드 출신이다. |

### ④ 부분관사, 부정관사, 축약관사의 구별

| | |
|---|---|
| Je bois *du* café. | 나는 커피를 마신다. [부분관사] |
| Nous prenons *des* pâtes. | 우리는 파스타를 먹는다. [부분관사] |
| Il y a *des* étudiants. | 학생들이 있다. [부정관사] |
| Elle se sert *du* four. | 그녀는 오븐을 사용한다. [축약관사] |
| Washington D.C. est la capitale *des* États-Unis. | 워싱톤 D.C.는 미국의 수도이다. [축약관사] |
| Ils parlent *de la* musique. | 그는 음악에 대해 이야기한다. [축약관사] |
| Je suis à côté *du* métro. | 나는 지하철 옆에 있다. [축약관사] |

## Exercices

### 1. 다음 문장을 예문처럼 축약관사를 사용하여 다시 쓰시오.

C'est un livre (l'étudiant) → C'est le livre de l'étudiant.

(1) C'est une moto. (le médecin)

(2) J'ai une carte. (la France)

(3) C'est un drapeau. (les Pays-bas)

(4) J'aime la pizza. (le jambon)

### 2. 다음 빈 칸에 à, au, aux, 혹은 en을 써넣으시오.

(1) Le Colisée : ______ Rome, ______ Italie, ______ Europe

(2) L'arc de triomphe : ______ Paris, ______ France

(3) La Pyramide : ______ Égypte, ______ Afrique du Nord

(4) Le Temple Bulguk : ______ Gyeongju, ______ Corée, ______ Asie

(5) Les chutes d'Iguazu : ______ Brésil, ______ Amérique du Sud.

### 3. 다음 예문처럼 문장을 고치시오.

Max est allemand. → Max vient d'allemagne.

(1) Sa femme est américaine.

(2) Léa est française.

(3) Charles est marocain.

(4) Mes amis sont anglais.

### 4. 다음 제시된 단어를 가지고 보기처럼 분장을 만드시오.

Pierre/ nationalité: Français/ ville d'origine: Nice/ Adresse: Paris
→ Pierre est français. Il vient de Nice, et il habite à Paris.

(1) Danièle/ nationalité: belge/ ville d'origine: Bruxelles/ Adresse: Marseille

(2) Carlo/ nationalité: italien/ ville d'origine: Rome/ Adresse: Venise

(3) Bora/ nationalité: coréenne/ ville d'origine: Busan/ Adresse: Séoul

## 프랑스 문화 알아보기

### ▶ 프랑스의 수도 파리의 형성과 역사

파리는 프랑스 중북부의 일드 프랑스에 위치하고 있다. '파리'라는 명칭은 기원전 3세기경 현재의 노트르담 성당이 위치한 곳에 처음으로 정착했던 '파리지, Parisii' 부족의 명칭에서 유래되었다. 987년 카페 왕조의 위그 카페는 국명을 '프랑스', 수도를 '파리'라고 명명하였다. 12~13세기에 필립 오귀스트 2세는 루브르궁과 성벽을 건설했다. 16세기 프랑수아 1세 때 이탈리아의 르네상스 문화가 파리에 유입되었고 이후 앙리 4세는 최초로 파리의 도시 계획을 실행했다. 태양왕 루이 14세로 대표되는 부르봉 왕조의 절대왕정 시기에 파리는 전 유럽에서 유행과 고급문화의 도시로 자리 잡았다.

파리의 20개 구(區)
(출처 : 야후 프랑스, Wikipédia)

18세기 프랑스 대혁명 이후 루브르는 박물관으로 새롭게 태어났으며 나폴레옹 1세의 해외 원정을 통해 많은 유물의 파리에 유입됨으로써 루브르는 세계적인 박물관으로 거듭나게 되었다. 이 시기에 나폴레옹 1세에 의해 개선문이 건설되었다. 나폴레옹 3세는 파리를 오늘날 모습이 되도록 근대화를 추진했으며 오페라 가르니에, 사크레쾨르 등의 아름다운 건축물들을 남겼다.

기마르Hector Guimard가 설계한 아르누보 양식의 파리 지하철 입구
(출처 : 야후 프랑스, Wikipédia)

파리는 세느강을 중심으로 좌안과 우안으로 분리되어 있으며 세느강에는 노트르담 성당이 위치한 시테섬과 루이섬이 있다. 행정은 20개의 구(l'arrondissement)로 나누어져 있으며 루브르 박물관이 있는 파리 중심부를 1구로 하여 시계 방향으로 돌며 20구까지 있다.

파리의 교통은 1900년 개통되어 100년이 넘는 역사를 지닌 지하철이 유명하다. 뿐만 아니라 파리 시내에서 교외로 연결되는 고속철도 RER(Réseau Express Régional)이 있다. 그 외에 버스도 많은 노선이 서로 연계되어 있어 편리하게 다닐 수 있다.

# Leçon 15. 강세인칭대명사(Les pronoms toniques)

## 1. 형태

| | | | |
|---|---|---|---|
| moi | 나 | nous | 우리 |
| toi | 너 | vous | 당신[들], 너희들 |
| lui | 그 | eux | 그들 |
| elle | 그녀 | elles | 그녀들 |

## 2. 용법

① 주어, 또는 보어인칭대명사(목적어)를 강조할 때

*Moi*, je sors, et *toi*, que fais-tu? 난, 나는 외출하는데 너, 넌 뭐 할 거니?

*Elle*, j'aime Hélène. 나는 엘렌, 그녀를 사랑한다.

② 전치사 다음에 인칭대명사가 올 때

Je suis chez *moi*. 나는 집에 있다.

Elle va au cinéma avec *lui*. 그녀는 그와 함께 극장에 간다.

③ c'est 다음에 인칭이 올 때

Qui est-ce? 누구세요? → C'est *moi*. 접니다.

④ 비교급 que 뒤에서

Elle est plus grande que *toi*. 그녀는 너보다 크다.

⑤ c'est~ que~ 강조 구문에서

C'est *elle* que j'aime. 내가 사랑하는 건 바로 그녀야.

## Exercices

### 1. 다음 문장에 알맞은 강세인칭대명사를 넣으시오.

(1) Paul habite dans la ville. _______ aussi, j'habite dans la ville.

(2) Léo et Julie, _______, ils vont au cinéma.

(3) J'aime la mer. Mon mari, _______ aussi.

(4) Il travaille à l'hôpital. Et sa femme Lucie, _______ aussi.

(5) Je veux boire du café. Et mes amies, _______ aussi.

### 2. 다음 괄호 안의 단어를 참고하여 강세인칭대명사를 사용해서 답하시오.

(1) Tu aimes la campagne, et tes enfants? (la ville)

(2) Vous travaillez à Paris, et votre mari? (à Versailles)

(3) Elle habite dans le centre-ville, et son amie? (en banlieue)

(4) Nous arrivons à l'heure, et Marie et Cécile? (arriver tard)

(5) Il aime le vin, et son frère? (le whisky)

# Résumé et plus-savoir (Leçon 11 ~ Leçon 15)

## ▣ 의문형용사

| quel | | quelle | |
|---|---|---|---|
| *Quel* temps fait-il? | 날씨가 어때요? | *Quelle* heure est-il? | 몇시에요? |
| quels | | quelles | |
| *Quels* sont tes projets? | 너의 계획은 뭐니? | *Quelles* langues parles-tu? | 너는 몇 개국어를 말하니? |

## ▣ 의문사

| | | |
|---|---|---|
| combien | *Combien* coûte cette robe? | 그 원피스는 얼마에요? |
| comment | *Comment* va ta mère? | 너의 어머니는 어떠시니? |
| où | Où habitez-vous? | 당신은 어디 사세요? |
| quand | *Quand* est-ce que le cours commence? | 강의는 언제 시작하나요? |

## ▣ 축약관사

| | | |
|---|---|---|
| à + le = au [à l'] | Je vais *au* Musée d'Orsay.<br>Je travaille *à l'*hôtel | 나는 오르세박물관에 간다.<br>나는 호텔에서 일한다. |
| à + la = à la [à l'] | Il va *à la* bibliothèque.<br>Elle est *à l'*Angleterre. | 그는 도서관에 간다.<br>그녀는 영국에 있다. |
| à + les = aux | Nous allons *aux* Pays-Bas. | 우리는 네덜란드에 간다. |
| de + le = du [de l'] | Le café est à côté *du* métro.<br>C'est la carte *de l'* Iran. | 카페는 지하철 옆에 있다.<br>이것은 이란의 지도이다. |
| de + la = de la [de l'] | Séoul est la capitale *de la* Corée<br>C'est le vélo de *l'* étudiante. | 서울은 한국의 수도이다<br>이것은 그 (여)학생의 자전거이다. |
| de + les = des | C'est le drapeau *des* États-Unis. | 이것은 미국의 국기이다. |

## ▣ 관사의 생략

| | |
|---|---|
| 속사가 국적, 직업, 종교를 나타내는 경우 | Elle est coréenne. 그녀는 한국인이다.<br>Il est peintre. 그는 화가이다.<br>Je suis chrétien. 나는 기독교인이다. |

| | |
|---|---|
| 동격일 경우 | Paris, capitale de la France. 프랑스의 수도, 파리<br>Pierre, ami de Sophie. 소피의 친구, 피에르 |
| 수량을 나타내는 표현 뒤에서 | Il y a beaucoup de fleurs dans le jardin. 정원에는 많은 꽃들이 있다.<br>Il a peu d'amis. 그는 친구가 많지 않다.<br>*Cf.* biens des(=de les) étudiants 많은 학생들<br>la plupart du(=de le) monde 대부분의 사람들 |
| 명사와 명사가 전치사로 연결되어 한 단어처럼 쓰이는 경우 | la salle de bains 욕실<br>une tasse à café 커피잔 |
| 관용 표현에서 관사가 생략되는 경우 | avoir faim 배고프다 avoir soif 목마르다 avoir raison 옳다,<br>avoir tort 잘못이다 avoir chaud 덥다 avoir froid 춥다... |
| 요일 앞에서 | C'est samedi. 오늘은 토요일이다.<br>*Cf.* C'est le 10 août. 오늘은 8월 10일이다. |
| 관용어구에서 | à pied/ à bicyclette[vélo]/ à[en] moto/ en avion/ en bateau/ en auto/ en train/ en métro/ en bus 걸어서/ 자전거로/ 오토바이로/ 비행기로/ 배로/ 자동차로/ 기차로/ 지하철로 버스로<br>en été/ en hiver 여름에/ 겨울에<br>en septembre 9월에 |

## ▣ 출신지, 원산지 표현

| | |
|---|---|
| Vous êtes de quel pays? 당신은 어디 출신이세요?<br>→ Je viens *de* Paris. 저는 파리 출신입니다.<br>*du* Japon. 일본 출신입니다.<br>*de* Belgique. 벨기에 출신입니다.<br>*des* États-Unis. 미국 출신입니다. | le fromage *du* Danemark 덴미크 치즈<br>les citrons *d'*Espagne 스페인 레몬<br>le café *d'*Éthiopie 이디오피아 커피<br>les oranges *de* Californie 캘리포니아 오렌지<br>le vin *de* Bourgogne 부르고뉴 포도주 |

## ▣ 강세인칭대명사

| | | | |
|---|---|---|---|
| moi | 나 | nous | 우리 |
| toi | 너 | vous | 당신[들], 너희들 |
| lui | 그 | eux | 그들 |
| elle | 그녀 | elles | 그녀들 |

# Leçon 16. 시간(L'heure), 날짜(La date), 날씨(Le temps), 계절(Les saisons)

## 1. 시간 묻고 답하기

### ① 시간을 표현할 때는 il est~의 비인칭 구문을 쓴다.

Quelle heure *est-il*?/ *Il est* quelle heure? 몇 시입니까?

*Il est* onze heures vingt. 11시 20분입니다.

*Il est* cinq heures dix. Le cinéma film va commencer. 5시 10분이다. 영화가 곧 시작된다.

*Il est* deux heures quarante. Je suis en retard. 2시 40분이다. 나는 늦었다.

### ② 시간을 말하는 방법

| | |
|---|---|
| 정오 | Il est *midi.*<br>Il est douze heures. |
| 자정 | Il est *minuit*<br>Il est *zéro heure.* |
| 2시 15분 | Il est deux heures *et quart.*<br>Il est deux heures *quinze.* |
| 4시 30분 | Il est quatre heures *et demie.*<br>Il est quatre heures *trente.* |
| 5시 45분<br><br>6시 15분 전 | Il est cinq heures *trois quarts.*<br>Il est cinq heures *quarante-cinq.*<br>Il est six heures *moins le quart.* |
| 6시 55분<br>7시 5분 전 | Il est six heures *cinquante-cinq.*<br>Il est sept heures *moins cinq.* |

Il est midi. C'est l'heure du déjeuner. 12시이다. 점심 시간이다.

Il est quatre heures quinze. Le cours vient de finir. 4시 15분이다. 수업이 조금 전 끝났다.

③ 오전 시간, 오후 시간을 표현할 경우

Il est sept heures *du matin* 오전 7시입니다.
Il est trois heures *de l'après-midi.* 오후 3시입니다.
Il est huit heures *du soir.* 저녁 8시입니다.

## 2. 날짜

: 날짜를 표현할 때 On est/ C'est/ Nous sommes를 사용하며 정관사 le를 붙인다.

C'est/ On est/ Nous sommes *le* combien, aujourd'hui? 오늘은 며칠입니까?
Aujourd'hui, c'est/ on est/ nous sommes *le* 9 décembre. 오늘은 12월 9일입니다.
Aujourd'hui, c'est/ on est/ nous sommes *le* lundi premier juin. 오늘은 6월 1일 월요일입니다.

# 날짜와 요일을 함께 표현할 때 요일은 정관사 le와 날짜 사이에 놓인다
On est le lundi premier juin. 6월 1일 월요일이다.

# 요일

lundi 월요일 mardi 화요일 mercredi 수요일 jeudi 목요일
vendredi 금요일 samedi 토요일 dimanche 일요일

Aujourd'hui, c'est samedi./ On est samedi. 오늘은 토요일입니다.
Mardi, je pars en vacance. 이번 화요일에 나는 휴가를 떠난다. (mardi = ce mardi)

# 요일을 표현할 때는 관사가 사용되지 않지만, 정관사 le가 요일 앞에 오면 습관을 의미하고 matin, après-midi, soir 앞에 사용되면 '~동안'을 의미한다.

| | |
|---|---|
| *Le* soir, je me promène après le repas. | 저녁마다 식사 후에 나는 산책을 한다. |
| *Le dimanche*, en général, je vais à l'église. | 일요일마다 보통 나는 교회에 간다. |
| Elle lit un roman *le* soir. | 그녀는 저녁 내내 소설을 읽는다. |
| J'ai dormi *l'*après-midi. | 나는 오후 내내 잤다. |

\# 12달

janvier 1월 février 2월 mars 3월 avril 4월 mai 5월 juin 6월 juillet 7월
août 8월 septembre 9월 octobre 10월 novembre 11월 décembre 12월

| | |
|---|---|
| Nous sommes au mois de mai./ Nous sommes en mai. | 지금은 5월이다. |
| Nous sommes *début* mai/ *mi*-mai/ *fin* mai. | 지금은 5월 초/ 5월 중순/ 5월 말이다. |

\# 연도를 나타낼 때는 en, 세기를 나타낼 때는 au를 사용한다.

| | |
|---|---|
| Nous sommes *en* 2018. | 지금은 2018년이다. |
| Nous sommes *au* XXI$^{e}$ siècles. | 지금은 21세기이다. |

### 3. 날씨 표현

① 날씨와 계절과 같은 자연 현상을 표현할 때는 비인칭주어 il을 사용하는 비인칭 동사를 사용하여 표현한다.

| | | | |
|---|---|---|---|
| Quel temps fait-il? | 날씨가 어때요? | Il éclaire. | 번개가 친다. |
| Il neige. | 눈이 온다. | Il vente. | 바람이 분다. |
| Il pleut. | 비가 온다. | Il brume. | 안개가 낀다. |
| Il tonne. | 천둥이 친다. | Il gèle. | 얼음이 언다. |

② faire 동사는 3인칭 단수로만 사용되어 날씨를 표현한다. 이때 주어는 비인칭 주어 il이 사용된다.

Il fait beau/ mauvais. 날씨가 좋다/ 나쁘다.
Il fait chaud/ froid. 날씨가 덥다/ 춥다.
Il fait doux. 날씨가 온화하다.
Il fait frais. 날씨가 서늘하다
Il fait gris. 날씨가 흐렸다
Il fait jour/ nuit. 날이 밝았다/ 밤이 되었다.
Il fait du vent. 바람이 분다.
Il fait des éclairs. 번개가 친다.
Il fait de la neige. 눈이 온다.

③ 기온을 표현할 때 il fait를 사용한다.

Il fait combien de degré?/ Quelles sont les températures? 기온이 몇 도입니까?
Il fait 29 degrés/ moins 7 degrés. 29도입니다/ 영하 7도입니다.

④ il y a의 비인칭 구문을 사용하여 날씨를 표현한다.

Il y a du soleil. 해가 난다.
Il y a du brouillard. 안개가 낀다.
Il y a du vent. 바람이 분다.
Il y a une tempête. 폭풍우가 몰아친다.
Il y a des nuages. 구름이 끼었다.
Il y a une averse. 소나기가 온다.

## 4. 사계절 표현

le printemps 봄 l'été 여름 l'automne 가을 l'hiver 겨울

# 계절을 표현할 때 자음 앞에서는 au, 모음이나 무음 h 앞에서는 en을 사용한다.

au printemps 봄에 en été 여름에 en automne 가을에 en hiver 겨울에

Au printemps, il fait doux. 봄에는 날씨가 온화하다.
En hiver, il fait froid. 겨울에는 날씨가 춥다.

## Exercices

### 1. 다음 물음에 제시된 시간으로 답하시오.

(1) Le concert termine à qulle heure? (10h 15)

(2) Le Match de foot commence à qulle heure? (12h)

(3) Est-ce que tu arrives à qulle heure? (4h 45)

### 2. 다음 물음에 답하시오.

(1) Quel est le jour de la fête nationale en France?

(2) Quel est le quatrième jour de la semaine?

(3) Quel est le neuvième mois de l'année?

### 3. 다음 문장에 le dimanche 혹은 dimanche를 넣어 문장을 완성하시오.

(1) ________, Marie se marie.

(2) ________, en général, le magasin est fermé.

(3) ________, nous allons à la campagne.

### 4. 다음 문장에 적합한 기후를 보기에서 골라 써넣으시오,

| | | | | |
|---|---|---|---|---|
| il fait froid | il fait chaud | il fait beau | il neige | il pleut |

(1) Quand ______________, on prépare la parapluie.

(2) Quand ______________, on allume le chauffage.

(3) Quand ______________, on fait du ski.

### 5. 다음 질문에 맞는 거끼리 연결하시오.

| | |
|---|---|
| (1) Quel temps fait-il au printemps? • | • Il fait de la neige. |
| (2) Quel temps fait-il en automne? • | • On ramasse les feuilles mortes. |
| (3) Quel temps fait-il en hiver? • | • Il fait doux. |

## 프랑스 문화 알아보기

### ▶ 파리의 명소들 (1) : 에펠탑, 개선문, 앵발리드, 오페라 가르니에

에펠탑(la Tour Eiffel)은 1889년 프랑스 혁명 100주년을 기념하여 개최된 파리 만국박람회 때 건립된 것으로, 귀스타브 에펠(Gustave Eiffel)이 설계했으며 높이 320m에 달하는 철골 탑이다. 원래는 20년 후에 철거될 예정이었고 완공되었을 당시에는 아름다운 파리에 어울리지 않는다는 많은 비난을 받았으나 오늘날에는 파리를 대표하는 명소가 되었다.

개선문(l'Arc de triomphe de l'Étoile)은 1806년 나폴레옹 1세에 의해 프랑스군의 승리를 기념하기 위해 짓기 시작했으며 1836년 루이 필립 시대에 완공되었다. 안타깝게도 나폴레옹은 개선문의 완공을 보지 못했으며 사후에 그의 유해가 개선문 아래로 지나갔다. 개선문 벽에는 나폴레옹 군의 승전도가 부조되어 있으며 내부에는 전망대와 박물관이 있다.

앵발리드(Hôtel des Invalides)는 1671년 루이 14세의 명으로 건설한 군인 병원이다.('invalides'는 '상이군인'이란 의미이다.) 1962년 문화부 장관 앙드레 말로에 의해 복원된 이후 현재는 군사박물관으로 사용되고 있으며 돔 내부에는 나폴레옹 1세의 무덤이 있다.

앨발리드 (출처 : 야후 프랑스, Wikipédia)

오페라 가르니에(l'Opéra Garnier)는 1875년 나폴레옹 3세에 의해 건립된 국립극장이며, 샤를 가르니에(Charles Garnier)가 설계하였다. 오페라 가르니에는 뮤지컬로 유명한 가스통 르루(Gaston Leroux)의 소설 [오페라의 유령, Le Fantôme de l'Opéra]의 무대이기도 하며 내부는 특히 천장을 화려하게 장식하고 있는 샤갈의 프레스코화 [꿈의 꽃다발]과 아름다운 샹들리에로 유명하다.

오페라 가르니에 (출처 : 야후 프랑스, Wikipédia)

## Leçon 17. 부정형용사(L'adjectif indéfini)와 부정대명사(Le pronom indéfini)

### ▣ 부정형용사

: 명사의 특징(성질, 수량, 종류...)을 막연하게 나타내는 형용사이며 명사의 성・수에 따라 변화한다.

| 남성단수 | 여성단수 | 남성복수 | 여성복수 |
|---|---|---|---|
| aucun | aucune | aucuns | aucunes |
| autre | autre | autres | autres |
| chaque | chaque | | |
| | | certains | certaines |
| même | même | mêmes | mêmes |
| nul | nulle | | |
| | | plusiers | plusiers |
| quelque | quelque | quelques | quelques |
| tout | toute | tous | toutes |

① aucun(e) : 어떠한 ~도 아니다.

Il n'a *aucune* idée. 그는 아무런 아이디어가 없다.
On n'entends *aucun* bruit. 어떠한 소리도 들리지 않는다.
*Aucun* étudiant n'est arrivé. 어떠한 학생도 도착하지 않았다.

② autre : 다른

C'est une *autre* affaire. 그건 다른 문제이다.
Je vais annoncer une *autre* nouvelle. 다른 소식을 알려드리겠습니다.

③ chaque : 각자의, 각각의

*Chaque* homme a ses défauts. 사람은 저마다 결점을 가지고 있다.
Je vais à la piscine *chaque* dimanche 나는 일요일마다 수영장에 간다.
Elle se douche *chaque* jour 그녀는 매일 샤워한다.

④ certain(e) : 몇몇

J'ai lu *certains* romans de Guillaume Musso. 나는 기욤 뮈소의 소설을 몇 권 읽었다.
*Certains* films de Luc Besson sont émouvants. 뤽 베송의 몇몇 영화는 감동적이다.
Je connais *certains* français. 나는 프랑스인을 몇 명 알고 있다.

⑤ même : 같은~(명사 앞), ~자체, ~자신(명사 뒤)

C'est la *même* chose. 그건 같은 일이다.
Nous travaillons dans la *même* classe. 우린 같은 교실에서 공부한다.
Elle est la bonté *même*. 그녀는 선(善) 그 자체이다.
Connais-toi toi-*même!* 너 자신을 알라!

⑥ nul, nulle : 어떠한 ~도

*Nul* homme n'est parfait. 어떤 사람도 완벽하지 않다.
Je n'ai *nulle* peur. 나는 어떠한 두려움도 없다.

⑦ plusiers : 여럿의 (복수로만 사용된다)

Ce mot a *plusiers* sens. 이 말은 여러 가지 의미를 가지고 있다.

Il y a *plusiers* cafés dans ce quartier. 이 동네에는 여러 개의 카페가 있다.

*Plusiers* étudiants habitent près de l'université. 여러 학생들이 학교 근처에서 살고 있다.

⑧ quelque(s) : 어떤(단수), 약간의, 몇 개의(복수)

(복수형으로 사용할 경우는 셀 수 있는 명사와 함께 사용된다)

Vous avez *quelque* roman intéressant? 당신은 재미있는 어떤 소설을 가지고 있나요?

Je vois *quelques* amis ce soir. 나는 오늘 저녁 몇 몇 친구들을 만난다.

⑨ tout, toute, tous, toutes

┌ tout(e) + 관사·소유형용사·지시형용사 + 복수명사 : 모든~, ~마다

└ tous, toutes + 관사·소유형용사·지시형용사 + 단수명사 : ~전체, ~내내

| | | | |
|---|---|---|---|
| tout le temps | 항상 | tous les jours | 매일 매일 |
| tout le jour | 하루 종일 | tous les nuits | 매일 밤마다 |
| toute la journée | 하루 종일 | tous les étés | 매해 여름마다 |
| toute la soirée | 저녁 내내 | | |
| toute la nuit | 밤새도록 | | |
| toute l'année | 일년 내내 | | |

*Tout* le monde aime cet enfant. 모든 사람이 그 아이를 사랑한다.

Elle invite *tous* ses amis à son mariage. 그녀는 결혼식에 모든 친구들을 초대한다.

Les Jeux olympiques ont lieu *tous* les quatre ans. 올림픽은 4년마다 열린다.

## ▣ 부정대명사

: 부정대명사는 사람이나 사물을 막연하게 나타내는 대명사로, 그 자체만으로 명사의 기능을 하며, 주어나 보어 등으로 사용된다. 성・수에 따라 변화하는 것, 변화하지 않는 것, 중성이 있다.

| 남성단수 | 여성단수 | 남성복수 | 여성복수 | 중성 |
|---|---|---|---|---|
| aucun | aucune | | | |
| autre | autre | autres | autres | autre chose |
| chacun | chacune | | | |
| | | certains | certaines | |
| le même | la même | les mêmes | les mêmes | |
| on | | | | |
| | | plusiers | plusiers | |
| quelqu'un | quelqu'une | quelques-uns | quelques-unes | quelque chose |
| | | tous | toutes | tout |

### ① aucun(e) : 누구도(아무 것도) ~ 않는다.

*Aucun* n'arrive encore. 누구도 아직 도착하지 않는다.

*Aucun* ne répond. 아무도 대답하지 않는다.

*Aucune* de ces jupes ne me plaît. 이 치마들중 어느 것도 내 마음에 들지 않는다.

Je ne connais pas *aucun* de ces étudiants. 나는 이 학생들 중 누구도 알지 못한다.

### ② autre : 다른 사람(들), 다른 것(들)

Ces cookies sont délicieux, je veux acheter *des autres.*

이 쿠키들은 맛있다. 난 다른 쿠키들을 더 사고 싶다.

J'ai deux frères : l'un est professeur, *l'autre* est avocat.

나는 두 명의 형제가 있는데, 한 명은 선생님이고 다른 한 명은 변호사이다.

# autre chose는 autre의 중성 형태로 '다른 것'의 의미이다.

Est-ce que je peux essayer *autre chose*? 다른 것을 입어봐도 될까요?
C'est *autre chose*. 그건 별개의 것이다.

# l'un(e) l'autre는 '서로'라는 의미로 2명일 때 사용한다. les un(e)s les autres는 '서로'라는 의미로 3명 이상일 때 사용한다. 동사에 따라 l'un(e)와 l'autre 사이에 à나 de와 같은 전치사가 놓일 수 있다.

Ils s'aiment *l'un l'autre*. 그들은 서로 사랑한다.
Ces étudiantes s'écrivent *l'une à l'autre*. 이 여학생들은 서로에게 편지를 쓴다.

③ chacun(e) : 각자, 각각

*Chacun* doit respecter la règle. 각자 규칙을 준수해야 한다.
Ces billets coûtent dix euros *chacune*. 이 티켓들은 한 장에 10유로이다.

④ certains, certaines : 몇몇

*Certains* de ces élèves sont français. 이 학생들 중 몇몇은 프랑스인이다.
Parmi ces étudiants, *certains* sont arrivés à l'heure, et *d'autres* ont été en retard.
이 학생들중 몇몇은 제시간에 도착했고 또 몇몇은 늦었다.

⑤ le même, la même, les mêmes : 같은 사람(들), 같은 것(들)

Ta robe est jolie. Je veux acheter *la même*. 네 원피스는 예쁘구나. 나도 같은 것을 사고 싶다.
J'ai vu mes amis hier. Je vais revoir *les mêmes* ce soir.
나는 어제 친구들을 만났다. 오늘 저녁 그들을 다시 만날 것이다.

⑥ on : '사람', '사람들'을 의미하며 3인칭 남성 단수형이다. 일반적으로 남성 단수로 사용되지만 의미적으로 여성 혹은 복수형일 경우는 속사를 주어의 성·수에 일치시킬 수 있다.

*On* frappe à la porte. 누군가 문을 노크한다.
*On* est égaux devant Dieu. 사람들은 신 앞에서 평등하다.

# on은 날짜, 요일, 달 등을 표현할 때도 사용된다.

*On* est *le* vendredi 5 avril. 오늘은 4월 5일 금요일입니다.

⑦ plusiers : 여럿

*Plusiers* sont partis en vacances. 많은 사람들이 휴가를 떠났다.
*Plusiers* de ces étudiants habitent avec leurs parents. 학생들 중 여럿이 부모님과 함께 살고 있다.

⑧ quelqu'un, quelqu'une, quelques-uns, quelques-unes : 어떤 사람(들). 주로 사람을 가리키나 사물을 가리킬 때도 있다.

*Quelqu'un* est venu en ton absence. 네가 없을 때 누군가 왔었다.
Je prends *quelques-uns* de ces biscuits. 나는 이 비스킷 중 몇 개를 먹는다.

⑨ quelque chose : 어떤 것, 무엇. 형용사를 수반할 경우에는 de + 남성단수명사의 형태로 사용한다.

Y a-t-il *quelque chose* de nouveau? 무언가 새로운 것이 있나요?
Tu veux dire *quelque chose*? 너는 뭔가 말하고 싶은 거 있니?

⑩ tout, tous, toutes : 단수형 tout는 중성의 '모든 것'의 의미이며 사물을 가리킨다. 복수형 tous, toutes는 '모든 사람들, 모든 것들, 모두'를 의미하며 사람, 사물을 가리키고 그 명사의 성・수에 일치시킨다. tous [tus]는 끝자음을 발음한다.

| | |
|---|---|
| *Tout* est fini. | 모든 것이 끝났다. |
| Merci pour *tout*. | 모든 것에 감사한다. |
| Merci à *tous*. | 모두에게 감사한다. |
| Ils sont *tous* riches. | 그들은 모두 부자이다. |
| Elle sont *toutes* en retard. | 그녀들은 모두 늦었다. |
| Je <u>les</u> connais *toutes*. | 나는 그녀들을 모두 알고 있다. |
| Elles sont *toutes* partis pour la France. | 그녀들은 모두 프랑스로 떠났다. |
| Le dimanche, les magasins sont *tous* fermés. | 일요일마다 상점들은 모두 문을 닫는다. |

## Exercices

### 1. 다음 문장에 알맞은 부정형용사를 보기에서 골라 넣으시오.

| même, aucun(e), tous, quelques |
|---|

(1) Cela n'a ________ importance.

(2) Je vais partir en vacances ________ jours après.

(3) Je vais à l'église ________ les matins.

(4) ________ homme n'est content.

(5) Nous faisons la ________ chose.

### 2. 다음 제시된 부정형용사를 사용하여 답하시오

(1) Avez-vous lu les romans de Maupassant? (plusiers) → Oui,

(2) A-t-elle a quelques amis? (aucun) → Non,

(3) Tu vas quelquefois au théâtre? (jamais) → Non,

(4) Tous les étudiants sont arrivés? (certains) → Non,

(5) Combien de restaurants y a-t-il dans cette avenue? (quelque) →

### 3. 다음 문장에 알맞은 부정대명사를 보기에서 골라 넣으시오.

| aucun, autre, certains, plusiers, quelque chose, tout |
|---|

(1) Y a-t-il ________ de spécial?

(2) ________ est prêt.

(3) ________ de ces élèves sont coréens. et d'autres sont français.

(4) Ces romans sont ________ intéressants.

(5) Elles sont ________ sympathiques.

# Leçon 18. 의문대명사(Le pronom interrogatif)

## ▣ 의문대명사 단순형

: 성수에 따른 변화는 없으나 사람 혹은 사물을 나타내며 주어 혹은 목적어 역할을 한다.

| | 주어 | 직접목적보어 | 간접목적보어, 상황보어 |
|---|---|---|---|
| 사람 | qui<br>qui est-ce qui<br>누가 | qui<br>qui est-ce que<br>누구를 | 전치사 + qui<br>전치사 + qui est-ce que |
| 사물 | qu'est-ce qui<br>무엇이 | que<br>qu'est-ce que<br>무엇을 | 전치사 + quoi<br>전치사 + quoi est-ce que |

① qui/ qui est-ce qui : 사람을 나타내며, 관계절에서 주어 역할을 한다.

*Qui* parle à la radio?/ *Qui est-ce qui* parle à la radio? 라디오에서 누가 말하고 있나요?
*Qui* chante?/ *Qui est-ce qui* chante? 누가 노래를 부릅니까?
*Qui* arrive?/ *Qui est-ce qui* arrive? 누가 도착하나요?
*Qui* marche au parc?/ *Qui est-ce qui* marche au parc? 공원에서 누가 걷고 있나요?
*Qui* regarde la télévision?/ *Qui est-ce qui* regarde la télévision? 누가 TV를 보고 있나요?

② qui/ qui est-ce que : 사람을 나타내며, 관계절에서 속사 혹은 직접목적보어 역할을 한다.

*Qui* est-ce? 그 사람은 누구입니까?
*Qui* êtes-vous?/ *Qui est-ce que* vous êtes? 당신은 누구십니까?
*Qui* cherche-t-il?/ *Qui est-ce qu'*il cherche? 그는 누구를 찾고 있나요?
*Qui* vois-tu?/ *Qui est-ce que* tu vois? 넌 누구를 만나니?

③ 전치사 + qui/ 전치사 + qui est-ce que : 사람을 나타내며, 간접목적보어나 상황보어 역할을 한다.

*À qui* écrit-il?/ *À qui est-ce qu'* il écrit? 그는 누구에게 편지를 쓰나요?
*À qui* penses-tu?/ *À qui est-ce que* tu penses? 넌 누구를 생각하니?
*À qui* parles-tu?/ *À qui est-ce que* tu parles? 넌 누구에게 말하고 있니?
*À qui* téléphonez-vous?/ *À qui est-ce que* vous téléphonez? 당신은 누구에게 전화하세요?
*De qui* parles-tu?/ *De qui est-ce que* tu parles? 너는 누구에 대해 말하고 있니?
*Avec qui* va-t-il au cinéma?/ *Avec qui est-ce qu'* il va au cinéma? 그는 누구와 함께 극장에 가나요?

④ Qu'est-ce qui : 사물 주어를 나타내며 단순형은 없다.

*Qu'est-ce qui* est dans le sac? 가방 안에 무엇이 있나요?
*Qu'est-ce qui* est arrivé? 무슨 일입니까?

⑤ que/ qu'est-ce que : 사물을 나타내며, 관계절에서 직접목적보어 역할을 한다.

*Qu'est-ce que* c'est? 그것은 무엇입니까?
*Qu'*achètes-tu?/ *Qu'est-ce que* tu achètes? 너는 무엇을 사니?
*Que* manges-tu?/ *Qu'est-ce que* tu manges? 그녀는 무엇을 먹고 있나요?
*Que* faites-vous?/ *Qu'est-ce que* vous faites? 당신은 무엇을 하고 있습니까?
*Que* désirez-vous?/ *Qu'est-ce que* vous désirez? 당신은 무엇을 원하세요?

# qui 뒤에서는 모음 생략을 하지 않으며 que 뒤에서는 모음 생략을 한다.

Qui est arrivé? 누가 도착했나요?
Qu'est-ce que tu cherches? 너는 무엇을 찾고 있니?

⑥ 전치사 + quoi

: 사물을 나타내며 간접보어나 상황보어 역할을 한다.

*À quoi* pensez-vous?/ *À quoi* est-ce que vous pensez? 당신은 무엇을 생각합니까?
*De quoi* parlez-vous?/ *De quoi* est-ce que vous parlez? 당신은 무엇에 대해 말하고 있나요?
*De quoi* est-elle émeut?/ De quoi est-ce qu'elle est émeut? 그녀는 무엇에 감동하였나요?

## ▣ 의문대명사 변화형

: 정관사(le, las, les)와 의문형용사(quel, quelle, quels, quelles)가 결합한 형태로, 사람과 사물을 나타내며, 명사의 성・수에 일치시켜 사용한다. 주어, 속사, 직접목적보어, 혹은 전치사와 함께 간접목적보어 역할을 한다.

| | 남성단수 | 여성단수 | 남성복수 | 여성복수 |
|---|---|---|---|---|
| | lequel | laquelle | lesquels | lesquelles |
| + à | auquel | à laquelle | auxquels | auxquelles |
| + de | duquel | de laquelle | desquels | desquelles |

*Lequel* de ces films veux-tu voir? 이 영화들 중에서 너는 어느 것을 보고 싶니?
*Lequel* d'entre vous est arrivé le premier? 너희들 중에서 누가 가장 먼저 도착했니?
*Laquelle* de ces robes choisis-tu? 이 원피스들 중에서 넌 어느 것을 고를래?
*Laquelle* de ces peintures préférez-vous? 당신은 이 그림들 중에서 어느 것이 좋으세요?
*Lesquels* de ces livres achète-t-il? 이 책들 중에서 그는 어느 것들을 삽니까?
*Auquel* de ses amis téléphone-t-il? 그는 친구들 중에서 누구에게 전화를 하나요?
*De laquelle* de ces problèmes parlez-vous? 당신은 이 문제들중 어느 것에 대해 말하는 건가요?

## Exercices

### 1. 다음 문장에 알맞은 의문대명사 단순형을 넣으시오.

(1) ____________ frappe à la porte? → Je ne sais pas.

(2) À ___________ sert le colorant? → Il sert à peintre.

(3) ____________ il cherche? → Il cherche son livre.

(4) De __________ parles–tu? → Je parle de mon devoir.

(5) À ___________ pensez–vous? → Je pense à mes parents.

### 2. 다음 문장을 뜻이 맞는 것끼리 연결하시오.

| | | |
|---|---|---|
| (1) Qu'est–ce que c'est? | • | • Je mange du pain et de la salade. |
| (2) De quoi est–ce qu'elle joue? | • | • Il parle de son voyage. |
| (3) Qui est–ce? | • | • C'est une table. |
| (4) De quoi parle–il? | • | • C'est Max. |
| (5) Qu'est–ce que vous mangez? | • | • Elle joue du piano. |

### 3. 다음 문장에 알맞은 의문대명사 복합형을 넣으시오.

(1) _________ de ces musiques aime–t–il?

(2) _________ de ces dames parles–tu?

(3) _________ de ces boissons voulez–vous boire?

(4) _________ de ces étudiantes est sa soeur?

(5) _________ de ces jeunes filles adresse–t–il une lettre?

## Leçon 19. 불규칙동사의 직설법 현재(Le présent de l'indicatif du verbe irrégulier)

3군 동사는 동사원형의 어미가 -re, -er, -ir, -oir로 끝나는 동사이며 어미 변화가 불규칙적으로 변화하는 불규칙 동사이다.
3군 동사의 현재 변화는 avoir나 être처럼 완전히 불규칙하게 변화를 하는 동사들이 있고 어느 정도 비슷하게 변화하는 동사들이 있다.

(1) 완전히 불규칙한 변화를 하는 동사들

| avoir | être | aller | dire | faire |
|---|---|---|---|---|
| j'ai | je suis | je vais | je dis | je fais |
| tu as | tu es | tu vas | tu dis | tu fais |
| il/elle a | il/elle est | il/elle va | il/elle dit | il/elle fait |
| nous avons | nous sommes | nous allons | nous disons | nous faisons |
| vous avez | vous êtes | vous allez | vous dites | vous faites |
| ils/elles ont | ils/elles sont | ils/elles vont | ils/elles disent | ils/elles font |

Elle *a* mal à la tête. 그녀는 머리가 아프다.
Je *suis* célibataire. 나는 독신이다.
Tu *vas* à l'école. 너는 학교에 간다.
Il *dit* la vérité. 그는 진실을 말한다.
Je *fais* la cuisine. 나는 요리한다.

# faire 동사를 사용한 행위의 다양한 표현 : 예술, 취미, 스포츠, 집안일을 하다.

faire du piano 피아노를 연주하다
faire de la guitare 기타를 연주하다
faire les(des) course 장보다
faire le ménage 청소하다
faire la vaisselle 설거지하다
faire la cuisine 요리하다
faire le lit 침대정리 하다
faire du ski 스키 타다
faire de la natation 수영하다
faire de l'équitation 승마하다

*Cf.* 스포츠를 표현할 때 : faire de + 모든 스포츠, jouer à + 장비 스포츠/ 모든 경기

| | | | |
|---|---|---|---|
| faire du tennis | 테니스를 치다 | jouer au tennis | 테니스를 치다 |
| faire du ski | 스키를 타다 | jouer au golf | 골프를 치다 |
| faire du golf | 골프를 치다 | jouer au foot(–ball) | 축구하다 |
| faire de la gymnastique | 체조를 하다 | jouer aux cartes | 카드놀이 하다 |
| faire du jogging | 조깅하다 | | |

(2) 비슷하게 변화하는 동사들은 어미 변화에 따라 다음의 네 가지 유형으로 분류된다.

| | ① | ② | ③ | ④ |
|---|---|---|---|---|
| je | e | s | s | x |
| tu | es | s | s | x |
| il/ elle | e | – | t | t |
| nous | ons | | | |
| vous | ez | | | |
| ils/ elles | ent | | | |

① 어미가 1군 동사처럼 –e, –es, –e, –ons, –ez, –ent로 변화하는 동사들

| ouvrir | offrir |
|---|---|
| j'ouvre | j'offre |
| tu ouvres | tu offres |
| il/elle ouvre | il/elle offre |
| nous ouvrons | nous offrons |
| vous ouvrez | vous offrez |
| ils/elles ouvrent | ils/elles offrent |

Elle *ouvre* la fenêtre. 그녀가 창문을 연다.

Il *offre* un cadeau–surprise à sa femme. 그는 아내에게 서프라이즈 선물을 준다.

② 어미가 –s, –s, –, –ons, –ez, –ent로 변화하는 동사들

| attendre | mettre | prendre |
|---|---|---|
| j'attends<br>tu attends<br>il/elle attend<br>nous attendons<br>vous attendez<br>ils/elles attendent | je mets<br>tu mets<br>il/elle met<br>nous mettons<br>vous mettez<br>ils/elles mettent | je prends<br>tu prends<br>il/elle prend<br>nous prenons<br>vous prenez<br>ils/elles prennent |

Nous *attendons* Cécile à l'arrêt de bus. 우리는 버스 정류장에서 세실을 기다리고 있다.

Quand je lis un roman, je mets des lunettes. 나는 소설을 읽을 때 안경을 쓴다.

Quand elle prend du café, elle met du sucre dans le café.
그녀는 커피를 마실 때 커피 안에 설탕을 넣는다.

③ 어미가 –s, –s, –t, –ons, –ez, –ent로 변화하는 동사들

| boire | connaître | devoir | lire |
|---|---|---|---|
| je bois<br>tu bois<br>il/elle boit<br>nous buvons<br>vous buvez<br>ils/elles boivent | je connais<br>tu connais<br>il/elle connaît<br>nous connaissons<br>vous connaissez<br>ils/elles connaissent | je dois<br>tu dois<br>il/elle doit<br>nous devons<br>vous devez<br>ils/elles doivent | je lis<br>tu lis<br>il/elle lit<br>nous lisons<br>vous lisez<br>ils/elles lisent |
| partir | savoir | venir | voir |
| je pars<br>tu pars<br>il/elle part<br>nous partons<br>vous partez<br>ils/elles partent | je sais<br>tu sais<br>il/elle sait<br>nous savons<br>vous savez<br>ils/elles savent | je viens<br>tu viens<br>il/elle vient<br>nous venons<br>vous venez<br>ils/elles viennent | je vois<br>tu vois<br>il/elle voit<br>nous voyons<br>vous voyez<br>ils/elles voient |

| | |
|---|---|
| Vous *buvez* du jus d'orange? | 당신은 오렌지 주스를 마시겠어요? |
| Tu *connais* son numéro de téléphone? | 너는 그녀의 전화번호를 알고 있니? |
| Nous *devons* partir tout de suite. | 우리는 곧 출발해야 한다. |
| Elle *lit* un journal. | 그녀는 신문을 읽는다. |
| Je *sais* parler français. | 나는 프랑스어를 말할 줄 안다. |
| Je *vois* Max. | 나는 막스를 만난다. |

④ 어미가 −x, −x, −t, −ons, −ez, −ent로 변화하는 동사들

| pouvoir | vouloir |
|---|---|
| je peux | je veux |
| tu peux | tu veux |
| il/elle peut | il/elle veut |
| nous pouvons | nous voulons |
| vous pouvez | vous voulez |
| ils/elles peuvent | ils/elles veulent |

| | |
|---|---|
| Je *peux* finir mon travail dans une heure. | 나는 1시간 안에 일을 마칠 수 있다. |
| *Voulez*−vous laisser un message? | 당신은 메시지를 남기시겠어요? |

⑤ 3인칭 단수형으로만 변화하는 동사들 : falloir, pleuvoir

| falloir | pleuvoir |
|---|---|
| il faut | il pleut |

| | |
|---|---|
| Il *faut* réfléchir avant d'agir. | 행동하기 전에 심사숙고해야 한다. |
| Il *pleut*. | 비가 온다. |

## Exercices

### 1. 다음 동사를 직설법 현재형으로 변화시키시오

(1) Je ne _______ pas souvent mes parents. (voir)

(2) Qu'est-ce que vous ________ comme déssert? (prendre)

(3) On _______ au cinéma? (aller)

### 2. 다음 제시된 동사를 인칭에 맞게 직설법 현재형으로 변화시키시오.

(1) Est-ce que tu ________ le métro? → Non, je________ le bus. (prendre)

(2) Est-ce que je ________ fumer? → Non, vous ne ________ pas fumer. (pouvoir)

(3) Est-ce que tu ________ le cours de français? → Non, je _______ le cours d'anglais. (suivre)

### 3. 다음 물음에 답하시오.

(1) Quand tu manges du pain, tu mets du beurre sur le pain? → Oui,

(2) Quand il a rendez-vous, il arrive toujours à l'heure? → Oui,

(3) Quand vous allez au bureau, vous prennez le bus? → Oui,

### 4. 다음 물음에 제시된 단어로 답하시오.

(1) Qu'est-ce que vous buvez? (de la bière)

(2) Avec qui est-ce que Alex va au musée? (avec Cécile)

(3) Où est-ce que tu mets les livres? (dans mon sac)

(4) Qui attend-elle? (ses amis)

(5) À qui parles-tu? (à ma mère)

## 프랑스 문화 알아보기

### ▶ 파리의 명소들 (2) : 노트르담 드 파리, 생트샤펠, 사크레쾨르 성당

(출처 : 야후 프랑스, Wikipédia)

시테섬에 위치한 노트르담 드 파리(la Cathédrale Notre-Dame de Paris)는 12세기에 100년에 걸쳐 건립된 일 드 프랑스 최초의 고딕식 성당이다. 내부는 아름다운 스테인드 글라스로 장식되어 있으며 특히 '장미의 창'이 유명하다. 빅토르 위고(Victor Hugo)의 [노트르담 드 파리, Notre-Dame de paris]의 무대이며 1804년에는 나폴레옹 1세(Npoléon 1er)가 대관식을 거행하기도 하였다.

(출처 : 야후 프랑스, Wikipédia)

노트르담과 마찬가지로 시테섬에 위치한 생트 사펠(la Sainte Chapelle)은, 원래 왕궁이었다가 혁명 이후 재판소로 사용된 법원(le Palais de Justice) 내에 있는 작은 고딕 성당이다. 건축학적으로 후기 고딕 양식 중 하나인 레요냥(le Rayonnant: 이글거리는 태양 같은 방사형 양식)의 대표적 건축물이며 특히 '파리의 보석'이라 불리는 14m 높이의 스테인드 글라스가 아름답기로 유명하다.

(출처 : 야후 프랑스, Wikipédia)

사크레쾨르 성당(la Basilique du Sacré Coeur)은 파리 북쪽 몽마르트르에 위치한 비잔틴 양식의 성당이다. 1870년 보불전쟁 패배와 파리 코뮌으로 인한 혼란 시기에서 벗어나고자 하는 국가적 소망에 의해 지어졌으며 건립 비용은 모두 기부금으로 충당하였다. 내부의 천정에는 뤽-올리비에 메르송(Luc-Olivier Merson)이 제작한 모자이크화가 있다.

# Leçon 20. 부분관사(L'article partitif)

## 1. 부분관사의 종류

| 종류 | 쓰임 | 예시 |
|---|---|---|
| du (de l') | 남성명사 앞에서 | du courage 용기<br>de l'argent 돈 |
| de la (de l') | 여성명사 앞에서 | de la fièvre 열<br>de l'eau 물 |
| des | 복수명사 앞에서 | des pâtes 파스타<br>des épinards 시금치 |

# Attention! 모음이나 무음 h로 시작하는 단수 명사 앞에서 du와 de la는 de l'로 변화한다.

du argent → *de l'* argent 돈

de la huile → *de l'* huile 기름

## 2. 용법

① 수(數)로 표시할 수 없는 물질명사 앞에 사용한다. '약간의', '얼마큼의'라는 뜻을 가지며 양(量)의 개념이다.

Le matin, je prends *du* pain avec *du* beurre et *de la* confiture, et *du* café au lait.
나는 아침마다 버터와 잼을 바른 빵, 그리고 카페오레를 먹는다.

Je bois *de la* bière fraîche et elle boit *du* chocolat chaud.
나는 시원한 맥주를 마시고 그녀는 핫초콜릿을 마신다.

Veux-tu *du* thé vert? 너는 녹차를 원하니?

Nous mangeons *des* pâtes. 우리는 파스타를 먹는다.

Elle met *du* sucre dans le café. 그녀는 커피 안에 설탕을 넣는다.

J'ai *de l'*argent. 나는 돈을 가지고 있다.

# 부분관사를 사용할 수 있는 동사는 acheter, manger, boire, mettre, prendre, vouloir, falloir, 그리고 비인칭구문 il y a 등이 있다.

J'achète *des* légumes. 나는 야채를 산다.
Je manges *du* pain. 나는 빵을 먹는다.
Elle boit *du* thé. 그녀는 차를 마신다.
Je mets *du* poivre dans la soupe. 나는 수프에 후추를 넣는다.
Tu prends *de la* salade? 너는 샐러드를 먹니?
Je veux *de l'*eau. 나는 물을 원한다.
Il y a *du* bruit. 소음이 있다.
Il faut *de la* patience. 인내심이 필요하다.

② 추상명사 앞에 사용한다.

Il faut *du* courage pour faire cela. 그것을 하기 위해서는 용기가 필요하다.
Elle a *de la* fièvre. 그녀는 열이 있다.
Il a *de l'*ambition. 그는 야망이 있다.

③ faire 동사와 함께 행위를 나타낸다.

Nous faisons *du* vélo. 우리는 자전거를 탄다.
Elles font *du* yoga. 그녀들은 요가를 한다.
Je fais *du* jardinage. 나는 정원을 가꾼다.
Il fait du violon. 그는 바이올린을 연주한다.
Elle fait *de la* peinture. 그녀는 그림을 그린다.
Vous faites *de la* guitare. 당신은 기타를 친다.
Il fait *de la* natation. 그는 수영을 한다.

④ 날씨를 표현할 때 사용한다.

Il y a *du* vent. 바람이 분다.
Il y a *du* soleil. 햇빛이 난다.
On annonce *de la* neige pour demain. 일기예보에 내일 눈이 내린다고 한다.

⑤ 작품의 일부를 의미한다.

Je lis *du* Maupassant. 나는 모파상의 작품을 읽고 있다. (작품 전체가 아니라 작품의 일부분을 의미한다)
J'écoute *du* Schubert. 나는 슈베르트를 듣는다. (작품 중 일부분을 듣고 있음을 의미한다.)

⑥ 타동사의 부정문에서 부분관사는 'de'로 변한다.

Vous buvez *du* vin? 당신은 포도주를 마십니까?
→ Non, je ne bois pas <u>*de*</u> vin car je dois conduire.
아니오, 저는 운전을 해야 해서 포도주를 마시지 않습니다.

Tu manges *du* pain? 너는 빵을 먹니?
→ Non, je ne manges pas <u>*de*</u> pain. 아니, 난 빵을 먹지 않아.

## Exercices

### 1. 다음 문장에 알맞은 부분관사를 넣으시오.

(1) Je mange ________ pain ______ salade, et ______ lait.

(2) Il boit ________ vin, et ______ bière.

(3) Il a _______ ambition.

(4) Ayez ______ courage.

(5) Il y a ______ fromage, et ______ poissons dans le frigo.

### 2. 다음 문장에 알맞은 부분관사나 부정의 de를 넣어 대화를 완성하시오.

(1) Elle a _____ fièvre? → Non, elle n'a pas ______ fièvre.

(2) Est-ce que tu veux _____ jus d'orange? → Non, elle ne veut pas ______ jus d'orange.

(3) Quand j'ai mal à la gorge, je bois ______ eau chaude.

(4) Aimes-tu la tomate? → Oui, j'aime la tomate, et je mange souvent ______ tomates.

(5) Est-ce que vous aimez le café?

→ Oui, je bois ______ café tous les jours, mais je ne bois pas ______ café au soir.

### 3. 다음 예문처럼 문장을 쓰시오

| |
|---|
| le café : J'aime le café. Je bois du café |

(1) le pain :

(2) la viande :

(3) le sport :

(4) le piano :

(5) la peinture :

# Résumé et plus-savoir (Leçon 16 ~ Leçon 20)

## ▣ 부정형용사

| 남성단수 | 여성단수 | 남성복수 | 여성복수 |
|---|---|---|---|
| aucun | aucune | aucuns | aucunes |
| autre | autre | autres | autres |
| chaque | chaque | | |
| même | même | mêmes | mêmes |
| nul | nulle | | |
| | | plusiers | plusiers |
| quelque | quelque | quelques | quelques |
| tout | toute | tous | toutes |

## ▣ 부정대명사

| 남성단수 | 여성단수 | 남성복수 | 여성복수 | 중성 |
|---|---|---|---|---|
| aucun | aucune | | | |
| autre | autre | autres | autres | autre chose |
| chacun | chacune | | | |
| | | certains | certaines | |
| le même | la même | les mêmes | les mêmes | |
| on | | | | |
| | | plusiers | plusiers | |
| quelqu'un | quelqu'une | quelques-uns | quelques-unes | quelque chose |
| | | tous | toutes | tout |

## ▣ 의문대명사 단순형

| | | | |
|---|---|---|---|
| 사람 | 주어 | qui/ qui est-ce qui | *Qui* arrive?/ *Qui est-ce qui* arrive?<br>누가 도착하나요? |
| | 직접목적보어 | qui/ qui est-ce que | *Qui* vois-tu?/ *Qui est-ce que* tu vois?<br>넌 누구를 만나니? |

| | | | |
|---|---|---|---|
| | 간접목적보어,<br>상황보어 | 전치사 + qui<br>전치사 + qui est-ce que | *À qui* pensez-vous?/ *À qui est-ce que* vous pensez?<br>당신은 누구를 생각하고 있습니까?<br>*Avec qui* voyages-tu?/ *Avec qui est-ce que* tu voyages?<br>너는 누구와 함께 여행을 가니? |
| 사물 | 주어 | qu'est-ce qui | *Qu'est-ce qui* est dans la chambre?<br>방안에 누가 있습니까? |
| | 직접목적보어 | que/ qu'est-ce que | *Que* faites-vous?/ *Qu'est-ce que* vous faites?<br>당신은 무엇을 하고 있습니까? (직업이 무엇입니까?) |
| | 간접목적보어,<br>상황보어 | 전치사 + quoi<br>전치사 + quoi est-ce que | *À quoi* pensez-vous?/ *À quoi* est-ce que vous pensez?<br>당신(들)은 무엇을 생각하고 있습니까?<br>*De quoi* parlez-vous?/ *De quoi* est-ce que vous parlez?<br>당신(들)은 무엇에 대해 이야기하고 있습니까? |

## ▣ 의문대명사 변화형

| | | |
|---|---|---|
| | lequel | *Lequel* de ces romans veux-tu lire?<br>이 소설 중에서 너는 어떤 것을 읽고 싶니? |
| | laquelle | *Laquelle* de ces voitures chois-tu?<br>이 자동차들 중에서 너는 어떤 것을 선택할래? |
| | lesquels | *Lesquels* de ces livres achète-t-il?<br>이 책들 중에서 그는 어떤 것들을 삽니까? |
| | lesquelles | *Lesquelles* de ces musiques aime-t-elle?<br>이 음악들 중에서 그녀는 어떤 것들을 좋아합니까? |
| + à | auquel à laquelle<br>auxquels auxquelles | *Auquel* de ces sujets s'intéresse-t-il?<br>이 주제들 중에서 그는 어떤 것에 관심을 가지고 있나요? |
| + de | duquel de laquelle<br>desquels desquelles | *De laquelle* de ces jeunes filles parles-tu?<br>너는 이 젊은 여자들 중에서 누구에 대해 말하는 거니? |

## ▣ 직설법 현재변화 정리

: 프랑스어의 동사는 1군 규칙동사, 2군 규칙동사, 3군 불규칙동사의 세 가지로 분류된다. 1군 규칙동사는 동사 원형의 어미가 –er인 동사이고, 2군 규칙동사는 동사 원형의 어미가 –ir인 동사이며, 3군 불규칙동사는 동사 원형의 어미가 –er, –ir, –re, –oir인 동사이다. 동사의 어간이 변하지 않고(물론 어간에 약간의 변칙이 오는 1군 규칙동사들이 있다) 어미만 변화하면 규칙동사이고, 어간과 어미가 모두 변화하면 불규칙동사이다. 그리고 직설법은 객관적이고 일반적인 사실에 대한 표현법이고 인칭에 따라 동사가 변화한다.

### (1) 1군 규칙동사

① 동사원형의 어미가 –e –es –e –ons –ez –ent로 규칙적으로 변화한다.

| | | | | | |
|---|---|---|---|---|---|
| aimer | j'aime<br>tu aimes<br>il/elle aime | nous aimons<br>vous aimez<br>ils/elles aiment | regarder | je regarde<br>tu regardes<br>il/elle regarde | nous regardons<br>vous regardez<br>ils/elles regardent |

② 1군 동사의 변칙 변화

: 어미 변화는 규칙적으로 변화하지만 어간 부분에 변화가 생기는 동사들

acheter, se lever, préférer, se promener, espérer/ appeler, jeter/ commencer, annoncer/ manger, voyager, nager

| | | | | | |
|---|---|---|---|---|---|
| e → è : acheter | j'achète<br>tu achètes<br>il/elle achète | nous achetons<br>vous achetez<br>ils/elles achètent | é → è : préférer | je préfère<br>tu préfères<br>il/elle préfère | nous préférons<br>vous préférez<br>ils/elles préfèrent |
| 자음 하나 → 두 개 : appeler | j'appelle<br>tu appelles<br>Il/elle appelle | nous appelons<br>vous appelez<br>ils/elles appellent | y → i : employer | j'emploie<br>tu emploies<br>il/elle emploie | nous employons<br>vous employez<br>ils/elles emploient |
| c → ç : commencer | je commence<br>tu commences<br>il/elle commence | nous commençons<br>vous commencez<br>ils/elles commencent | g → ge | je mange<br>tu manges<br>il/elle mange | nous mangeons<br>vous mangez<br>ils/elles mangent |

## (2) 2군 규칙동사

① 동사원형의 어미가 –is –is –it –issons –issez –issent로 규칙적으로 변화한다.

| | | | | | |
|---|---|---|---|---|---|
| finir | je finis<br>tu finis<br>il/elle finit | nous finissons<br>vous finissez<br>ils/elles finissent | haïr | je hais<br>tu hais<br>il/elle hait | nous haïssons<br>vous haïssez<br>ils/elles haïssent |

## (3) 3군 불규칙동사

① 불규칙하게 변화하는 동사들 : avoir, être, aller, dire, faire, savoir

| | | | | | |
|---|---|---|---|---|---|
| avoir | j'ai<br>tu as<br>il/elle a | nous avons<br>vous avez<br>ils/elles ont | être | je suis<br>tu es<br>il/elle est | nous sommes<br>vous êtes<br>ils/elles sont |
| aller | je vais<br>tu vas<br>il/elle va | nous allons<br>vous allez<br>ils/elles vont | dire | je dis<br>tu dis<br>il/elle dit | nous disons<br>vous dites<br>ils/elles disent |
| faire | je fais<br>tu fais<br>il/elle fait | nous faisons<br>vous faites<br>ils/elles font | savoir | je sais<br>tu sais<br>il/elle sait | nous savons<br>vous savez<br>ils/elles savent |

② 동사 원형의 어미가 –ir이지만 1군 동사처럼 어미 변화하는 동사들
: cueillir, couvrir, découvrir, offrir, ouvrir, souffrir

| | | | | | |
|---|---|---|---|---|---|
| ouvrir | j'ouvre<br>tu ouvres<br>il/elle ouvre | nous ouvrons<br>vous ouvrez<br>ils/elles ouvrent | souffrir | je souffre<br>tu souffres<br>il/elle souffre | nous souffrons<br>vous souffrez<br>ils/elles souffrent |

③ 어미 변화가 –s –s –t –ons –ez –ent로 변화하는 동사들
: boire, conduire, connaître, construire, craindre, croire, écrire, lire, peindre, plaire, rire, suivre, produire, taire, traduire/ dormir, partir, sortir, sentir, servir/ devenir, revenir, tenir, venir/ devoir, recevoir/ voir

| | | | | | |
|---|---|---|---|---|---|
| boire | je bois<br>tu bois<br>il/elle boit | nous buvons<br>vous buvez<br>ils/elles boivent | naître | je nais<br>tu nais<br>il/elle naît | nous naissons<br>vous naissez<br>ils/elles naissent |
| craindre | je crains<br>tu crains<br>il/elle craint | nous craignons<br>vous craignez<br>ils/elles craignent | écrire | je écris<br>tu écris<br>il/elle écrit | nous écrivons<br>vous écrivez<br>ils/elles écrivent |
| lire | je lis<br>tu lis<br>il/elle lit | nous lisons<br>vous lisez<br>ils/elles lisent | dormir | je dors<br>tu dors<br>il/elle dort | nous dormons<br>vous dormez<br>ils/elles dorment |
| partir | je pars<br>tu pars<br>il/elle part | nous partons<br>vous partez<br>ils/elles partent | sortir | je sors<br>tu sors<br>il/elle sort | nous sortons<br>vous sortez<br>ils/elles sortent |
| venir | je viens<br>tu viens<br>il/elle vient | nous venons<br>vous venez<br>ils/elles viennent | devoir | je dois<br>tu dois<br>il/elle doit | nous devons<br>vous devez<br>ils/elles doivent |
| recevoir | je reçois<br>tu reçois<br>il/elle reçoit | nous recevons<br>vous recevez<br>ils/elles reçoivent | voir | je vois<br>tu vois<br>il/elle voit | nous voyons<br>vous voyez<br>ils/elles voient |

④ 어미 변화가 –s –s – –ons –ez –ent로 변화하는 동사들

: attendre, descendre, entendre, fondre, rendre, répondre/ prendre, apprendre, comprendre, surprendre/ battre, mettre, permettre, promettre

| | | | | | |
|---|---|---|---|---|---|
| attendre | j'attends<br>tu attends<br>il/elle attend | nous attendons<br>vous attendez<br>ils/elles attendent | prendre | je prends<br>tu prends<br>il/elle prend | nous prenons<br>vous prenez<br>ils/elles prennent |
| mettre | je mets<br>tu mets<br>il/elle met | nous mettons<br>vous mettez<br>ils/elles mettent | répondre | je réponds<br>tu réponds<br>il/elle répond | nous répondons<br>vous répondez<br>ils/elles répondent |

⑤ 어미 변화가 –x –x –t –ons –ez –ent로 끝나는 동사들

: pouvoir, valoir, vouloir

| | | | | | |
|---|---|---|---|---|---|
| pouvoir | je peux<br>tu peux<br>il/elle peut | nous pouvons<br>vous pouvez<br>ils/elles peuvent | vouloir | je veux<br>tu veux<br>il/elle veut | nous voulons<br>vous voulez<br>ils/elles veulent |

## ▣ 부분관사의 활용

| | | |
|---|---|---|
| du (de l') | Je mange *du* pain.<br>Il faut *du* courage. | 나는 빵을 먹는다.<br>용기가 필요하다. |
| de la (de l') | Il boit *de la* bière.<br>Elle prend de la salade.<br>Il a de l'ambition. | 그는 맥주를 마신다.<br>그녀는 샐러드를 먹는다.<br>그는 야망을 가지고 있다. |
| des | Je mange des pâtes. | 나는 파스타를 먹는다. |

# Leçon 21. 수량의 표현

## 1. 수량의 단위에 대한 표현

: 킬로그램, 그램, 리터 등 단위에 대한 표현을 할 때 명사 앞에 관사 대신에 전치사 de를 사용한다.

| | |
|---|---|
| un kilo de<br>un gramme de<br>un litre de<br>une tasse de<br>une tranche de<br>⋮ | + 명사 |

| | |
|---|---|
| un kilo de farine | 밀가루 1kg |
| cinquante grammes de sucre | 설탕 50g |
| deux morceaux de fromage | 치즈 두 조각 |
| un litre de lait | 우유 1리터 |
| deux bouteilles de vin | 포도주 2병 |
| un verre d'eau | 물 1잔 |
| une tasse de café | 커피 1잔 |
| trois tranches de jambon | 햄 슬라이스 3조각 |
| un carnet de métro | 지하철 표(10장짜리 1묶음) |
| un paquet de sel | 소금 1봉지 |

J'ai besoin de *deux kilos de* farine et *deux cents grammes de* sucre.
나는 밀가루 2kg과 설탕 200g이 필요하다.

Elle achète *un carnet de* métro. 그녀는 10장짜리 지하철 티켓을 산다.

Il boit une tasse de thé vert. 그는 녹차 한잔을 마신다.

## 2. 수량을 나타내는 부사

| | |
|---|---|
| beaucoup de<br>trop de<br>assez de<br>un peu de | + 명사 |

Elle achète *beaucoup de* livres. 그녀는 많은 책을 샀다.
Il y a beaucoup de touristes à Paris. 파리에 관광객들이 많이 있다.
En été, il y a *assez de* soleil. 여름에는 햇빛이 충분하다.
J'ai acheté *trop de* citrons. 나는 너무 많은 레몬을 샀다.
Je mets *un peu de* sel dans la soupe. 나는 수프 안에 약간의 소금을 넣는다.

## Exercices

### 1. 다음 제시된 단어를 프랑스어로 쓰시오.

(1) sucre, 2kg

(2) farine, 1봉지

(3) sel, 10g

(4) fromage, 2조각

(5) lait, 3ℓ

### 2. 다음 물음에 답하시오.

(1) Il boit beaucoup de café? → Non,

(2) Il y a trop de sel dans les spaguettis? → Non,

(3) Il y a assez de soleil en été? → Oui,

## 프랑스 문화 알아보기

### ▶ 루브르 박물관(le Musée du Louvre)

루브르 박물관은 원래 1190년 필립 오귀스트에 의해 건립된 요새였는데 1317년 샤를 5세가 궁전으로 바꾸었다. 이후 프랑수아 1세에 의해 루브르는 르네상스 양식의 궁전으로 증·개축되었다. 1682년 루이 14세가 베르사유궁으로 옮겨간 후 루브르는 왕실 예술품을 보관, 관리, 전시하는 등의 문화 공간으로 변모하였다.

프랑스 혁명 이후 혁명 정부는 왕가의 수집해온 예술품들을 국가의 유산으로 전환하였고 루브르는 프랑스 최초의 국립박물관으로 탄생하기에 이르렀다. 1989년 미테랑 대통령이 발표한'위대한 루브르, Grand Louvre' 정책에 의해 완공된 유리 피라미드는 루브르의 외관을 완전히 새롭게 바꾸어 놓은 혁신적인 시도였으며 과거와 미래를 연결하는 루브르의 상징이 되었다.

[모나리자] 앞의 관람객들

루브르 박물관의 소장품은 기원전 4000년에서 19세기까지 오리엔트 및 유럽 미술품을 약 40만점 소장하고 있으며 나폴레옹이 문명 발상지인 이탈리아와 이집트에서 가져온 문화재와 예술품들이 루브르 박물관의 확장과 발전의 토대를 이루었다. 루브르 박물관의 소장품 중 대표작은 [모나리자, La Joconda]와 [밀로의 비너스, Vénus de Milo]이다. [모나리자]는 다빈치가 프랑수아 1세의 초청으로 프랑스에 왔을 때 가지고 온 것을 프랑스아 1세가 구입하였다고 한다. [밀로의 비너스]는 밀로 섬의 아프로디테 신전 근처에서 밭을 갈던 농부에 의해 발견되었고 터키 주재 프랑스 대사가 구입하여 루이 18세에게 헌정하여 오늘날 루브르가 소장하게 되었다.

## Leçon 22. 대명동사(Les verbes pronominaux)

대명동사는 재귀대명사를 수반하는 동사를 말한다. 이때 대명사는 인칭에 따라 me, te, se, nous, vous, se로 변화하며 대명동사의 종류에 따라 직접보어, 간접보어 등의 역할을 한다.

### 1. 형태

: 타동사 앞에 대명사를 수반하며 인칭에 따라 대명사는 인칭에 맞게 변화시켜주어야 한다.

| laver 씻기다 | se laver 씻다, 세수하다 |
|---|---|
| Je lave | Je *me* lave |
| Tu laves | Tu *te* laves |
| Il lave | Il *se* lave |
| Elle lave | Elle *se* lave |
| Nous lavons | Nous *nous* lavons |
| Vous lavez | Vous *vous* lavez |
| Ils lavent | Ils *se* lavent |
| Elles lavent | Elles *se* lavent |

### 2. 대명동사의 종류

: 재귀적 대명동사, 상호적 대명동사, 수동적 대명동사, 본질적 대명동사가 있다.

① 재귀적 대명동사 : 주어의 행위가 주어 자신에게 미치는 동사로, 보어대명사는 직접목적어, 혹은 간접목적보어 역할을 한다.
se blesser 다치다, se coucher 눕다, se laver 씻다, se lever 일어나다, se promener 산책하다, se regarder 자기 모습을 보다, se réveiller 잠이 깨다 등.

Je *m'arrête* au feu rouge. 나는 빨간 불에 멈춰선다.
Nous *nous promenons* après le dîner. 우리는 저녁 식사 후에 산책을 한다.
Elle *se regardent* dans la glace. 그녀는 거울 속에 자신을 보다.

| | |
|---|---|
| Je *me réveille* à 6 heures du matin. | 나는 아침 6시에 잠이 깬다. |
| Il va *se marier* avec Léa. | 그는 레아와 곧 결혼한다. |
| Elle *s'est blessé* le doigt. | 그녀는 손가락을 다쳤다. |
| Il *s'est cassé* la jambe en skiant. | 그는 스키를 타다가 다리가 부러졌다. |
| Il *se brosse* les cheveux. | 그는 머리를 빗는다. |
| Je *me lave* les cheveux tous les matins. | 나는 아침마다 머리를 감는다. |
| Elle *se sèche* les cheveux avec un sèche-cheveux. | 그녀는 헤어 드라이어로 머리를 말린다. |

② 상호적 대명동사 : 주어는 항상 복수이고 서로에게 동작을 미치며 보어대명사는 직접목적어, 혹은 간접목적보어 역할을 한다.

s'aimer 서로 사랑하다, se battre 서로 싸우다, se regarder 서로 바라보다, se saluer 서로 인사하다, se voir 서로 만나다,

| | |
|---|---|
| Nous *nous aimons* l'un l'autre. | 우리는 서로 사랑한다. |
| Ils *se regardent* l'un l'autre. | 그들은 서로를 바라본다. |
| Elles se disent "bonjour". | 그녀들은 서로 "안녕"이라고 말한다. |
| Nous nous *saluons* amicalement. | 우리는 서로 다정하게 인사한다. |
| Ils *se serrent* les mains. | 그들은 서로 악수한다. |
| Nous *nous téléphonons* tous les soirs. | 우리는 매일 저녁 전화한다. |
| Ils *s'écrivent* des lettres l'une à l'autre. | 그들은 서로에게 편지를 쓴다. |

③ 수동적 대명동사 : 주어가 행위를 하는 동시에 행위를 받는다. 보어대명사는 직접목적어 역할을 한다.

s'appeler 불리다, se casser 깨지다, se fermer 닫히다, se vendre 팔리다 등

| | |
|---|---|
| Elle *s'appelle* Cécile. | 그녀의 이름은 세실이다. |
| La fenêtre *s'est fermée.* | 창문이 닫혔다. |
| La bière *se boit* très froid. | 맥주는 차게 마신다. |

# 수동적 대명동사와 수동태의 차이 : 수동적 대명동사는 동작을 나타내고 수동태는 상태를 나타낸다.

La porte *se ferme*. 문이 닫힌다. [대명동사 se fermer]
La porte *est fermé*. 문이 닫혀 있다. [fermer 동사의 타동사]

④ 본질적 대명동사 : 보어대명사가 직접목적어나 간접목적보어 역할을 하지 않고 접두어처럼 동사와 연결되어 사용된다.
s'en aller 가버리다, s'intéresser (à) (~에) 관심있다, se mettre (à) (~하기) 시작하다, se moquer (de) (~을) 비웃다, se servir (de) (~을) 사용하다, se souvenir (de) (~을) 회상하다, se taire 침묵하다 등

Elle *s'en est allée*. 그녀는 가버렸다.
Je *m'intéresse* au yoga. 나는 요가에 관심 있다.
Il *se tait*. 그는 침묵한다.
Il ne *se souvient* pas de son passé après l'accident. 그는 사고 이후로 과거를 기억하지 못한다.

### 3. 대명동사의 용법

① 대명동사는 타동사의 동작이 주어에게 미치는 동사이다. 따라서 주어와 동일한 인칭・수에 해당하는 보어대명사를 동사 앞에 수반한다.

| | | |
|---|---|---|
| 직설법 현재 | je *me* lève<br>tu *te* lèves<br>il *se* lève<br>elle *se* lève | nous *nous* levons<br>vous *vous* levez<br>ils *se* lèvent<br>elles *se* lèvent |

Nous *nous* levons tôt. 우리는 일찍 일어난다,
Je *me* sèche les cheveux. 나는 머리를 말린다.
Il *s'*énerve rarement. 그는 좀처럼 짜증을 내지 않는다.

② 대명동사의 부정형 : 보어대명사와 동사의 앞과 뒤에 ne와 pas를 붙여 만든다.

| | | |
|---|---|---|
| 직설법 현재<br>부정형 | je *ne* me lève *pas*<br>tu *ne* te lèves *pas*<br>il *ne* se lève *pas*<br>elle *ne* se lève *pas* | nous *ne* nous levons *pas*<br>vous *ne* vous levez *pas*<br>ils *ne* se lèvent *pas*<br>elles *ne* se lèvent *pas* |

Je *ne* me couche *pas* tard tous les jours. 나는 매일 늦게 자는 것은 아니다.

Ma fille *ne* s'endort *pas* facilement. 나의 딸은 쉽게 잠들지 않는다.

Il se réveille tôt, mais il *ne* se lève *pas* tout de suite.
그는 일찍 잠에서 깨지만 바로 일어나지는 않는다.

③ 대명동사의 의문형 : 보어대명사는 항상 동사 앞에 위치하고 주어와 동사를 도치시킨다. 1인칭 단수형에서는 주어와 동사를 도치시키지 않는다.

| | | |
|---|---|---|
| 의문형 | Est-ce que je me lève<br>te lèves-tu<br>se lève-t-il<br>se lève-t-elle | nous levons-nous<br>vous levez-vous<br>se lèvent-ils<br>se lèvent-elles |

À quelle heure *te lèves-tu*? 너는 몇 시에 일어나니?

*Vous fâchez-vous* souvent? 당신은 자주 화를 내십니까?

*Se couche-t-il* tôt? 그는 일찍 자나요?

## Exercices

### 1. 다음 대명동사를 직설법 현재형으로 변화시키시오.

(1) Il ____________ (se sentir) seule.

(2) Les oiseaux ____________ (s'envoler).

(3) Max ____________ (se regarder) dans la glace.

(4) Vous ____________ (se laver) les mains.

(5) Je ____________ (se donner) à l'étude.

### 2. 다음 질문에 답하시오.

(1) Te couches-tu tôt? → Oui,

(2) Vous respectez-vous? → Oui,

(3) Se battent-ils souvent? → Non,

(4) Vous intéressez-vous au cinéma? → Non,

(5) Ces livres, se vendent-ils bien? → Oui,

### 3. 다음 내용이 맞는 문장들끼리 연결하시오.

| | |
|---|---|
| (1) Quand il est six heures, • | • je me brosse les dents |
| (2) Quand j'ai sommeil, • | • je me repose. |
| (3) Quand je mange le repas, • | • je me maquille. |
| (4) Quand je sors • | • je me réveille. |
| (5) Quand je suis fatigué, • | • je me couche. |

## 프랑스 문화 알아보기

### ▶ 오르세 미술관(le Musée d'Orsay)

오르세 미술관 건물은 1900년 파리만국박람회 이후 기차역으로 사용되다가 1950년 폐쇄되었다. 이후 1973년 프랑스 정부에 의해 기차 역사의 원형이 보존되고 문화재로 지정되면서 미술관으로서의 면모를 갖추기 시작했고 1986년 인상파 화가들의 작품들을 전시한 미술관으로 개관되어 오늘날에 이르고 있다. 지금도 커다란 시계가 박물관 외관을 장식하고 있어 당시 철도역사로 사용되었음을 보여 준다.

(출처 : 야후 프랑스, Wikipédia)

오르세 미술관의 내부는 자연광의 변화에 따라 컴퓨터로 조정되는 인조광이 함께 조명을 담당하고 있는데 이는 빛에 따라 시시각각 변하는 자연과 사람의 표현을 시도한 인상파 화가들의 그림을 감상하기에 적합하다.

오르세 미술관은 주로 19세기 후반의 회화, 조각, 사진 등 예술품을 전시하고 있는데 고전 작품을 소장하고 있는 루브르 박물관과 현대 미술관인 퐁피두 센터를 잇는 교량 역할을 하고 있다. 모네의 [수련], 마네의 [풀밭 위의 식사]를 비롯한 드가, 르누아르, 고흐, 세잔느 등 인상파 화가들의 작품들이 전시되어 있어 19세기를 대표하는 미술관이다.

# Leçon 23. 2군 동사의 직설법 현재(Le présent de l'indicatif du verbe en 'ir')

## 1. 형태

| | | | |
|---|---|---|---|
| je | –is | nous | –issons |
| tu | –is | vous | –issez |
| il/elle | –it | ils/elles | –issent |

## 2. 용법

① 제2군 동사는 동사원형의 어미가 –ir로 끝난 규칙동사이다.

| | | | | | |
|---|---|---|---|---|---|
| blanchir | 희게 되다 | fleurir | 꽃피다 | obéir | 복종하다 |
| choisir | 선택하다 | grandir | 자라다 | réussir | 성공하다 |
| finir | 끝마치다 | jaunir | 노랗게 되다 | rougir | 붉게 되다 |

| | |
|---|---|
| Je *finis* mon devoir. | 나는 숙제를 끝마친다. |
| Les raisins *mûrissent* en été. | 여름에는 포도가 익어간다. |
| Les jours *raccourcissent* en automne. | 가을에는 낮이 짧아진다. |
| Elle *réfléchit* la bonne réponse. | 그녀는 정답을 생각한다. |

② haïr는 어간에서 변칙이 일어나는데 현재변화 단수형에서 '¨'(le tréma)가 생략된다.

| | |
|---|---|
| je hais | nous haïssons |
| tu hais | vous haïssez |
| il/elle hait | ils/elles haïssent |

| | |
|---|---|
| Elle *hait* le vin. | 그녀는 포도주를 싫어한다. |
| Je *hais* le mensonge. | 나는 거짓을 싫어한다. |
| Nous *haïssons* l'injustice. | 우리는 불의를 싫어한다. |

## Exercices

### 1. 다음 동사를 직설법 현재형으로 변화시키시오

(1) Nous __________ (finir) notre devoir.

(2) Ils __________ (choisir) le menu.

(3) Ces fleurs __________ (rougir) au printemps.

(4) Les fruits _________ (mûrir) en automne

(5) Il _________ (blanchir) le mur.

### 2. 다음 질문에 답하시오.

(1) Est–ce que tu obéis à tes parents? → Oui,

(2) Tu choisis la couleur noire? → Non,

(3) Vous finissez vos devoirs? → Oui,

(4) Les tulipes fleurissent en été? → Non,

(5) Vous haïssez l'infidélité? → Oui,

### 3. 다음 내용이 맞는 문장들끼리 연결하고 괄호 안의 동사를 직설법 현재형으로 변화시키시오.

| | |
|---|---|
| (1) C'est le printemps. • | • Il _________ (obéir) à ses parents. |
| (2) Cet enfant est aimable. • | • Il _________ (vieillir bien) |
| (3) Elle aime la couleur noire. • | • Ce vendredi, nous _________ (se réunir). |
| (4) Le vin rouge est bon. • | • Les fleurs _________(rougir). |
| (5) Il y a les problèmes à régler. • | • Elle _________ (choisir) ce pantalon noir. |

# Leçon 24. 명령법(L'impératif)

## 1. 형태

① 명령법은 명령, 충고, 요구 등을 할 때 사용된다. 2인칭 단수(tu), 2인칭 복수(vous), 그리고 1인칭 복수(nous)의 세 가지 인칭에 사용되며, 명령법의 형태는 직설법 현재형과 동일하다. 그러나 간혹 3인칭에 대한 명령도 사용되며 이때 동사는 접속법의 형태로 사용된다.

| | | | | | |
|---|---|---|---|---|---|
| tu regardes | → Regarde! | 봐라! | tu fais | → Fais! | 해라! |
| nous regardons | → Regardons! | 봅시다! | nous faisons | → Faisons! | 합시다! |
| vous regardez | → Regardez! | 보세요! | vous faites | → Faites! | 하세요! |

※ 1군 규칙동사, 그리고 1군 규칙동사는 아니지만 직설법 현재의 어미변화가 1군 규칙동사의 어미변화처럼 변화하는 3군 불규칙동사(ouvrir, couvrir, découvrir, offrir...)는 2인칭 단수 명령형에서 s를 뺀다. aller 동사도 2인칭 단수 명령형에서 s를 뺀다.

tu regardes → *Regarde!* 봐라!
tu ouvres → *Ouvre!* 열어라!
tu téléphones → *Téléphone!* 전화해라!
tu vas → *Va!* 가라!

② 대명동사의 명령형 : 긍정명령문에서 보어대명사는 동사 뒤에 위치하고 te는 toi가 된다. 부정명령문에서 보어대명사는 동사 앞에 위치한다.

| | 긍정 명령문 | | 부정 명령문 | |
|---|---|---|---|---|
| 명령형 | Lève-*toi*! | 일어나! | Ne *te* lève pas! | 일어나지 마라! |
| | Levons-*nous*! | 일어납시다! | Ne *nous* levons pas! | 일어나지 맙시다! |
| | Levez-*vous*! | 일어나세요! | Ne *vous* levez pas! | 일어나지 마세요! |

*Dépêchons-nous*! 서두릅시다!

Ne *t'inquiète* pas! 걱정마!

③ 특수한 명령형을 갖는 동사들이 있다 : avoir, être, savoir, vouloir는 명령형에서 직설법 현재형이 아니라 접속법 현재형을 사용한다.

| | avoir | être | savoir | vouloir |
|---|---|---|---|---|
| tu | aie | sois | sache | veuille |
| nous | ayons | soyons | sachons | veuillons |
| vous | ayez | soyez | sachez | veuillez |

*Aie* du courage! 용기를 내!

*Soyez* tranquille! 안심하세요!

*Veuillez* patienter! 좀 기다려 주세요!

## 2. 용법

① 명령법은 어떤 일에 대한 명령, 요구, 권유 등을 나타내는 표현법이다. ~해라 (2인칭 단수)/ ~하십시오(2인칭 복수)/ ~합시다(1인칭 복수)의 의미이다.

*Fermez* la fenêtre! 창문을 닫으세요!

*Regarde* ce tableau! 이 그림을 봐라!

*Entrez*! 들어오세요!

*Aidez*-moi! 저를 도와주세요!

*Écoute-moi*! 내 말을 들어라!

*Allons*-y! 자 갑시다!

Je vous entends mal. *Parlez* plus fort! 당신의 말이 잘 들리지 않으니 좀더 크게 말씀해주세요!

Ne *marchons* pas trop vite! 너무 빨리 걷지 맙시다!

Ne *fumez* pas dans le métro! 지하철에서는 담배를 피우지 마세요!

Ne *te couche* pas pas trop tard! 너무 늦게 자지 않도록 해라!

N'*oubliez* pas d'éteindre la lumière avant de sortir! 외출하기 전에 불을 끄는 것을 잊지 마세요!

② 희망, 소원, 격려를 나타낸다.

*Sois heureux*! 행복하기를!

*Excusez-moi*, je suis désolé! 용서하세요, 죄송합니다!

③ 공손한 명령형 : veuillez + 동사원형

*Veuillez* entrer! 들어오시지요!

*Veuillez* vous asseoir 앉으십시오!

④ 3인칭에 대한 명령은 문장 앞에 que를 사용하며 동사는 접속법이다.
: Que + 3인칭 주어 + 접속법 동사

*Que* personne n'*entre* dans le bureau! 사무실에 아무도 들어오지 말라고 하시오!

*Qu'* on la *laisse* tranquille! 그녀를 내버려두라고 하시오!

*Qu'* il *vienne* à l'heure! 그에게 제 시간에 오라고 하시오!

⑤ 부정법의 명령형 : ne + pas + 부정법(동사원형)

*Ne pas* fumer! 담배 피우지 마시오!

*Ne pas* entrer dans la pelouse! 잔디밭에 들어가지 마시오!

## Exercices

### 1. 다음 문장을 명령형으로 바꾸시오.

(1) Tu donnes ces livres à Lucie.

(2) Vous vous asseyez.

(3) Nous entrons dans la salle.

(4) Vous êtes heureux.

(5) Tu ouvres la porte.

### 2. 다음 문장을 부정명령형으로 바꾸시오.

(1) Tu fais du bruit.

(2) Vous prêtez de l'argent à Max.

(3) Tu dis le secret à tes amis.

(4) Vous vous inquiétez.

(5) Vous courez trop vite.

### 3. 다음 문장들을 관계있는 것끼리 연결하시오.

| | | |
|---|---|---|
| (1) Il fait chaud. | • | • Couchez-vous tôt! |
| (2) Vous êtes pressé. | • | • Aie du courage! |
| (3) Je suis fatigué . | • | • Repose-toi! |
| (4) Tu ne passes pas l'examen. | • | • Dépêchez-vous! |
| (5) Tu marches beaucoup. | • | • Ouvre la fenêtre de ta chambre! |

# Leçon 25. 비교급(Le comparatif)과 최상급(Le superlatif)

## ▣ 비교급

: 사람이나 사물의 속성을 우등, 동등, 열등으로 나누어 비교하는 것이다.

### 1. 형태

| | | |
|---|---|---|
| 우등 비교 : | plus ~ que | (~보다 더 ~하다) |
| 동등 비교 : | aussi ~ que | (~만큼 ~하다) |
| 열등 비교 : | moins ~ que | (~보다 덜 ~하다) |

우등 비교급 : Jim est *plus* grand *que Sophie.* 짐은 소피보다 더 크다.
동등 비교급 : Jim est *aussi* grand *que* Jean. 짐은 장만큼 크다. (키가 같다).
열등 비교급 : Sophie est *moins* grande *que* Jim. 소피는 짐보다 덜 크다. (키가 작다)

### 2. 용법

① 형용사와 부사의 비교급

plus
aussi + 형용사/ 부사 + que
moins

형용사의 비교급 : Jim est *plus* gentil *que* Paul. 짐은 폴보다 더 친절하다.
부사의 비교급 : Jim marche *plus* vite *que* paul. 짐은 폴보다 더 빠르게 걷는다.

② 명사의 비교급 : 명사의 동등비교급은 aussi 대신 autant을 사용하며 비교 부사 뒤에 전치사 de를 붙인다. 명사는 보통명사의 경우는 복수형을, 물질명사와 추상명사의 경우는 단수를 쓴다.

| |
|---|
| plus de<br>autant de + 보통명사(복수형)/ 추상명사, 물질명사(단수형) + que<br>moins de |

Lucie lit *plus de* romans *que* Léa. 뤼시는 레아보다 더 많은 소설을 읽는다.
Jim a *autant d'* argent *que* Max. 짐은 막스만큼 돈을 가지고 있다.
Léo a *moins de* travail *que* moi. 레오가 나보다 일이 더 적다.

③ 동등 비교급 부정형의 경우 aussi~ que 대신에 si~ que를, autant de~ que 대신에 tant de~ que를 사용해도 된다.

Jim est *aussi* prudent *que* Léo. 짐은 레오만큼 신중하다.
Jim n'est pas *aussi* prudent *que* Léo. 짐은 레오만큼 신중하지 못하다.
Jim n'est pas *si* prudent *que* Léo. 짐은 레오만큼 신중하지 못하다.

Jim a *autant de* prudence *que* Léo. 짐은 레오만큼 신중하다.
Jim n'a pas *autant* de prudence *que* Léo. 짐은 레오만큼 신중하지 못하다.
Jim n'a pas tant de prudence *que* Léo. 짐은 레오만큼 신중하지 못하다.

④ 부사 beaucoup, un peu, bien 등은 비교급 문장에서 비교급을 강조한다.

Léo est *beaucoup* plus gentil que Jean. 레오는 장보다 훨씬 더 친절하다.
Aujourd'hui, il fait *un peu* plus chaud qu'hier. 오늘은 어제보다 조금 더 덥다.

## ▣ 최상급

: 사람이나 사물의 속성을 표현할 때 정도가 가장 높거나 낮음을 표현한다. 우등 최상급과 열등 최상급이 있으며 동등 최상급은 없다.

## 1. 형태

| |
|---|
| 우등 최상급 : 정관사 + plus ~ + de (~중에서 가장 ~하다)<br>열등 최상급 : 정관사 + moins ~ + de (~중에서 가장 덜 ~하다) |

## 2. 용법

### ① 형용사의 최상급

| |
|---|
| 우등 최상급 : le, la, les plus + 형용사 + de<br>열등 최상급 : le, la, les moins + 형용사 + de |

Max est *le plus* grand *de* sa classe. 막스는 반에서 가장 크다.
Max court *le plus* vite *de* sa classe. 막스는 반에서 가장 빨리 달린다.

Cécile est *la moins* grande *de* sa classe. 세실은 반에서 가장 덜 크다.
(= Cécile est *la plus* petite *de* sa classe.) 세실은 반에서 가장 작다.

Cécile court *la moins* vite *de* sa classe. 세실은 반에서 가장 덜 빠르게 달린다.
(= Cécile court *la plus* lentement *de* sa classe.) 세실은 반에서 가장 느리게 달린다.

### ② 명사의 최상급

| |
|---|
| 우등 최상급 : le plus de + 명사 + de<br>열등 최상급 : le moins de + 명사 + de |

Pierre a *le plus de* talent de sa classe. 피에르가 반에서 가장 재주가 많다.
Julie a *le moins de* problèmes de sa classe. 줄리는 반에서 가장 문제가 없다.

③ 부사의 최상급 :

| |
|---|
| 우등 최상급 : le plus + 부사 + de<br>열등 최상급 : le moins + 부사 + de |

Chalres parle *le plus* prudement de ses amis. 샤를은 친구들 중에서 가장 신중하게 말한다.
Cette robe coûte *la moins* chère. 이 원피스가 가장 값이 싸다.

## ▣ 특수한 형태의 우등 비교급과 우등 최상급

| 원급 | 우등비교급 | 우등최상급 |
|---|---|---|
| bon<br>좋은 | meilleur(e)(s)<br>더 좋은 | le, la, les meilleur(e,s,es) |
| mauvais<br>나쁜 | pire(s)<br>plus mauvais(e)(s)<br>더 나쁜 | le, la, les pire(s)<br>le, la, les plus mauvais(e,s,es) |
| petit<br>작은 | plus petit(e)(s)<br>더 작은 | le, la, les moindre(s)<br>le, la, les plus petit(e,s,es) |
| bien<br>잘 | mieux<br>더 잘 | le mieux |
| mal<br>나쁘게 | pis<br>plus mal<br>더 나쁘게 | le pis<br>le plus mal |
| beaucoup<br>많이 | plus<br>더 많이 | le plus |
| peu<br>적게 | moins<br>더 적게 | le moins |

Cette tarte est *meilleure* que l'autre. 이 타르트가 다른 타르트보다 더 좋다(맛있다).
Mon erreur est moindre que la tienne. 나의 실수는 너의 실수보다 사소한 것이다.
Ce champagne est *plus mauvais* que l'autre. 이 샴페인은 다른 샴페인보다 (맛이) 못하다.

Ce vin est *le merilleur.* 이 포도주가 가장 (맛이) 좋다.

Elle chante *mieux* que moi. 그녀는 나보다 노래를 더 잘한다.

Jean travaille *le mieux.* 쟝이 공부를 가장 잘 한다.

Amélie danse *le plus mal.* 아멜리가 춤을 가장 못 춘다.

# Il vaux mieux + 동사원형 : ~하는 편이 더 낫다.

Il vaut mieux tout de suite partir pour ne pas manquer le train.

기차를 놓치지 않으려면 지금 출발하는 것이 더 낫다.

Il vaut mieux rester à la maison. 집에 있는 것이 더 낫다.

## Exercices

### 1. 다음 빈 칸에 알맞은 비교급 부사를 넣으시오.

(1) Le soleil est _________ grand que la lune

(2) L'argent est _________ précieux que l'or.

(3) L'avion est _________ rapide que le métro.

(4) La Corée n'est pas _________ grande que la France

(5) Le cheval court _________ vite que le mouton.

### 2. 다음 문장에 올바른 문장에는 o, 올바르지 못한 문장에는 x를 표시하시오.

(1) La Cité du Vatican est le plus petit pays du monde.

(2) L'été est le plus chaud de l'année, en Corée.

(3) La montagne Seolak est moins haute que le Mont-Blanc.

(4) L'hiver est le moins chaud de l'année, en Nouvelle-Zélande.

(5) Les États-Unis sont aussi grands que le Mexique.

### 3. 다음 문장들을 내용이 맞는 것끼리 연결하시오.

| | |
|---|---|
| (1) le chat • | • est un roman des plus connus. |
| (2) le TGV • | • est le plus beau de l'année. |
| (3) la Chine • | • est la plus peuplée du monde. |
| (4) le printemps • | • n'est pas si rapide que le lion. |
| (5) La *Notre-Dame de Paris* de Victor Hugo • | • est plus rapide que le bus. |

## ▣ 대명동사

| | | |
|---|---|---|
| 재귀적 대명동사 | s'amuser 즐기다<br>s'asseoir 앉다<br>s'arrêter 멈춰서다<br>se blesser (le doigt) (손가락을) 다치다<br>se brosser (les dents) 이를 닦다<br>se brûler (les doigts) (손가락을) 데다<br>se casser (le bras, la jambe)<br>(팔, 다리가) 부러지다<br>se couper (le doigt) (손가락을) 베다<br>se coucher 눕다<br>se doucher 샤워하다<br>s'éndormir 잠들다<br>s'énerver 짜증내다<br>s'essuyer (le visage, les mains<br>(얼굴, 손을) 닦다<br>se gratter (la tête) 머리를 긁다<br>s'habiller 옷을 입다 | se laver (les mains)<br>(손을) 씻다, 목욕하다<br>se lever 일어나다<br>se maquiller 화장하다.<br>se marier 결혼하다<br>se nettoyer (le visage, les mains)<br>(얼굴, 손을) 씻다.<br>se peigner 머리 빗다<br>se promener 산책하다<br>se rappeler 기억하다<br>se réveiller 잠이 깨다<br>se reposer 쉬다<br>se peigner 자신의 머리를 빗다<br>se raser 면도하다<br>se sécher (les cheveux)<br>(머리를) 말리다 |
| 상호적 대명동사 | s'aimer 서로 사랑하다<br>se battre 싸우다<br>s'écrire 서로 편지쓰다<br>se regarder 마주보다 | sa saluer 서로 인사하다<br>se serrer (les mains) 악수하다<br>se voir 서로 만나다 |
| 수동적 대명동사 | s'appeler 불리다<br>se casser 깨지다<br>s'employer 사용되다<br>se fermer 닫히다 | se lire 읽히다<br>se servir 써빙되다<br>se trouver 있다, 발견되다<br>se vendre 판매되다 |
| 본질적 대명동사 | s'accouder 팔꿈치를 괴다<br>s'apercevoir (de) 알아차리다<br>s'en aller 가버리다<br>s'attendre (à) 기대 · 예상하다<br>se composer (de) 구성되다 | se décider (à) 결심하다<br>se dépêcher (de) 서두르다<br>se douter (de) 짐작하다<br>s'en voler 날아가다<br>s'efforcer (de) 노력하다 |

| | | |
|---|---|---|
| | s'ennuyer (de) 싫증나다<br>s'étonner (de) 놀라다<br>se fâcher (de) 화내다<br>se fier (de) 신뢰하다<br>s'inquiéter (de) 걱정하다<br>s'intéresser (à) 관심있다<br>se méfier (de) 조심하다<br>se méprendre 착각하다<br>se mettre (à) 시작하다 | se moquer (de) 비웃다<br>s'occuper (de) 전념하다<br>se plaindre (de) 불평하다<br>se repentir (de) 후회하다<br>se servir (de) 사용하다<br>se souvenir (de) 회상하다<br>se taire 침묵하다<br>se tromper (de) 착각하다 |

<table>
<tr><td>대명동사의 직설법 현재</td><td colspan="2">je me lève<br>tu te lèves<br>il se lève<br>elle se lève</td><td>nous nous levons<br>vous vous levez<br>ils se lèvent<br>elles se lèvent</td></tr>
<tr><td>대명동사의 부정형</td><td colspan="2">je ne me lève pas<br>tu ne te lèves pas<br>il ne se lève pas<br>elle ne se lève pas</td><td>nous ne nous levons pas<br>vous ne vous levez pas<br>ils ne se lèvent pas<br>elles ne se lèvent pas</td></tr>
<tr><td>대명동사의 의문형</td><td colspan="2">Est-ce que je me lève<br>te lèves-tu<br>se lève-t-il<br>se lève-t-elle</td><td>nous levons-nous<br>vous levez-vous<br>se lèvent-ils<br>se lèvent-elles</td></tr>
<tr><td rowspan="2">대명동사의 명령형</td><td>긍정 명령문</td><td colspan="2">lève-toi<br>levons-nous<br>levez-vous</td></tr>
<tr><td>부정 명령문</td><td colspan="2">ne te lève pas<br>ne nous levons pas<br>ne vous levez pas</td></tr>
</table>

## ▣ 2군 동사(-ir)의 현재변화

| | | | |
|---|---|---|---|
| je(j') | *-is* | J'*obéis* à mes parents. | 나는 나의 부모님께 순종한다. |
| tu | *-is* | Tu *finis* ton travail. | 너는 너의 숙제를 끝마친다. |
| il *-it* | *-it* | Il *blanchit* le mur. | 그는 벽을 희게 칠한다. |
| elle | *-it* | Elle *choit* la couleur noire. | 그녀는 검은색을 고른다. |
| nous | *-ssons* | Nous *haïssons* l'injustice. | 우리는 불의를 미워한다. |
| vous | *-issez* | Vous *choisissez* la bonne réponse? | 당신은 옳은 해답을 선택하나요? |
| ils | *-issent* | Les feuilles *jaunissent* en automne. | 나뭇잎들은 가을에 노랗게 물든다. |
| elles | *-issent* | Les vins *vieillissent*. | 포도주들이 익어간다. |

## ▣ 명령법

| | | |
|---|---|---|
| 직설법 현재 형태 : 2인칭 단수<br>2인칭 복수<br>1인칭 복수 | Regarde ce tableau!<br>Dépêchez-vous!<br>Levons-nous! | 이 그림을 봐라!<br>서두르세요!<br>일어납시다! |
| # 특수한 명령형을 갖는 동사 :<br>avoir: aie, ayons, ayez<br>être: sois, soyons, soyez<br>savoir: sache, sachons, sachez<br>vouloir: veuille, veuillons, veuillez | N'ayons pas peur!<br>Soyez tranquille!<br>Sachons nous contrôler!<br>Veuillez vous asseoir! | 두려워하지 맙시다!<br>안심하세요!<br>스스로를 다스릴줄 아세요!<br>앉으십시오! |

## ▣ 비교급과 최상급

| | |
|---|---|
| 형용사와 부사의 비교급 :<br>plus/ aussi/ moins + 형용사/부사 + que | Il est *plus* grand *que* moi. 그는 나보다 더 크다.<br>Il est *aussi* grand *que* moi. 그는 나만큼 크다.<br>Il est *moins* grand *que* moi. 그는 나보다 덜 크다.<br>Il court *plus* vite *que* moi.<br>그는 나보다 더 빠르게 달린다.<br>Il court *aussi* vite *que* moi.<br>그는 나만큼 빠르게 달린다.<br>Il court *moins* vite *que* moi.<br>그는 나보다 덜 빠르게 달린다. |

| | |
|---|---|
| 명사의 비교급 :<br>plus de/ autant de/ moins de +<br>보통명사(복수형)/ 추상명사, 물질명사(단수형) + que | Il a *plus de* livres *que* moi.<br>그는 나보다 책을 더 가지고 있다.<br>Il a *autant de* livres *que* moi.<br>그는 나만큼 책을 가지고 있다.<br>Il a *moins* de livres *que* moi.<br>그는 나보다 책을 덜 가지고 있다. |
| 형용사의 최상급 :<br>우등 최상급 : le, la, les plus + 형용사 + de<br>열등 최상급 : le, la, les moins + 형용사 + de | Il est *le plus* grand *de* sa classe.<br>그는 반에서 가장 크다.<br>Il est *le moins* grand *de* sa classe.<br>그는 반에서 가장 덜 크다. |
| 부사의 최상급:<br>우등 최상급 : le plus + 부사<br>열등 최상급 : le moins + 부사 | Il court *le plus* vite *de* sa classe.<br>그는 반에서 가장 빠르게 달린다.<br>Il court *le moins* vite *de* sa classe.<br>그는 반에서 가장 덜 빠르게 달린다. |
| 명사의 최상급 :<br>우등 최상급 : le plus de + 명사<br>열등 최상급 : le moins de + 명사 | Il a *le plus* de livres *de* sa classe.<br>그는 반에서 책을 가장 많이 가지고 있다.<br>Il a *le moins* de livres *de* sa classe.<br>그는 반에서 책을 가장 덜 가지고 있다. |

## Leçon 26. 비인칭구문 Il y a, Il n'y a pas

il y a의 비인칭 구문에서 il은 비인칭 주어이며 항상 단수로 사용된다.

① il y a + 명사
: 위치를 나타낼 때 사용한다.

| | |
|---|---|
| *Il y a* une photo sur la table. | 테이블 위에 사진이 있다. |
| *Il y a* beaucoup de livres dans la bibliothèque. | 도서관 안에 많은 책들이 있다. |
| *Il y a* des arbres dans la rue. | 거리에는 나무들이 있다. |
| *Il y a* une librairie derriére le cinéma. | 극장 뒤에 서점이 하나 있다. |
| *Il y a* des animaux en Afrique. | 아프리카에는 동물들이 있다. |
| *Il y a* des sphinx en Égypte. | 이집트에는 스핑크스가 있다. |
| *Il y a* la tour Eiffel à Paris. | 파리에는 에펠탑이 있다. |
| *Il y a* quelqu'un? | 누구 안 계세요? |
| Qu'est-ce qu'*il y a*? | 무슨 일이세요? |
| Qu'est-ce qu'*il y a* sur le bureau? | 책상 위에 무엇이 있나요? |

② 날씨를 표현할 때 사용된다.

| | |
|---|---|
| *Il y a* du soleil. | 해가 난다. |
| *Il y a* du brouillard. | 안개가 낀다. |
| *Il y a* du vent. | 바람이 분다. |
| *Il y a* des nuages. | 구름이 끼었다. |

③ il n'y a pas (de)
: il y a의 부정문에서 부정관사와 부분관사는 de로 변한다.

*Il n'y a pas de* télévision dans ma chambre. 내 방에는 TV가 없다.

*Il n'y a pas de* livres sur la table. 테이블 위에 책이 없다.

*Il n'y a plus de* vin. 포도주는 이제 더 없다.

*Il n'y a personne* dans la classe. 교실에 아무도 없다.

*Il n'y a rien* dans mon sac. 내 가방 안에 아무것도 없다.

④ il y a + 시간 표현 : ~전에

Le film a commencé *il y a* vingt minutes. 영화는 20분 전에 시작했다.

Je suis arrivé à la gare *il y a* dix minutes. 난 10분 전에 역에 도착했다.

Ils se sont mariés il y a deux ans. 그들은 2년 전에 결혼했다.

## Exercices

### 1. 다음 물음에 답하시오.

(1) Est-ce qu'il y a un téléphone portable sur la table? → Non,

(2) Est-ce qu'il y a un tableau sur le mur? → Oui,

(3) Est-ce qu'il y a des étudiants dans la classe? → Non,

(4) Est-ce qu'il y a des vêtements dans l'armoire? → Oui,

(5) Est-ce qu'il y a une plante dans ta chambre? → Non,

### 2. 다음 예문처럼 문장을 쓰시오

| chambre • ·············· • lit : Il y a un lit dans la chambre. |
|---|

| | | |
|---|---|---|
| (1) bibliothèque | • | • habitants |
| (2) ville | • | • fleurs |
| (3) magasin | • | • pains |
| (4) jardin | • | • livres |
| (5) boulangerie | • | • clients |

### 3. 다음 주어진 단어를 가지고 il y a를 사용하여 문장을 만드시오.

(1) Arc de triomphe/ Paris

(2) girafes/ Afrique

(3) pyramides/ Égypte

(4) koalas/ Australie

(5) Colosée/ Rome

## 프랑스 문화 알아보기

### ▶ 국립현대미술관(le Musée national d'Art Moderne)

파리의 퐁피두 센터

(출처 : 야후 프랑스, Wikipédia)

1947년에 개관한 국립현대미술관은 파리의 조르주 퐁피두 국립예술문화센터(le Centre national d'art et de culture Georges-Pompidou)의 4층과 5층에 있으며 루브르 박물관, 오르세 미술관과 더불어 프랑스의 3대 국립박물관이다. 루브르 박물관은 고대부터 르네상스 시대의 작품들을 전시하고, 오르세 미술관은 19세기 인상주의 작품들을 전시하고 있으며, 국립현대미술관은 19세기 후반 이후의 현대 미술을 전시하고 있다.

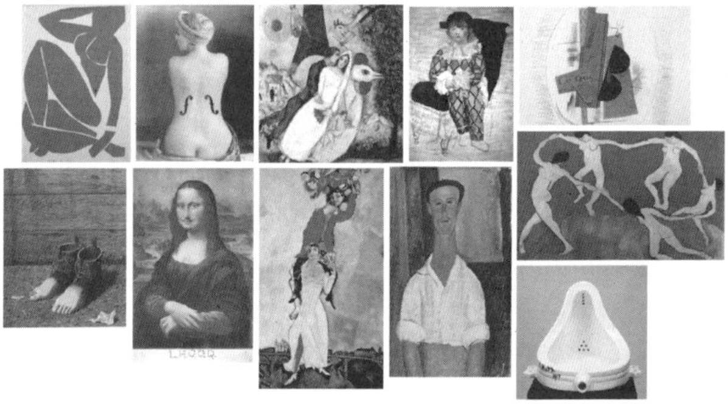

국립현대미술관의 소장품은 4층과 5층에 분류되어 소장되어 있다. 5층에는 마티스, 피카소, 칸딘스키, 레제, 미로, 자코메티 등의 다다이즘, 야수파, 입체파, 표현주의, 초현실주의, 추상주의 등 1905~1960년까지의 '근대 컬렉션'이 전시되어 있으며, 4층에는 1960년대 이후의 '현대 컬렉션', 즉 장 팅겔리, 앤디 워홀, 세자르, 바자젤리 등 컴템포러리 아트 대가들의 작품들 전시되어 있다.

# Leçon 27. 근접미래(Le futur proche)와 근접과거(Le passé récent)

## ▣ 근접미래

: 근접미래는 조금 후에 일어날 일을 표현할 때 사용하는 표현법이다.

### 1. 형태 : aller 동사의 현재형 + 동사원형

| | |
|---|---|
| je vais | nous allons |
| tu vas | vous allez |
| il/elle va | ils/elles vont |

Elle prend le train. → Elle *va prendre* le train.
그녀는 기차를 탄다. 그녀는 조금 후에 기차를 탈 것이다.
Ils partent pour Nice. → Ils *vont partir* pour Nice.
그들은 니스로 떠난다. 그들은 조금 후에 니스로 떠날 것이다.
Le concert commence. → Le concert *va commencer.*
음악회가 시작된다. 음악회가 곧 시작될 것이다.

### 2. 용법

① 근접미래는 가까운 미래를 나타낼 때 사용하는 표현법으로, '머지 않아 ~할 것이다', '곧 ~할 것이다'라는 의미이다.

Il est 9 heures moins cinq. Le cours *va commencer.*
9시 5분 전이다. 강의가 곧 시작될 것이다.
J'ai mal à la gorge, et je *vais voir* un médecin.
나는 목이 아파서 조금 후에 의사를 만날 것이다.
Je suis en retard, et je *vais rater* le train. 나는 늦었다. 기차를 놓치겠다.
Il fait moins dix degrés. Je *vais mettre* mon manteau. 영하 10도이다. 난 외투를 입을 것이다.

*Cf.* être sur le point de + 동사원형 : 이제 막 ~하려던 참이다.

L'avion *va* atterir. 비행기가 조금 후에 착륙할 것이다.
L'avion *est sur le point d'*atterir. 비행기가 이제 막 착륙하려 한다.

Le cinéma *va* commencer. 영화가 조금 후에 시작할 것이다.
Le cinéma *est sur le point de* commencer. 영화가 이제 막 시작하려 한다.

② 대명동사의 근접미래 표현 : 대명사 앞에 조동사가 위치한다.

Je suis fatigué et je *vais me coucher* tôt. 나는 피곤해서 일찍 잠자리에 들 것이다.
Nous *allons nous promener* après le dîner. 우리는 저녁 식사 후에 산책을 할 것이다.

③ il y a의 비인칭 구문에서의 근접미래 표현 : 근접미래의 조동사가 비인칭주어 il과 대명사 y 사이에 위치한다.

D'après le météo, il *va* y avoir une averse demain. 일기예보에 따르면 내일 소나기가 올 것이다.
Il *va* y avoir du soleil cet après-midi. 오늘 오후에는 해가 날 것이다.

④ 근접미래의 부정형 : ne ~ pas는 조동사의 앞과 뒤에 위치한다.

Elle *ne* va *pas* sortir. 그녀는 외출하지 않을 것이다.
Je *ne* vais *pas* rentrer tard. 나는 늦게 돌아오지 않을 것이다.

Tu vas voir tes amis? 너는 친구들을 만날 거니?
→ Non, je *ne* vais *pas* voir mes amis. 아니, 난 친구들을 만나지 않을 거야.
→ Non, je *ne* vais voir *personne*. 아니, 난 아무도 만나지 않을 거야.
(ne~ personne는 조동사와 본동사의 앞과 뒤에 위치한다.)

⑤ 근접미래 문장에서 부사의 위치 : 분량이나 정도를 나타내는 부사의 경우는 본동사 앞에 위치하고, 시간이나 장소를 나타내는 부사와 부사형 어미 –ment이 붙은 부사 경우는 본동사 뒤에 위치한다.

| | |
|---|---|
| Il va *bien* travailler. | 그는 일을 잘 할 것이다. |
| Tu va rentrer *tôt* ce soir? | 너는 오늘 저녁 일찍 들어올거니? |
| Elle va agir *sagement*. | 그녀는 현명하게 행동할 것이다. |

## ▣ 근접과거

: 근접과거는 가까운 과거, 즉 얼마 전에 일어난 일을 표현할 때 사용하는 표현법이다.

### 1. 형태 : venir 동사의 현재형 + de + 동사원형

| | |
|---|---|
| je viens | nous venons |
| tu viens | vous venez |
| il/elle vient | ils/elles viennent |

| | |
|---|---|
| J'arrive à Rome.<br>난 로마에 도착한다. | → Je *viens d'arriver* à Rome.<br>난 조금 전에 로마에 도착했다. |
| Il finit son travail.<br>그는 일을 끝마친다. | → Il *vient de finir* son travail.<br>그는 조금 전에 일을 끝마쳤다. |
| Le cinéma commence.<br>영화가 시작한다. | → Le cinéma *vient de commencer.*<br>영화가 조금 전에 시작했다. |

### 2. 용법

① 최근에 일어난 일을 나타낼 때 사용하는 표현법으로, '조금 전에 ~했다', '얼마 전에 ~했다' 라는 의미이다.

Ce matin, elle *vient de rencontrer* son vieil ami. 오늘 아침에 그녀는 옛 친구를 우연히 만났다.
Ils *viennent de partir* en France. 그들은 조금 전에 프랑스로 떠났다.
Il *vient de pleuvoir.* 조금 전에 비가 왔다.

# 근접과거의 표현을 강조하고 싶을 경우 juste를 사용해도 좋다.

Le train vient <u>juste</u> de partir. 기차는 바로 조금 전에 출발했다.
Le match vient <u>juste</u> de commencer. 경기는 바로 조금 전에 시작했다.
Il vient <u>juste</u> d'arriver. 그는 바로 조금 전에 도착했다.
Elle vient <u>juste</u> de sortir. 그녀는 바로 조금 전에 외출했다.

# 근접과거에서 정확한 시간 표현은 사용하지 않는다.

Il vient de partir il y a dix minutes. 그는 10분 전에 출발했다. (x)
→ Il vient de partir. 그는 조금 전에 출발했다. (o)

② 근접과거의 부정형 : ne ~ pas는 조동사의 앞과 뒤에 위치한다.

Tu viens de voir tes amis? 너는 조금 전에 친구들을 만났니?
→ Non, je *ne* viens *pas* de voir mes amis. 아니, 난 조금 전에 친구들을 만나지 않았어.
→ Non, je *ne* viens de voir *personne.* 아니, 난 조금 전에 아무도 만나지 않았어.
(ne~ personne의 경우는 조동사와 본동사의 앞과 뒤에 위치한다.)

③ 대명동사의 근접과거형 : 대명사 앞에 조동사가 위치한다.

Je *viens de me lever.* 나는 조금 전에 일어났다.
Nous *venons de nous promener.* 우리는 저녁 식사 후에 산책을 했다.

④ il y a의 비인칭 구문에서의 근접과거 표현 : 비인칭주어 il과 대명사 y 사이에 조동사가 위치한다.

Il *vient d'y avoir* du brouillard hier. 어제는 안개가 끼었다.

Il *vient d'y avoir* une averse. 조금 전에 소나기가 왔다.

⑤ 근접과거 문장에서 부사의 위치 : 분량이나 정도를 나타내는 부사의 경우는 본동사 앞에 위치하고, 시간이나 장소를 나타내는 부사와 부사형 어미 -ment가 붙은 부사 경우는 본동사 뒤에 위치한다.

Nous venons de *bien* manger dans un restaurant trois étoiles.

우리는 조금 전에 별 3개짜리 레스토랑에서 잘 먹었다.

Ils viennent de dîner *dehors*. 그들은 조금 전에 밖에서 저녁 식사를 했다.

## Exercices

### 1. 다음 문장을 근접미래형으로 변화시키시오.

(1) Nous déjeunons à midi.

(2) Je pars pour la France.

(3) Ils arrivent à la gare.

### 2. 다음 문장을 근접과거형으로 변화시키시오.

(1) J'achète des livres.

(2) Nous jouons de la guitare.

(3) Elle voit un cinéma.

### 3. 다음 물음에 괄호 안의 동사를 사용하여 근접미래 문장으로 만드시오.

(1) Elle fait sa valise. (voyager)

(2) J'entre dans un restaurant. (manger)

(3) Tu as soif. (boire de l'eau)

(4) Nous allons au cinéma. (voir un film)

(5) Le ciel est gris. (pleuvoir)

### 4. 다음 물음에 괄호 안의 동사를 사용하여 근접과거 문장으로 만드시오.

(1) Tu as mal encore à la tête? → Non, je ________________(prendre) une aspirine.

(2) Elle est fatiguée? → Non, elle ________________(se reposer).

(3) Vous avez faim? → Non, nous ________________(manger) le dîner.

(4) Il est occupé? → Non, il ________________(terminer) son travail.

(5) Vous connaissez ce film? → Oui, je ________________(déjà voir) ce film.

## Leçon 28. 직설법 복합과거(Le passé composé de l'indicatif) (1)

프랑스어의 과거 시제는 의미와 용도에 따라 여러 종류가 있는데, 직설법 복합과거는 일반적으로 구어체에서 자주 사용되는 과거 시제이다. 조동사로는 avoir 혹은 être가 사용된다. avoir 동사를 조동사로 사용하는 동사로는 타동사, 대부분의 자동사가 있으며 être 동사를 조동사로 사용하는 동사로는 일부 자동사, 즉 왕래발착동사, 그리고 대명동사가 있다. (29, 30과 참고)

### 1. 형태 : 조동사 avoir의 현재형 + 과거분사

| | aimer | |
|---|---|---|
| | 긍정형 | 부정형 |
| je(j') | ai aimé | n'ai pas aimé |
| tu | as aimé | n'as pas aimé |
| il | a aimé | n'a pas aimé |
| elle | a aimé | n'a pas aimé |
| nous | avons aimé | n'avons pas aimé |
| vous | avez aimé | n'avez pas aimé |
| ils | ont aimé | n'ont pas aimé |
| elles | ont aimé | n'ont pas aimé |

① 모든 타동사, 대부분의 자동사는 복합시제에서 avoir 동사를 조동사로 사용한다.

J'aime 나는 좋아한다. → J'*ai* aimé 나는 좋아했다.
Elle parle 그녀는 말한다. → Elle *a* parlé 그녀는 말했다.

② 과거분사의 형태 : 과거분사는 동사의 종류에 따라 만드는 방법이 다양한데 1군・2군 규칙동사는 원칙대로 만들지만 3군 불규칙동사는 동사마다 다양하다.

| | |
|---|---|
| 1군 규칙동사 | 어미의 –er → –é : aimer → aimé, regarder → regardé |
| 2군 규칙동사 | 어미의 –ir → –i : finir → fini, choisir → choisi |

| | | | |
|---|---|---|---|
| | avoir → eu | être → été | promettre → promis |
| | battre → battu | faire → fait | recevoir → reçu |
| | boire → bu | falloir → fallu | rendre → rendu |
| | comprendre → compris | lire → lu | répondre → répondu |
| | conduire → conduit | mettre → mis | rire → ri |
| | connaître → connu | offrir → offert | savoir → su |
| 3군 불규칙동사 | croire → cru | ouvrir → ouvert | servir → servi |
| | découvrir → découvert | peindre → peint | suivre → suivi |
| | devenir → devenu | perdre → perdu | tenir → tenu |
| | devoir → dû | permettre → permis | valoir → valu |
| | dire → dit | pleuvoir → plu | vendre → vendu |
| | dormir → dormi | pouvoir → pu | vivre → vécu |
| | écrire → écrit | prendre → pris | voir → vu |
| | entendre → entendu | produire → produit | vouloir → voulu |

③ 타동사의 복합과거문장에서 직접목적어가 동사보다 선행할 경우 과거분사는 직접목적보어의 성·수에 일치한다.

Quels <u>livres</u> as-tu lu<u>*s*</u> ? 너는 어떤 책들을 읽었니?
(lire 동사의 직접목적어는 livres[남성복수형])

Quelles <u>fleurs</u> avez-vous acheté<u>*es*</u> ? 당신은 어떤 꽃들을 샀습니까?
(acheter 동사의 직접목적어는 fleurs[여성복수형])

## 2. 용법

① 현재시점에서 완료된 과거 사실을 나타낸다.

Elle *a bu* de l'eau. 그녀는 물을 마셨다.

J'*ai pris* le métro. 나는 지하철을 탔다.

Il *a mis* sa portefeuille dans la poche. 그는 지갑을 주머니에 넣었다.
Vous *avez lu* un roman. 당신은 소설책을 읽었다.
J'*ai compris* ce que vous avez dit. 나는 당신이 말한 것을 이해했다.
Ce spectacle ne m'*a* pas *intéressé*. 그 공연은 내게는 흥미롭지 못했다.
Ce film *a reçu* la palme d'or à Cannes. 그 영화는 칸에서 황금종려상을 받았다.

② 과거의 연속된 동작을 나타낸다.

Nous *avons dîné*, et nous *avons bavardé*. 우리는 저녁을 먹었고 수다를 떨었다.
Il *a acheté* le journal, et il *a pris* le métro. 그는 신문을 샀고 지하철을 탔다.

③ 과거의 경험을 나타낸다.

Il *a* longtemps *travaillé* à la banque. 그는 은행에서 오랫동안 일했다.
J'*ai vécu* en Allemagne pendant deux ans. 나는 2년간 독일에 살았다.

## Exercices

### 1. 다음 제시된 단어들을 사용하여 복합과거 문장을 완성하시오.

(1) Isabelle/ attendre/ le R.E.R. :

(2) Danielle/ mettre/ un pull :

(3) Arthur/ retirer/ de l'argent :

### 2. 다음 물음에 부정으로 답하시오.

(1) Tu as lu ce roman?

(2) Elle a visité le musée du Louvre?

(3) Le cours a déjà commencé?

### 3. 다음 문장을 보기처럼 바꾸시오.

> En général, elle déjeune au restaurant, mais aujourd'hui, <u>elle a déjeuné chez elle.</u>
> (aujourd'hui, chez elle)

(1) D'habitude, je travaille quatre jours par semaine, mais ______________________. (cette semaine, cinq jours)

(2) En général, elle prend le bus à 8 heures du matin, mais ______________________. (aujourd'hui, à 9 heures)

(3) Tous les soirs, il écoute la radio, mais, ______________________. (ce soir, regarder la TV)

(4) D'habitude, elle mange un sandwich, mais ______________________. (aujourd'hui, des spaghettis)

(5) Chaque été, nous passons nos vacances en Italie, mais ______________________. (cet été, en France)

# Leçon 29. 직설법 복합과거(Le passé composé de l'indicatif) (2)

왕래발착동사의 복합과거: 복합과거 시제에서 자동사 중 일부 자동사, 즉 장소의 이동이나 상태의 변화를 나타내는 왕래발착 동사를 과거시제로 만들 때 조동사는 être를 사용한다.

## 1. 형태 : 조동사 être의 현재형 + 과거분사

| | aller | | | |
|---|---|---|---|---|
| | 긍정형 | | 부정형 | |
| je(j') | suis | allé(e) | ne suis pas | allé(e) |
| tu | es | allé(e) | n'es pas | allé(e) |
| il | est | allé | n'est pas | allé |
| elle | est | allée | n'est pas | allée |
| nous | sommes | allé(e)s | ne sommes pas | allé(e)s |
| vous | êtes | allé(e)(s)(es) | n'êtes pas | allé(e)(s)(es) |
| ils | sont | allés | ne sont pas | allés |
| elles | sont | allées | ne sont pas | allées |

## 2. 용법

① 왕래발착동사란 장소의 이동이나 상태의 변화를 나타내는 동사를 말한다. 왕래발착 동사의 복합 시제에서 조동사는 항상 être가 사용된다.

| | | | | | |
|---|---|---|---|---|---|
| aller | 가다 | monter | 올라가다 | rester | 머무르다 |
| arriver | 도착하다 | mourir | 죽다 | retourner | 돌아오다 |
| décéder | 죽다 | naître | 태어나다 | revenir | 돌아오다 |
| descendre | 내려가다 | partir | 출발하다 | sortir | 나가다 |
| devenir | ~이 되다 | passer | 지나가다 | tomber | 떨어지다 |
| entrer | 들어가다 | rentrer | 돌아오다 | venir | 오다 |

Il sort. 그는 외출한다. → Il *est* sorti. 그는 외출했다.
Il va. 그는 간다. → Il *est* allé. 그는 갔다.

이때 과거분사는 반드시 주어의 성 · 수에 일치시킨다.

Il est allé. 그는 갔다. Elle est allé*e*. 그녀는 갔다.
Ils sont allé*s*. 그들은 갔다. Elles sont allé*es*. 그녀들은 갔다.

\# 장소의 이동이나 상태의 변화를 나타내는 동사 중에서 changer (변화하다), commencer (시작하다), courir (달리다), être(~이다, 있다), marcher (걷다), suivre (따르다) 등은 조동사로 être가 아니라 avoir를 사용한다.

Elle *a été* en retard. 그녀는 늦었다.
J'*ai couru* pendant une demi-heure. 나는 30분 동안 달렸다.
Nous *avaons marché* côte à côte. 우리는 나란히 걸었다.

② 왕래발착 동사의 과거분사 형태

| | | |
|---|---|---|
| aller → allé | monter → monté | rester → resté |
| arriver → arrivé | mourir → mort | revenir → revenu |
| décéder → décédé | naître → né | sortir → sorti |
| descendre → descendu | partir → parti | tomber → tombé |
| devenir → devenu | passer → passé | venir → venu |
| entrer → entré | rentrer → rentré | |

Elles *sont parties* en voyage hier. 그녀들은 어제 여행을 떠났다.
Il *est rentré* après le dîner. 그는 저녁 식사 후에 돌아왔다.
Ils *sont allés* au supermarché. 그들은 슈퍼마켓에 갔다.
Elle *est devenue* avocate. 그녀는 의사가 되었다.

③ 동사 중에는 자동사와 타동사로 동시에 사용되는 동사들이 있는데, 이 경우 타동사로 사용될 때는 avoir 동사를 조동사로 취하고 자동사로 사용될 때는 être 동사를 조동사로 취한다.

| | |
|---|---|
| Elles *sont passées* devant le café. | 그녀들은 카페 앞으로 지나갔다. (자동사) |
| Elles *ont passé* de bonnes vacances en Italie. | 그녀들은 이탈리아에서 멋진 휴가를 보냈다. (타동사) |
| Elle *est sortie*. | 그녀는 외출했다. (자동사) |
| Elle *a sorti* son billet de son sac. | 그녀는 가방에서 티켓을 꺼냈다. (타동사) |
| Ils *sont descendus* de l'avion. | 그들은 비행기에서 내렸다. (자동사) |
| Ils *ont descendu* l'escalier. | 그들은 계단을 내려갔다. (타동사) |
| Elle *est montée* dans le train. | 그녀는 기차에 올라탔다. (자동사) |
| Elle *a monté* l'escalier. | 그녀는 계단을 올라갔다. (타동사) |

④ 복합과거의 부정문과 의문문 : 부정문은 조동사의 앞과 뒤에 ne ~ pas가 위치한다. 의문문은 도치문의 경우 조동사와 주어가 되치되고 과거분사는 주어 뒤에 위치한다.

| | |
|---|---|
| Il *n'*a *pas* invité ses amis. | 그는 친구들을 초대하지 않았다. |
| Nous *ne* sommes *pas* arrivés en retard. | 우리는 늦게 도착하지 않았다. |
| Est-ce que tu *as dîné* dehors? | 너는 밖에서 저녁식사했니? |
| *Est-elle arrivée* à l'heure? | 그녀는 제 시간에 도착했어요? |
| *A-t-il* déjà *vu* ce film? | 그는 그 영화를 이미 보았아요? |
| *Avez-vous* bien *dormi*? | 당신은 잘 잤어요? |

(부사의 위치는 분량・정도・양태를 나타내는 부사는 과거분사 앞에, 시간・장소를 나타내는 부사는 과거분사 뒤에 위치한다. 부사는 Leçon 53 참고)

## Exercices

### 1. 다음 문장을 복합과거 문장으로 바꾸시오

(1) Elle reste chez elle.

(2) Elles montent dans l'autobus.

(3) Ils entrent dans un café.

### 2. 다음 제시된 단어들을 사용하여 복합과거 문장을 완성하시오.

(1) Elle/ passer/ devant l'église :

(2) Marie et ses amies/ aller/ au musée d'Orsay :

(3) L'avion/ arriver/ à l'aéroport :

### 3. 다음 물음에 답하시오.

(1) Elle est rentrée avant quatre heures? → Oui,

(2) Madame, vous êtes restée chez vous? → Oui,

(3) Ils sont déjà partis? → Oui,

(4) Tu as été en retard? → Non,

(5) Vous êtes allés à la campagne? → Non,

### 4. 다음 문장을 채우시오.

(1) Ce matin, elle arrive à l'heure, mais hier matin, elle ________ en retard.

(2) En général, elle va à l'école en métro, mais hier elle ________ à pied.

(3) Le samedi, nous allons au parc, mais samedi dernier, nous ________ au cinéma.

(4) Aujourd'hui, elle revient à la maison tôt, mais hier, elle ________ tard.

(5) Cet après-midi, je sors à deux heures, mais hier après-midi, je ________ à quatre heures.

# Leçon 30. 직설법 복합과거(Le passé composé de l'indicatif) (3)

대명동사의 복합과거 : 대명동사의 복합시제에서 조동사는 항상 être가 사용된다. 대명동사의 보어가 동사의 직접목적보어일 경우에만 과거분사를 주어의 성·수에 일치시킨다.

## 1. 형태

| se lever | | | |
|---|---|---|---|
| 긍정형 | | 부정형 | |
| je me suis | levé(e) | je ne me suis pas | levé(e) |
| tu t'es | levé(e) | tu ne t'es pas | levé(e) |
| il s'est | levé | il ne s'est pas | levé |
| elle s'est | levée | elle ne s'est pas | levée |
| nous nous sommes | levé(e)s | nous ne nous sommes pas | levé(e)s |
| vous vous êtes | levé(e)(s) | vous ne vous êtes pas | levé(e)(s) |
| ils se sont | levés | ils ne se sont pas | levés |
| elles se sont | levées | elles ne se sont pas | levées |

Je me *suis* réveillé tôt. 나는 일찍 잠에서 깼다.

Nous nous *sommes* mariés il y a trois ans. 우리는 3년 전에 결혼했다.

Mes enfants se *sont* ennuyés au cinéma. 내 아이들은 영화를 지루해했다.

Ils se *sont* assis sur le banc. 그들은 벤치 위에 앉았다.

## 2. 용법

① 대명동사의 복합과거시제에서 보어(se)가 동사의 직접목적보어이면 과거분사는 주어의 성·수에 일치되고 보어가 간접목적보어이면 과거분사는 주어의 성·수에 일치되지 않는다.

Elle s'est regardé<u>e</u> dans la glace. 그녀는 거울을 보았다. (se는 직접보어)

Elles se sont regardé<u>es</u>. 그녀들은 서로 바라보았다. (se는 직접보어)

Elle s'est endormi*e*. 그녀는 잠들었다. (se는 직접보어)
Elle s'est lavé*e*. 그녀는 씻었다. (se는 직접보어)
Ils se sont serré les mains. 그들은 악수를 했다. (se는 간접보어, les mains은 직접보어)
Elle s'est lavé les mains. 그녀는 손을 씻었다. (se는 간접보어, les mains은 직접보어)
Elle s'est cassé la jambe. 그녀는 다리가 부러졌다. (se는 간접보어, la jambe는 직접보어)
Elle s'est coupé le doigt. 그녀는 손가락을 베었다. (se는 간접보어, le doigt는 직접보어)

② 수동적 대명동사와 본질적 대명동사의 경우 보어(se)는 직접목적보어로 취급되어 과거분사는 주어의 성・수에 일치된다.

La fenêtre s'est cassé*e*. 창문이 깨졌다.
Elle s'est moqué*e* de moi. 그녀가 나를 비웃었다.

③ 부정문에서 ne ~ pas는 보어와 조동사의 앞과 뒤에 위치한다. 의문문에서 도치문의 경우 보어・조동사와 주어가 되치되고 과거분사는 주어 뒤에 위치한다.

Il *ne* s'est *pas* intéressé à la musique. 그는 음악에는 흥미가 없었다.
Quand *s'est-elle couchée*? 그녀는 언제 잠자리에 들었어요?

## Exercices

### 1. 다음 문장을 복합과거 문장으로 바꾸시오.

(1) Elle se douche.
(2) Ils se battent.
(3) Elle se dépêche pour arriver à l'heure.
(4) Il se souvient de son enfance heureuse.
(5) Jean et Marie se promènent au parc.

### 2. 다음 제시된 단어들을 사용하여 복합과거 문장을 완성하시오.

(1) Elle/ se laver/ le visage :
(2) Elle/ se casser/ le bras :
(3) Elle/ s'asseoir/ sur l'escalier :
(4) Elles/ s'ennuyer/ au film :
(5) Ils/ se serrer/ les mains :

### 3. 다음 문장을 채우시오.

(1) Le soir, je me couche tôt, mais hier soir je ___________ tard.
(2) Tous les soirs, le bébé s'endormi tard, mais ce soir il _________ tôt.
(3) D'habitude, il se lève à six heures, mais aujourd'hui, il __________ à huit heures.
(4) En général, elle se réveille tard, mais ce matin, elle ____________ tôt.
(5) Tous les dimanches, nous nous promenons au parc, mais dimanche dernier, nous ____________ à la plage.

## 프랑스 문화 알아보기

### ▶ 베르사이유 궁전(le Château de Versailles)

(출처 : 야후 프랑스, Wikipédia)

베르사이유 거울의 방에서 열린 역사적인 사건들. (위) 1871년, 빌헬름 1세의 독일 황제 즉위식. (아래) 1차 세계대전 종전협약, 베르사이유 조약
(출처 : 야후 프랑스, Wikipédia)

파리의 서남쪽에 위치한 베르사이유 궁전은 프랑스인이 조상으로부터 물려받은 가장 자랑스런 유산 중 하나로, 1623년부터 1789년까지 167년간 프랑스의 왕들이 머물던 궁전문화의 정수라고 할 수 있다. 찬란했던 절대 왕권 절정기의 상징인 베르사이유 궁전을 건설한 루이 14세는 위대한 군주였다. 프랑스 역사상 최고의 왕권을 누렸던 태양왕 루이 14세는 사냥터였던 베르사유에 화려한 궁전을 짓고 방대한 정원을 조성하여 거처를 이곳으로 옮겼다. 1662년부터 1710년까지 50년에 걸친 대공사 끝에 탄생한 베르사유 궁전은 그 규모가 매우 웅장하며 화려함의 극치를 보여준 당대 최고의 작품이었다. 하지만 프랑스 대혁명 이후 1792년 왕정이 끝나고 공화정이 선포됨으로써 화려했던 베르사이유의 영광도 끝이 나고 베르사이유는 박물관으로 바뀌게 되었다.

궁전 내에서 화려함의 절정을 이루는 곳은 특히 거울의 방으로, 역사적인 주요 행사들이 개최되었다. 1871년 보불전쟁에서 승리한 프로이센이 통일 독일의 출범을 선언했던 곳인 동시에, 1919년 1차 세계대전 승전국인 프랑스를 비롯한 연합군이 독일에 굴욕적인 패전 배상금을 지불하게 한 베르사유조약이 체결된 곳이기도 하다.

베르사유 궁전을 더욱 눈부시게 하는 것은 바로 기하학적인 아름다움을 보여주는 프랑스식 정원이다. 루이 14세는 궁전의 화단에 꽃이 만발한 모습을 보기 위해 15만 그루의 식물을 심었다고 한다. 아름답고 화려한 궁전들과 잘 조성된 베르사유 정원에 있는 조각상과 분수들, 큰 운하는 화려했던 그 시대를 대변해주고 있다.

## Résumé et plus-savoir (Leçon 26 ~ Leçon 30)

### ▣ Il y a. Il n'y a pas (de)

| | | |
|---|---|---|
| Il y a | *Il y a* des fleurs sur la table.<br>*Il y a* du soleil. | 테이블 위에 꽃들이 있다.<br>해가 난다. |
| Il n'y a pas (de) | *Il n'y a* pas de portable.<br>*Il n'y a plus de* vin.<br>*Il n'y a personne* dans la classe. | 핸드폰이 없다.<br>포도주가 더이상 없다.<br>교실 안에는 아무도 없다. |

### ▣ 근접미래/ 근접과거

| | | |
|---|---|---|
| aller 동사 현재형 + 동사원형 | Je *vais faire* du jogging. | 나는 조금 후에 조깅할 것이다. |
| venir 동사 현재형 + de + 동사원형 | Je *viens de faire* du jogging. | 나는 조금 전에 조깅했다. |

### ▣ 직설법 복합과거

조동사 avoir 혹은 être의 현재형 + 과거분사
┌ avoir를 조동사로 취하는 동사 : 모든 타동사, 대부분의 자동사
└ être를 조동사로 취하는 동사 : 일부 자동사(왕래발착 동사)/ 대명동사

| | | | |
|---|---|---|---|
| **제1군 규칙동사의 과거분사** | 어미의 -er → -é (aimer → aimé) | | |
| **제2군 규칙동사의 과거분사** | 어미의 -ir → -i (finir → fini) | | |
| **제3군 불규칙동사의 과거분사** | aller → allé<br>apprendre → appris<br>asseoir → assis<br>attendre → attendu<br>avoir → eu<br>battre → battu<br>boire → bu<br>comprendre → compris<br>conduire → conduit<br>connaître → connu<br>construire → construit | craindre → craint<br>croire → cru<br>découvrir → découvert<br>descendre → descendu<br>détruire → détruit<br>devenir → devenu<br>devoir → dû<br>dire → dit<br>disparaître → disparu<br>dormir → dormi<br>écrire → écrit | élire → élu<br>entendre → entendu<br>être → été<br>faire → fait<br>falloir → fallu<br>interdire → interdit<br>lire → lu<br>mentir → menti<br>mettre → mis<br>mourir → mort<br>naître → né |

| | | | |
|---|---|---|---|
| | offrir → offert<br>ouvrir → ouvert<br>paraître → paru<br>partir → parti<br>peindre → peint<br>perdre → perdu<br>permettre → permis<br>pleuvoir → plu<br>pouvoir → pu | prendre → pris<br>produire → produit<br>promettre → promis<br>recevoir → reçu<br>reconnaître → reconnu<br>rendre → rendu<br>répondre → répondu<br>revoir → revu<br>rire → ri | savoir → su<br>sortir → sorti<br>tenir → tenu<br>traduire → traduit<br>vendre → vendu<br>venir → venu<br>vivre → vécu<br>voir → vu<br>vouloir → voulu |

| | 긍정 | | 부정 | |
|---|---|---|---|---|
| aimer | j'ai | aimé | je n'ai pas | aimé |
| | tu as | aimé | tu n'as pas | aimé |
| | il a | aimé | il n'a pas | aimé |
| | elle a | aimé | elle n'a pas | aimé |
| | nous avons | aimé | nous n'avons pas | aimé |
| | vous avez | aimé | vous n'avez pas | aimé |
| | ils sont | aimé | ils n'ont pas | aimé |
| | elle sont | aimé | elles n'ont pas | aimé |
| aller | je suis | allé(e) | je ne suis pas | allé(e) |
| | tu es | allé(e) | tu n'es pas | allé(e) |
| | il est | allé | il n'est pas | allé |
| | elle est | allée | elle n'est pas | allée |
| | nous sommes | allé(e)s | nous ne sommes pas | allé(e)s |
| | vous êtes | allé(e)(s)(es) | vous n'êtes pas | allé(e)(s)(es) |
| | ils sont | allés | ils ne sont pas | allés |
| | elles sont | allées | elles ne sont pas | allées |
| se lever | je me suis | levé(e) | je ne me suis pas | levé(e) |
| | tu t'es | levé(e) | tu ne t'es pas | levé(e) |
| | il s'est | levé | il ne s'est pas | levé |
| | elle s'est | levée | elle ne s'est pas | levée |
| | nous nous sommes | levé(e)s | nous ne nous sommes pas | levé(e)s |
| | vous vous êtes | levé(e)(s) | vous ne vous êtes pas | levé(e)(s) |
| | ils se sont | levés | ils ne se sont pas | levés |
| | elles se sont | levées | elles ne se sont pas | levées |

## Leçon 31. 직설법 반과거(L'imparfait de l'indicatif), 직설법 대과거(Le plus-que-parfait de l'indicatif)

복합과거가 과거에 완료된 일회적인 행위나 단순한 사건을 나타낼 때 사용되는 데 비해, 반과거는 과거의 지속된 상태, 혹은 과거의 반복되는 습관 등을 나타낼 때 사용된다. 그리고 대과거는 반과거나 복합과거보다 앞서 일어난 행위나 사건을 나타낼 때 사용된다.

### ▣ 반과거

#### 1. 형태

① 어간 : 직설법 현재 1인칭 복수형에서 -ons를 뺀 부분

avoir → av- (nous avons)
marcher → march- (nous marchons)
finir → finiss- (nous finissons)
aller → all- (nous allons)
boire → buv- (nous buvons)
commencer → commenç- (nous commençons)
croire → croy- (nous croyons)

devoir → dev- (nous devons)
écrire → écriv- (nous écrivons)
faire → fais- (nous faisons)
manger → mange- (nous mangeons)
répondre → répond- (nous répondent)
voir → voy- (nous voyons)

# 예외 : être → ét- (nous sommes)

② 어미

| | | | |
|---|---|---|---|
| je | -ais | nous | -ions |
| tu | -ais | vous | -iez |
| il/ elle | -ait | ils/elles | -aient |

| | marcher | finir | faire | avoir | être |
|---|---|---|---|---|---|
| je(j') | march*ais* | finiss*ais* | fais*ais* | av*ais* | ét*ais* |
| tu | march*ais* | finiss*ais* | fais*ais* | av*ais* | ét*ais* |
| il/elle | march*ait* | finiss*ait* | fais*ait* | av*ait* | ét*ait* |
| nous | march*ions* | finiss*ions* | fais*ions* | av*ions* | ét*ions* |
| vous | march*iez* | finiss*iez* | fais*iez* | av*iez* | ét*iez* |
| ils/elles | march*aient* | finiss*aient* | fais*aient* | av*aient* | ét*aient* |

## 2. 용법

① 반과거를 지칭하는 'imparfait'('불완전한'이라는 의미)라는 단어가 나타내듯이, 반과거는 과거의 어느 시점에 완전하게 끝나지 않은 사실을 묘사할 때 사용된다.

Ce matin, je *lisais* un roman. 오늘 아침 나는 소설을 읽고 있었다.
Hier, il *faisait* beau. 어제 날씨가 좋았다.
Il *était* environ trois heures. 3시쯤이었다.
Le théâtre *était* ennuyeux. 연극은 지루했다.
Quand j'*était* petit, j'*habitais* à la camapgne. 내가 어렸을 때 시골에 살았다.

② 과거의 습관을 나타낸다.

Jules et moi, nous *nous voyions* souvent à l'université. 쥘과 나는 대학에서 자주 만나곤 했다.
Quand elle *était* jeune, elle *allait* souvent à la piscine. 그녀는 젊었을 때 수영장에 자주 다녔다.

③ 과거의 동시성, 즉 과거의 순간적이거나 계속적인 행위와 동시에 일어난 계속적인 행위를 나타낸다.

Elle *lisait* pendant que tu *dormais*. 네가 자는 동안 그녀는 독서했다.

Il *se promenait* pendant que je *préparais* la cuisine. 내가 요리하는 동안 그는 산책했다.

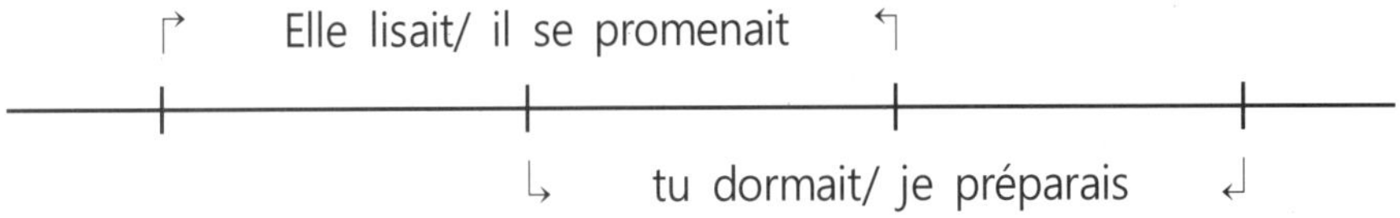


# Elle lisait/ il se promenait와 tu dormait/ je préparais는 모두 계속되는 동작이 과거에 함께 일어난 경우이므로 모두 반과거로 표시한다.

Quand je suis entré dans la chambre, elle *téléphonait*. 내가 방에 들어갔을 때 그녀는 전화하고 있었다.

On a frappé à la porte, quand il *dormait*. 그가 자고 있을 때 누군가 문을 노크했다.

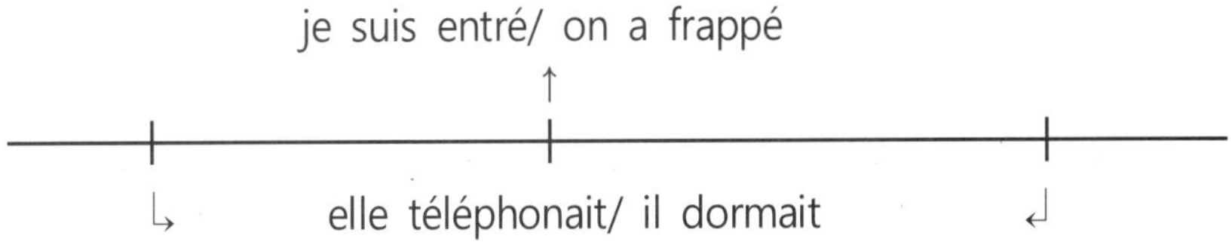


# je suis entré/ on a frappé는 과거의 순간적인 행위이므로 복합과거로 표시하고, elle téléphonait/ il dormait는 과거의 지속적인 행위이므로 반과거로 표시한다.

# longtemps, toujours가 사용된 과거시제 문장에서는 동사의 의미가 계속적인 행위를 나타낼지라도 반과거를 사용하지 않으며 대신 복합과거를 사용한다.

J'*ai* longtemps *travaillé* à la poste. 나는 오랫동안 우체국에서 일했다.

(Je travaillais longtemps à la poste라고 표현하지 않는다.)

J'*ai* *toujours* *aimé* le cinéma. 나는 항상 영화를 좋아했다.

(J'aimais toujours le cinéma라고 표현하지 않는다.)

④ 조건문에서 현재 사실에 반대되는 가정을 나타낼 때 si절에서 반과거를 사용하며, 이때 주절은 조건법 현재를 사용한다.

Si j'*avais* le temps, j'irais au cinéma. 시간이 있으면 극장에 갈 텐데.
(시간이 없어서 극장에 갈 수 없다)

S'il *faisait* beau maintenant, j'irais me promener. 지금 날씨가 좋다면 산책할 텐데.
(날씨가 좋지 않아서 산책할 수 없다)

⑤ 직접화법을 간접화법으로 바꿀 때, 주절의 동사가 과거시제일 경우 종속절의 현재시제는 반과거로 표시한다.

Elle m'a dit : "Je suis fatiguée." 그녀는 "나는 피곤해"라고 말했다.
→ Elle m'a dit qu'elle *était* fatiguée. 그녀는 피곤하다고 말했다.

Il m'a dit : "je déjeune." 그는 내게 "나는 점심 먹고 있어"라고 말했다.
→ Il m'a dit qu'il *déjeunait*. 그는 내게 점심을 먹고 있다고 말했다.

# 종속절의 동사가 근접미래일 경우 간접화법에서 조동사 aller는 반과거로 표시한다.

Elle m'a dit : "je vais aller au cinéma." 그녀는 내게 "나는 곧 극장에 갈 거야"라고 말했다.
→ Elle m'a dit qu'elle *allait* aller au cinéma. 그는 내게 곧 극장에 갈 거라고 말했다.

## ▣ 대과거

### 1. 형태 : 조동사 (avoir 혹은 être)의 반과거 + 과거분사

| | aimer | | aller | |
|---|---|---|---|---|
| | 긍정형 | 부정형 | 긍정형 | 부정형 |
| je(j') | avais aimé | n'avais pas aimé | étais allé(e) | n'étais pas allé(e) |
| tu | avais aimé | n'avais pas aimé | étais allé(e) | n'étais pas allé(e) |
| il | avait aimé | n'avait pas aimé | était allé | n'était pas allé |
| elle | avait aimé | n'avait pas aimé | était allée | n'était pas allée |
| nous | avions aimé | n'avions pas aimé | étions allé(e)s | n'étions pas allé(e)s |
| vous | aviez aimé | n'aviez pas aimé | étiez allé(e)(s)(es) | n'étiez pas allé(e)(s)(es) |
| ils | avaient aimé | n'avaient pas aimé | étaient allés | n'étaient pas allés |
| elles | avaient aimé | n'avaient pas aimé | étaient allées | n'étaient pas allées |

### 2. 용법

① 반과거 또는 복합과거보다 앞서 일어난 과거 사실을 표현한다.

Hier, j'ai revu mon ami que j'*avais vu* à Paris il y a trois ans.
어제 나는 3년 전에 파리에서 만났던 친구를 다시 만났다.

Après qu'elle *avait fait* son devoir, elle se promenait.
그녀는 숙제를 하고 나서 산책을 했다.

Quand nous sommes arrivés au cinéma, le film *avait* déjà *commencé*.
우리가 극장에 도착했을 때, 영화는 이미 시작했다.

# 반복된 행위를 나타낼 때, 앞서 일어난 행위는 대개 après que, quand, lorsque 등의 종속 접속사와 함께 대과거를 사용하고 주절의 반복된 행위는 반과거를 사용한다.

Quand elle *avait bu* le chocolat chaud, elle était de bonne humeur.

그녀는 핫초콜릿을 마시고 나면, 기분이 좋았다.

Pendant les vacances d'été, je me promenais après que j'*avais fini* mon dîner.

여름방학 동안 나는 저녁 식사를 한 후 산책을 했다.

② 직접화법을 간접화법으로 바꿀 때, 주절의 동사가 과거시제인 경우 종속절의 과거시제는 대과거로 표시한다.

Il m'a dit : "elle est partie." 그는 내게 "그녀가 떠났다"고 말했다.

→ Il m'a dit qu'elle *était partie*. 그는 내게 그녀가 떠났다고 말했다.

Elle m'a répondu : "j'ai averti mes parents." 그녀는 내게 "나는 부모님께 알렸다"고 대답했다.

→ Elle m'a répondu qu'elle *avait averti* ses parents. 그녀는 내게 자기 부모님께 알렸다고 대답했다.

③ 조건문에서 과거에 실현될 수 없었던 사실에 대한 가정을 나타낼 때 si절에서 대과거를 사용하며, 이때 주절은 조건법 과거를 사용한다.

S'il *avait fait* beau hier, nous aurions pu aller à la mer.

어제 날씨가 좋았더라면 우리는 바다에 갈 수 있었을 텐데. (날씨가 좋지 않았기에 바다에 갈 수 없었다.)

A ce moment-là, si je n'*avais* pas *été* malade, je vous aurais accompagné.

그때 내가 아프지 않았더라면 난 당신과 동행했을 텐데. (내가 건강하지 못했기에 동행할 수 없었다.)

# 과거 시제 비교

Quand il est arrivé, elle *a pris* du café. 그가 도착했을 때 그녀는 커피를 마셨다. (복합과거, 연속적 행위)

Quand il est arrivé, elle *avait* déjà *pris* du café. 그가 도착했을 때 그녀는 이미 커피를 마셨다. (대과거, 먼저 완료된 행위)

Quand il est arrivé, elle *prenait* du café. 그가 도착했을 때 그녀는 커피를 마시고 있었다. (반과거, 동시적 행위)

## Exercices

**1. 다음 문장의 동사들을 각각 복합과거와 반과거로 바꾸시오.**

(1) Quand elle _________(sortir) de la maison, il _________(faire) nuit.

(2) Quand tu _________(téléphoner), je _________(dormir).

(3) Quand vous _________(chercher) Jules, il _________(rester) à la campagne.

(4) Quand ils _________(dîner), il _________(pleuvoir).

(5) Quand je _________(entrer) dans la chambre, tu _________(ne pas être là).

**2. 다음 문장의 동사들을 각각 복합과거와 대과거로 바꾸시오.**

(1) Quand je _________(revenir) de l'école, la nuit _________(déjà tomber).

(2) Quand il _________(se lever), sa mère _________(préparer) le petit déjeuner.

(3) Après que je _________(lire) un magazine, je _________(se coucher).

(4) J'_________(perdre) mon portable que j'_________(acheter) hier.

(5) Quand elle _________(arriver) à la gare, l'autobus _________(déjà partir).

**3. 다음 문장을 간접화법으로 바꾸시오.**

(1) Il a dit : "Elle va revenir".

(2) Ils ont dit : "Nous écoutons la musique".

(3) Il a dit : "elle est déjà arrivée."

(4) Elle a dit : "J'ai mangé un sandwich".

(5) Il a dit : "J'ai perdu mon parapluie".

# 프랑스 문화 알아보기

## ▶ 프랑수아 1세와 르네상스

루이 12세가 다빈치에게 주문한 그림 [성 모자와 성 안나La Vierge, l'Enfant Jésus et sainte Anne], 루브르박물관 소장

장 클루에ean Clouet가 그린 [프랑수아 1세 François Ier], 루브르박물관 소장

이탈리아에 르네상스가 꽃을 피우고 있는 시기에 프랑스의 왕들은 이탈리아 원정을 통해 르네상스 문화에 매혹당했다. 루이 12세는 밀라노 점령 당시 궁정화가였던 레오나르도 다빈치의 재능을 알아보고 그에게 그림을 주문하기도 했다. 특히 후임자인 프랑수아 1세 시기부터 프랑스는 이탈리아의 르네상스를 적극적으로 받아들여 프랑스의 르네상스 시대를 본격적으로 열기 시작했다. 프랑수아 1세는 이탈리아의 르네상스 예술가들을 프랑스로 초대했는데 특히 레오나르도 다빈치는 프랑스의 루아르에서 말년을 보내기도 하였다. 이때 다빈치는 [모나리자], [세례 요한], [암굴의 성모] 등의 미완성 작품들을 프랑스로 가져옴으로써 오늘날 그 작품들은 모두 루브르에 걸려 있게 되었다.

샹보르 성과 슈농소 성
(출처 : 야후 프랑스, Wikipédia)

(위) 앵그르의 [레오나르도 다빈치의 임종을 바라보는 프랑수아 1세], 프티팔레미술관 소장.
(아래) 앙부아즈 성에 있는 다빈치의 무덤
(출처 : 야후 프랑스, Wikipédia)

또한 프랑수아 1세는 많은 이탈리아 예술품들을 수집하여 이때부터 루브르의 토대가 만들어지기 시작했다. 뿐만 아니라 프랑수아 1세는 콜레주 로얄(le Collège Royale: 현재의 콜레주 드 프랑스[le Collège de France]이다)을 설립하여 인문학을 연구하게 했다. 또한 이 무렵 루아르 계곡에는 다양한 르네상스식 성들이 지어지기 시작했다. 르네상스 시대에는 중세와는 달리 신(神)이 아닌 인간을 위한 공간으로서의 성을 건축했는데 왕가의 거처와 별장으로 사용된 르네상스식 성들은 오늘날에도 루아르 강변을 아름답게 수놓고 있다.

# Leçon 32. 감탄문(L'exclamatif)

감탄문은 기쁨, 놀라움, 유감, 분노, 비난 등의 감정을 나타낼 때 사용하는 것으로, 문법적인 관련성이 별로 없으며 동사 없이 쓰이기도 한다.

## 1. quel(s), quelle(s)

| | |
|---|---|
| *Quelle* chaleur! | 얼마나 더운지! |
| *Quel* beau paysage! | 얼마나 멋진 풍경인가! |
| *Quel* dommage! | 정말 유감이다! |

## 2. que

| | |
|---|---|
| *Qu'*il fait beau! | 날씨가 정말 좋구나! |
| *Qu'*elle est sympa! | 그녀는 어찌나 상냥하던지! |
| *Qu'*il réussisse! | 그가 성공하기를! |

## 3. comme

| | |
|---|---|
| *Comme* il fait beau! | 날씨가 얼마나 좋은지! |
| *Comme* je suis heureux! | 난 얼마나 행복한가! |

## 4. tellement, tant, si, un tel(une telle)

| | |
|---|---|
| Elle est *tellement* contente! | 그녀는 정말로 만족스러워 하는군요! |
| Il a *tant* de rire! | 그는 그토록 웃음이 많군요! |

## 5. 간투사

| | | | |
|---|---|---|---|
| Ah! | 아! | Oh! | 오! |
| Aïe! | 아이! | Oh! la la! | 오 라 라! |
| Chut! | 조용! | Quoi! | 뭐라고! |
| Hélas! | 아 이런! | Tant pis! | 할 수 없지! |
| Mon Dieu! | 저런! 맙소사! | | |

| | |
|---|---|
| *Aïe*! je me suis blessé les doigts! | 아이! 손가락을 다쳤네! |
| Il n'a pas passé l'examen. *Tant pis*! | 그는 시험에 통과하지 못했다. 할 수 없지! |
| *Hélas*! Il est mort. | 아아! 그가 죽었다니! |

## Exercices

### 1. 다음 문장에 알맞은 감탄사를 넣으시오.

(1) _______ jolie fille!

(2) _______ horreur!

(3) _______ c'est beau!

(4) _______ de monde!

(5) _______ il fait chaud!

### 2. quel, que, comme를 사용해서 감탄문을 만드시오.

(1) Le film est très long. (ennuyeux)

(2) Elle indique le chemin. (gentil)

(3) Le temps est splendide. (beau)

(4) Le chauffage est en panne. (froid)

(5) J'ai perdu mon sac. (idiot)

## 프랑스 문화 알아보기

### ▶ 프랑스에 영광을 가져다준 태양왕 루이 14세

루이 14세는 루이 13세가 안도트리슈 왕비와 결혼한 지 20년이 넘어서 얻은 장남이다. 1643년 루이 13세가 갑자기 사망하자 다섯 살의 어린 루이는 왕위에 올랐다. 1648년 부르봉 왕조에 대해 귀족 세력이 일으킨 프롱드 난으로 위기를 겪지만 이는 훗날 루이 14세로 하여금 절대왕권을 구축하는 계기를 마련한다. 1661년 섭정 재상 마자랭 사후부터 루이 14세는 친정을 시작했고 많은 대외적인 전쟁을 통해 영토를 확장하고 유럽의 주도권을 차지하였다.

(좌) : 샤를 르브룅Charles Le Brun이 그린 1661년 무렵의 루이 14세
(우) 이야생트 리고Hyacinthe Rigaud가 그린 1701년 무렵의 루이 14세

루이 14세가 지은 베르사이유 궁전은 유럽 문화의 중심지로서 당시의 모든 유행을 이끌어갔으며 유럽의 왕실들은 앞다투어 베르사이유의 모든 것을 모방했다. 또한 몰리에르, 라신, 데카르트, 파스칼 등의 고전주의 문학과 철학이 꽃을 피웠으며 프랑스어는 유럽 왕실에서 사용하는 세련된 언어가 되었다. 하지만 1685년 루이 14세는 종교의 자유를 허용했던 낭트칙령을 폐지하는 퐁텐블로 칙령을 반포함으로써 신교도들이 박해를 받게 된다. 이로 인해 당시 상공업에 종사하던 신교도들이 주변 나라들로 망명함으로써 프랑스의 경제는 타격을 입게 되고 결국 1세기 후에 프랑스혁명이 일어나는 원인 중 하나를 제공하게 된다.

루이14세를 소재로 한 영화 [왕의 춤Le Roi danse]과 뮤지컬 [태양왕Le Roi Soleil]

베르사이유궁
(출처 : www.chateauversailles.fr)

# Leçon 33. 수동태(La voix passive)

## 1. 형태 : 조동사 être + 타동사의 과거분사 + par [de]

| | 직설법 현재 | | 직설법 복합과거 | |
|---|---|---|---|---|
| je(j') | suis | invité(e) | ai été | invité(e) |
| tu | es | invité(e) | as été | invité(e) |
| il | est | invité | a été | invité |
| elle | est | invitée | a été | invitée |
| nous | sommes | invité(e)s | avons été | invité(e)s |
| vous | êtes | invité(e)(s)(es) | avez été | invité(e)(s)(es) |
| ils | sont | invités | ont été | invités |
| elles | sont | invitées | ont été | invitées |

| | 직설법 반과거 | | 직설법 대과거 | |
|---|---|---|---|---|
| je(j') | étais | invité(e) | avais été | invité(e) |
| tu | es | invité(e) | avais été | invité(e) |
| il | est | invité | avait été | invité |
| elle | est | invitée | avait été | invitée |
| nous | sommes | invité(e)s | avions été | invité(e)s |
| vous | êtes | invité(e)(s)(es) | aviez été | invité(e)(s)(es) |
| ils | sont | invités | avaient été | invités |
| elles | sont | invitées | avaient été | invitées |

## 2. 용법

① 능동태는 주어가 동작을 하는 것인데 비해, 수동태는 주어가 동작을 받는 것이다. 수동태는 직접목적어를 취하는 타동사만이 수동태로 전환될 수 있다. 능동태의 직접목적어가 수동태의 주어가 되고 동사는 être + 과거분사의 형태로 전환된다. 수동태의 조동사는 항상 être를 취하며, être의 시제가 수동태의 시제이다. 과거분사는 주어의 성 · 수에 일치된다.

| | 능동태 | 수동태 |
|---|---|---|
| 현재 | Le vent ferme la fenêtre.<br>바람이 창문을 닫는다. | La fenêtre *est fermée* par le vent<br>창문이 바람에 의해 닫힌다. |
| 복합과거 | Le vent a fermé la fenêtre.<br>바람이 창문을 닫았다. | La fenêtre *a été fermée* par le vent.<br>창문이 바람에 의해 닫혔다. |
| 반과거 | Le vent fermait la fenêtre.<br>바람이 창문을 닫고 있었다. | La fenêtre *était fermée* par le vent.<br>창문이 바람에 의해 닫히고 있었다. |
| 근접과거 | Le vent vient de fermer la fenêtre.<br>바람이 방금 전에 창문을 닫았다. | La fenêtre *vient d'être fermée* par le vent.<br>창문이 방금 전에 바람에 의해 닫혔다. |
| 근접미래 | Le vent va fermer la fenêtre.<br>바람이 창문을 이제 곧 닫게 할 것이다. | La fenêtre *va être fermée* par le vent.<br>창문이 바람에 의해 이제 곧 닫힐 것이다. |
| 단순미래 | Le vent fermera la fenêtre.<br>바람이 창문을 닫을 것이다. | La fenêtre *sera fermée* par le vent.<br>창문이 바람에 의해 닫힐 것이다. |

② 동사의 행위가 구체적・일반적인 사실일 경우에는 par를 쓰고, 동사의 행위가 추상적・지속적이어서 행위 자체보다는 상태의 계속을 나타낼 경우에는 de를 쓴다.

Il a écrit une lettre. 그는 편지를 썼다.
→ Une lettre a *été écrite* par lui. 편지가 그에 의해 씌여졌다.

Jules a bâti cette maison. 쥘은 이 집을 지었다.
→ Cette maison *a été bâtie* par Jules. 이 집은 쥘에 의해 지어졌다.

Max aime Julie. 막스는 줄리를 사랑한다.
→ Julie *est aimée* de Max. 줄리는 막스에 의해 사랑받는다.

Tout le monde le respecte. 모든 사람들이 그를 존경한다.
→ Il est respecté de tout le monde. 그는 모든 사람들로부터 존경받는다.

La neige couvre le toit. 눈이 지붕을 덮고 있다.
→ Le toit est couvert de neige. 지붕은 눈으로 덮여있다.

# 수동태 문장에서 de를 사용하는 동사들 : accompagner, admirer, aimer, connaître, détester, estimer, haïr, mépriser, regretter, respecter, suivre...

③ 수동태는 특히 발명이나 발견, 혹은 행동의 주체가 없는 사건 등을 표현할 때 사용된다.

L'imprimerie *a été inventée* par Gutenberg. 인쇄술은 구텐베르크에 의하여 발명되었다.

L'Amérique *a été découverte* par Christophe Colomb.
아메리카는 크리스토퍼 콜럼버스에 의해 발견되었다.

「La Nausée」 *a été écrite* par Jean-Paul Sartre. 「구토」는 장-폴 사르트르에 의해 씌여졌다.

John F. Kennedy *a été assassiné* en 1963. 존 F. 케네디는 1963년에 암살되었다.

④ 능동태의 주어가 on일 경우 수동태에서 동작주보어가 생략된다.

On a volé mon sac. 누군가 내 가방을 훔쳐갔다.
→ Mon sac *a été volé*. 내 가방은 도둑맞았다.

On ferme le magasin à 9 heures. 누군가 상점 문을 9시에 닫는다.
→ Le magasin *est fermé* à 9 heures. 상점은 9시에 닫는다.

## Exercices

### 1. 다음 문장을 수동태로 바꾸시오.

(1) Marc conduit la moto.

(2) La neige couvre la montagne.

(3) Ses camarades aime Élise.

(4) Alain a démarré la voiture

(5) Les arbres entourent la maison.

### 2. 다음 예문처럼 문장을 만드시오.

| |
|---|
| George Bizet • ............ • l'opéra *Carmen* :<br>L'opéra *Carmen* a été composé par George Bizet. |

| | | |
|---|---|---|
| (1) Albert Camus | • | • L'imprimerie |
| (2) Les Lumière | • | • l'Amérique |
| (3) Gutenberg | • | • le cinéma |
| (4) Thomas Edison | • | • *L'Étrager* |
| (5) Christophe Colomb | • | • le phonographe |

### 3. 다음 문장을 제시된 시제의 수동태로 바꾸시오.

(1) Jean invite Julie. (직설법 복합과거)

(2) Tout le monde respecte Marc. (직설법 현재)

(3) Pierre ouvre la porte. (근접미래)

(4) La neige couvre la ville. (직설법 현재)

(5) Le vent ferme la fenêtre. (근접과거)

# Leçon 34. 소유대명사(Les pronoms possessifs)

## 1. 형태

: 소유대명사는 소유자의 인칭과 수를 따르고 소유되는 명사의 성·수에 일치한다. 앞에 정관사를 붙인다.

| 피소유자 / 소유자 | 남성단수 | 여성단수 | 남성복수 | 여성복수 |
|---|---|---|---|---|
| 나의 것(들) | le mien | la mienne | les miens | les miennes |
| 너의 것(들) | le tien | la tienne | les tiens | les tiennes |
| 그(그녀)의 것(들) | le sien | la sienne | les siens | les siennes |
| 우리들의 것(들) | le nôtre | la nôtre | les nôtres | |
| 당신(들)의 것(들) | le vôtre | la vôtre | les vôtres | |
| 그(그녀)들의 것(들) | le leur | la leur | les leurs | |

mes livres 나의 책들 → les miens 나의 것들
ta maison 너의 집 → la tienne 너의 것
son chien 그(녀)의 강아지 → le sien 그(녀)의 것
nos motos 우리의 오토바이들 → les nôtres 우리의 것들
vos enfants 당신(들)의 아이들 → les vôtres 당신(들)의 것들
leurs voitures 그들의 자동차들 → les leurs 그들의 것들

## 2. 용법

: 소유대명사는 명사를 대신하여 소유의 개념을 나타내는 명사이며 소유형용사 + 명사를 대신하는 대명사이다.

Tu peux prêter ton vélo? *Le mien* est en panne.

네 자전거 좀 빌려줄래? 내 것은 고장났거든. (le mien = mon vélo)

Votre robe est jaune, et *la mienne* est blanche.

당신의 원피스는 노란색이고 나의 원피스는 흰색이다. (la mienne = ma robe)

Je pense à mes parents, et elle pense aussi *aux siens*.

나는 나의 부모님을 생각하고 그녀 또한 자신의 부모님을 생각한다. (aux siens = à ses parents)

Mon chat est noir, et *le sien* est blanc.

내 고양이는 검은색이고 그의 고양이는 흰색이다. (le sien = son chat)

Voilà mon t–shirt. Où est *le vôtre*?

여기 나의 티셔츠가 있다. 당신의 티셔츠는 어디 있어요? (le vôtre = votre t–shirt)

Elle prend sa valise, et vous prenez *la vôtre*.

그녀는 자신의 트렁크를 들고 당신은 당신의 트렁크를 든다. (le vôtre = votre valise)

Notre chambre est moins grandes que *la leur*, mais plus élairée.

우리 방들은 그들의 방들보다 크진 않지만 더 밝다. (la leur = leur chambre)

## Exercices

### 1. 다음 문장에 알맞은 소유대명사를 넣으시오.

(1) J'ai mon idée, et elle a ____________.

(2) Vous lisez vos romans, et nous lisons ____________.

(3) Je mets mes lunettes, et vous mettez ____________.

(4) Tu prends ton vélo, et je prends ____________.

(5) Je voyage avec mes amis, mes parents voyagent avec ____________.

### 2. 다음 문장의 밑줄 친 부분을 소유대명사로 바꾸시오.

(1) Ce livre est <u>à Alice</u>.

(2) Cette idée est <u>à vous</u>.

(3) Cet ordinateur est <u>à moi</u>.

(4) Ces livres sont <u>à nous</u>.

(5) Ce chat est à <u>M. et Mme Legrand</u>.

### 3. 다음 물음에 소유대명사를 사용하여 답하시오.

(1) Cette moto est à vous? → Oui,

(2) Ce sac est à elle? → Non,

(3) Ces livres sont aux étudiants? → Oui,

(4) Ce portable est à Marc? → Non,

(5) Ces enfants sont à M. et Mme Petit? → Oui,

## 프랑스 문화 알아보기

### ▶ 프랑스어의 유래와 형성

프랑스어는 오늘날의 프랑스 지역에 해당하는 골(Gaule) 지방에서 사용되던 대중적인 라틴어가 여러 변천 과정을 거쳐 형성되었다. 기원전 57년, 골 지방이 로마에 점령당하면서 로마제국의 공용어였던 라틴어가 골 지방에서도 사용되기 시작했다. 일부 지배계층과 상류층을 제외한 평민들은 로마식 라틴어와는 다른 대중 라틴어를 사용했는데, 이 대중 라틴어가 바로 프랑스어의 근원이 되었다. 이후 프랑스어는 변화와 발전을 거듭하며 유럽 귀족 계층이 사용하는 언어가 되었지만, 프랑스의 교회나 학교, 행정 분야에서 공식적인 언어로는 여전히 라틴어가 사용되었다.

16세기에 이르러 인쇄술의 발달과 프랑스 문인들의 노력, 그리고 무엇보다도 프랑수아 1세의 '빌레르-코트레 칙령'(1539)에 의해 모든 공식적인 업무에서 라틴어의 사용이 금지되면서 프랑스어는 공식적으로 1000년간 사용되던 라틴어 대신에 프랑스의 제1 언어로 자리 잡게 되었다. 이후 아카데미 프랑세즈의 설립, 그리고 위대한 고전주의 작가들을 통해 프랑스어는 더욱 다듬어지고 세련된 언어로 거듭나게 되었다.

오늘날 프랑스어는 영어 다음으로 세계에서 널리 사용되는 언어이다. 모국어로 프랑스어를 사용하는 프랑스와 캐나다 퀘벡 이외에도 프랑스어는 카메룬에서는 행정 언어로, 마다가스카르와 코트디부아르에서는 교육 언어로, 모로코와 튀니지 등에서는 별도의 외국어로 사용되고 있다.

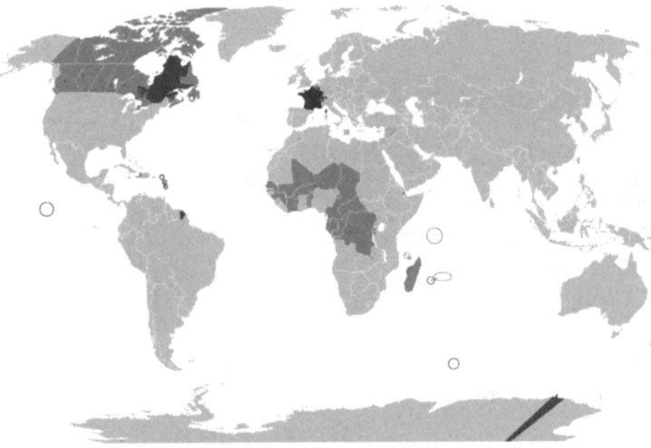

프랑스어 사용 지역 (출처 : 야후 프랑스, Wikipédia)

| | |
|---|---|
| ■ | 모국어 |
| ■ | 행정 언어 |

# Leçon 35. 지시대명사(Les pronoms démonstratifs)

## 1. 형태

| | 중성 | 남성단수 | 여성단수 | 남성복수 | 여성복수 |
|---|---|---|---|---|---|
| 단순형 | ce (c') | celui | celle | ceux | celles |
| 복합형 | ceci<br>cela (ça) | celui-ci<br>celui-là | celle-ci<br>celle-là | ceux-ci<br>ceux-là | celles-ci<br>celles-là |

## 2. 용법

(1) 변화하지 않는 지시대명사 : 중성 지시대명사는 성・수에 따라 변화하지 않으며 단순형 ce와, 원근을 나타내는 -ci, -là를 ce 뒤에 붙인 복합형 ceci와 cela가 있다. ça는 cela의 일상적으로 사용된다.

① ce : 사람이나 사물에 대한 지시, 형식 주어, 또는 관계대명사의 선행사로 사용된다.

*C*'est un livre. 이것은 책이다.
*C*'est Sophie. 이 사람은 소피이다.
*C*'est la vie. 이것이 인생이지.
*C*'est si bon! 그거 아주 멋진데!
*Ce* qui me plaît, *c*'est cela. 내 마음에 드는 건 저것이다.
*Ce* qu'il dit, m'intéresse beaucoup. 그가 말한 것은 흥미롭다.
J'ignore *ce* qu'il fait. 나는 그가 무엇을 하는지 알지 못한다.

② ceci, cela (ça) : 사물의 원근・대립을 나타내며(ceci는 가까운 것, cela는 먼 것), 원근을 나타내지 않을 경우에는 cela를 사용한다.

*Ceci* est meilleur que *cela*. 이것이 저것보다 더 좋다.
*Ceci* est grand, *cela* est petit. 이것은 크고 저것은 작다.
*Ceci* est mon livre et *cela* est le tien. 이것은 나의 책이고 저것은 너의 책이다.
*Cela* n'est pas important. 그것은 중요하지 않다.
*Ça* ne fait rien. 아무래도 상관없어.
Comment *ça* va? 잘 지내니?
Comme *ci*, comme *ça*. 그럭 저럭.
Je ne savais pas *ça*. 난 그것에 대해선 몰라.
(ça는 cela의 속어형으로 일상 회화에서 많이 사용)

(2) 변화하는 지시대명사

① celui, celle, ceux, celles : 앞에서 언급된 명사를 지시, 혹은 한정하며 그 명사의 성·수에 일치시켜 사용한다. 관계대명사의 선행사로도 사용되며 막연하게 '~한 사람(들)'의 의미이다.

Son coeur est aussi pur que *celui* d'un enfant. 그의 마음은 아이의 마음만큼 순수하다.
Mon sac est blanc, mais *celui* de Alice est noir.
나의 핸드백은 흰색이지만 알리스의 핸드백은 검은색이다.
Ces jupes ne sont pas *celles* de Julie. 그 치마들은 줄리의 치마들이 아니다.
*Celle* qui vient d'arriver est ma mère. 방금 도착한 사람은 나의 어머니이다.
*Ceux* qui aiment le cinéma doivent aimer ce film.
영화를 좋아하는 사람들은 아마 이 영화를 좋아할 것이다.
Je n'aime pas *ceux* qui sont égoïstes. 나는 이기적인 사람들은 좋아하지 않는다.

# 원칙적으로 품질형용사와 분사는 지시대명사를 직접 수식할 수 없지만, 현대에 와서는 이 규칙이 엄격하게 지켜지고 있지는 않다.

Le mouchoir blanc et *celui* qui est rouge. 흰 손수건과 붉은 손수건

Ma lettre et *celle* qui est écrite par mon père.   나의 편지와 나의 아버지가 쓴 편지.

Ce n'est pas la moto de Marc, c'est *celle* de Max.

그것은 마르크의 오토바이가 아니라 막스의 오토바이이다.

J'aime les cinémas de Godard, mais pas *ceux* de Luc Besson.

나는 뤽베송의 영화가 아니라 고다르의 영화를 좋아한다.

② celui–ci(là), celle–ci(là), ceux–ci(là), celles–ci(là) : –ci와 –là는 원근을 나타내는데, –ci는 후자, 거리적으로 가까운 것을, –là는 전자, 먼 것을 가리킨다.

Voici deux vélos, je préfère *celui–là* à *celui–ci*.

여기 자전거가 두 대 있는데 나는 이 자전거보다 저 자전거가 더 좋다.

Voici deux romans. *Celui–ci* est plus intéressant que *celui–là*.

여기 두 소설책이 있는데 이 소설책이 저 소설책보다 더 재밌다.

Voilà Marie et Sophie, *celle–ci* chante mieux que *celle–là*.

저기에 마리와 소피가 있는데, 소피가 마리보다 더 노래를 잘 한다.

Voilà des maisons : *Celle–ci* me plaît beaucoup, mais *celle–là* me plaît moins.

저기에 집들이 있는데 이 집은 마음에 드는데 저 집은 별로 마음에 들지 않는다.

## Exercices

### 1. 다음 문장에 알맞은 변화하지 않는 지시대명사를 넣으시오

(1) ________ suffit.

(2) ________ est une bonne idée.

(3) ________ est Paul.

(4) ________ sont des livres.

(5) ________ est à Julie, et ________ est à Jean.

### 2. 다음 문장에 알맞은 변화하는 지시대명사를 넣으시오.

(1) La moto de Marc est vieille, mais ________ de Jean est nouvelle.

(2) Mon pantalon est noir, et ________ de Paul est blanc.

(3) Ces pains sont trop cuits ; je préfère ________ pas trop cuits.

(4) Ces lunettes ne sont pas ________ de Max.

(5) Ma valise est légère, mais ________ de Sophie est trop lourde.

### 3. 다음 질문에 알맞은 지시대명사를 사용하여 답하시오.

(1) Est-ce que c'est ton pull? → Oui, c'est ________ de ma soeur.

(2) Voilà deux vélos. Celui-ci est à Luc? → Non, ________ est à Marc.

(3) Tu aimes les chansons d'Elsa? → Oui, j'aime bien ________ d'Elsa.

(4) Cette voiture est à vous? → Non, c'est ________ de mon père.

(5) Voici des gâteaux. Celui-là? → Non, je préfère ________.

# Résumé et plus-savoir (Leçon 31 ~ Leçon 35)

## ▣ 직설법 반과거

| 어간 | 어미 | | | |
|---|---|---|---|---|
| 직설법 현재 1인칭 복수형에서 -ons를 뺀 부분 | je | -ais | nous | -ions |
| | tu | -ais | vous | -iez |
| | il/ elle | -ait | ils/elles | -aient |

## ▣ 직설법 대과거: 조동사 (avoir 혹은 être)의 반과거 + 과거분사

| aimer | | aller | |
|---|---|---|---|
| j'avais | aimé | j'étais | allé(e) |
| tu avais | aimé | tu étais | allé(e) |
| il avait | aimé | il était | allé |
| elle avait | aimé | elle était | allée |
| nous avions | aimé | nous étions | allé(e)s |
| vous aviez | aimé | vous étiez | allé(e)(s)(es) |
| ils avaient | aimé | ils étaient | allés |
| elles avaient | aimé | elles étaient | allées |

## ▣ 수동태: 조동사 être + 타동사의 과거분사 + par [de]

| 직설법 | | | |
|---|---|---|---|
| **현재** | | **복합과거** | |
| je suis | invité(e) | j'ai été | invité(e) |
| tu es | invité(e) | tu as été | invité(e) |
| il est | invité | il a été | invité |
| elle est | invitée | elle a été | invitée |
| nous sommes | invité(e)s | nous avons été | invité(e)s |
| vous êtes | invité(e)(s)(es) | vous avez été | invité(e)(s)(es) |
| ils sont | invités | ils ont été | invités |
| elles sont | invitées | elles ont été | invitées |

| 반과거 | |
|---|---|
| j'étais | invité(e) |
| tu étais | invité(e) |
| il était | invité |
| elle était | invitée |
| nous étions | invité(e)s |
| vous étiez | invité(e)(s)(es) |
| ils étaient | invités |
| elles étaient | invitées |

| 대과거 | |
|---|---|
| j'avais été | invité(e) |
| tu avais été | invité(e) |
| il avait été | invité |
| elle avait été | invitée |
| nous avions été | invité(e)s |
| vous aviez été | invité(e)(s)(es) |
| ils avaient été | invités |
| elles avaiet été | invitées |

| 근접과거 | |
|---|---|
| je vais être | invité(e) |
| tu vas être | invité(e) |
| il va être | invité |
| elle va être | invitée |
| nous allons être | invité(e)s |
| vous allez être | invité(e)(s)(es) |
| ils vont être | invités |
| elles vont être | invitées |

| 근접미래 | |
|---|---|
| je viens d'être | invité(e) |
| tu viens d'être | invité(e) |
| il vient d'être | invité |
| elle vient d'être | invitée |
| nous venons d'être | invité(e)s |
| vous venez d'être | invité(e)(s)(es) |
| ils viennent d'être | invités |
| elles viennent d'être | invitées |

| 단순과거 | |
|---|---|
| je fus | invité(e) |
| tu fus | invité |
| il fut | invitée |
| elle fut | invité(e)s |
| nous fûmes | invité(e)(s)(es) |
| vous fûtes | invités |
| ils furent | invitées |
| elles furent | |
| invité(e) | |

| 단순미래 | | 전미래 | |
|---|---|---|---|
| je serai | invité(e) | j'aurai été | invité(e) |
| tu seras | invité(e) | tu auras été | invité(e) |
| il sera | invité | il aura été | invité |
| elle sera | invitée | elle aura été | invitée |
| nous serons | invité(e)s | nous aurons été | invité(e)s |
| vous serez | invité(e)(s)(es) | vous aurez été | invité(e)(s)(es) |
| ils seront | invités | ils auront été | invités |
| elles seront | invitées | elles auront été | invitées |

| 조건법 | | | |
|---|---|---|---|
| 현재 | | 과거 | |
| je serais | invité(e) | j'aurais été | invité(e) |
| tu serais | invité(e) | tu aurais été | invité(e) |
| il serait | invité | il aurait été | invité |
| elle serait | invitée | elle aurait été | invitée |
| nous serions | invité(e)s | nous aurions été | invité(e)s |
| vous seriez | invité(e)(s)(es) | vous auriez été | invité(e)(s)(es) |
| ils seraient | invités | ils auraient été | invités |
| elles seraient | invitées | elles auraient été | invitées |

| 접속법 | | 분사법 |
|---|---|---|
| 현재 | | 현재 |
| que je sois | invité(e) | étant invité(e)(s)(es) |
| que tu sois | invité(e) | 과거 |
| qu'il soit | invité | ayant été invité(e)(s)(es) |
| qu'elle soit | invitée | 부정법 |
| que nous soyons | invité(e)s | 현재 |
| que vous soyez | invité(e)(s)(es) | être invité(e)(s)(es) |
| qu'ils soient | invités | 과거 |
| qu'elles soient | invitées | avoir été invité(e)(s)(es) |

## ▣ 소유대명사

| | | | |
|---|---|---|---|
| 나의 것 | 남성단수형 | le mien | Ce livre est *le mien*. 이 책은 나의 것이다. |
| | 여성단수형 | la mienne | Cette jupe est *la mienne*. 이 치마는 나의 것이다. |
| | 남성복수형 | les miens | Ces livres sont *les miens*. 이 책들은 니의 것들이다. |
| | 여성복수형 | les miennes | Ces jupes sont *les miennes*. 이 치마들은 나의 것들이다. |
| 너의 것 | 남성단수형 | le tien | Cet portable est *le tien*. 이 휴대폰은 너의 것이다. |
| | 여성단수형 | la tienne | Cette idée est *la tienne*. 이 아이디어는 너의 것이다. |
| | 남성복수형 | les tiens | Cet portables sont *les tiens*. 이 휴대폰들은 너의 것들이다. |
| | 여성복수형 | les tiennes | Ces idées sont *les tiennes*. 이 아이디어들은 너의 것들이다. |
| 그(그녀)의 것 | 남성단수형 | le sien | Ce vélo est *le sien*. 이 자전거는 그(녀)의 것이다. |
| | 여성단수형 | la sienne | Cette moto est *la sienne*. 이 오토바이는 그(녀)의 것이다. |
| | 남성복수형 | les siens | Ces vélos sont *les siens*. 이 자전거는 그(녀)의 것들이다. |
| | 여성복수형 | les siennes | Ces motos sont *les siennes*. 이 오토바이는 그(녀)의 것들이다. |
| 우리들의 것 | 남성단수형 | le nôtre | Cet enfant est *le nôtre*. 이 아이는 우리 아이이다. |
| | 여성단수형 | la nôtre | Cette maison est *la nôtre*. 이 집은 우리 것이다. |
| | 남 · 여성복수형 | les nôtres | Ces enfants sont *les nôtres*. 이 아이들은 우리 아이들이다. |
| 당신(들)의 것 | 남성단수형 | le vôtre | Ce t-shirt est *le vôtre*. 이 티셔츠는 당신의 것이다. |
| | 여성단수형 | la vôtre | Cette veste est *la vôtre*. 이 자켓은 당신의 것이다. |
| | 남 · 여성복수형 | les vôtres | Ces chemises sont *les vôtres*. 이 셔츠들은 당신들의 것들이다. |
| 그(그녀)들의 것 | 남성단수형 | le leur | Cet enfant est *le leur*. 이 아이는 그(녀)들의 아이이다. |
| | 여성단수형 | la leur | Cette voiture est *la leur*. 이 자동차는 그(녀)들의 것이다. |
| | 남 · 여성복수형 | les leurs | Ces vélos sont *les leurs*. 이 자전거들은 그(녀)들의 것들이다. |

## ▣ 지시대명사

| | | | |
|---|---|---|---|
| 단순형 | 중성 | ce (c') | *Ce* que je veux, *c'*est cela. 내가 원하는 건 저것이다. |
| | 남성단수형 | celui | Son sac est plus grand que *celui* de Jean. 그(녀)의 가방은 장의 가방보다 크다.<br>*Celui* qui est là est mon père. 저기 있는 사람은 나의 아버지이다. |
| | 여성단수형 | celle | Ma valise est plus légère que *celle* de Julie. 나의 트렁크는 줄리의 트렁크보다 가볍다.<br>*Celle* qui met un pull bleu est ma soeur. 푸른색 스웨터를 입은 사람은 나의 누이이다. |
| | 남성복수형 | ceux | Ces livres sont *ceux* de Pierre. 이 책들은 피에르의 책들이다.<br>*Ceux* qui viennent d'arriver sont mes amis. 방금 도착한 사람들은 내 친구들이다. |
| | 여성복수형 | celles | Ces lunettes sont *celles* de Marc. 이 안경은 마르크의 것이다. |
| 복합형 | 중성 | ceci<br>cela (ça) | *Ceci* est meuilleur que *cela*. 이것은 저것보다 더 좋다.<br>*Ça* ne fait rien. 아무래도 상관 없다. |
| | 남성단수형 | celui–ci<br>celui–là | Regarde ces pulls. Tu préfères *celui–ci* ou *celui–là*?<br>이 스웨터들을 봐! 넌 이것이 좋니 아니면 저것이 좋니? |
| | 여성단수형 | celle–ci<br>celle–là | Voilà deux voitures. *Celle–là* est plus chic que *celle–ci*.<br>여기 두 대의 자동차가 있다. 저것이 이것보다 더 멋지다. |
| | 남성복수형 | ceux–ci<br>ceux–là | Il y a des romans. *Ceux–ci* sont plus intéressant que *ceux–là*. 소설책들이 있다. 이것들이 저것들보다 더 재미있다. |
| | 여성복수형 | celles–ci<br>celles–là | Voici des lunettes. *Celles–ci* sont à Jean, et *celles–là* sont à Julie. 여기 안경들이 있다. 이것은 장의 것이고 저것은 줄리의 것이다. |

## 프랑스 문화 알아보기

### ▶ 프랑스 뮤지컬

프랑스 오리지널 팀의 [로미오와 줄리엣] 공연 중 ‘발코니 Le Balcon〉 장면

뮤지컬은 연극, 음악, 춤으로 이루어진 공연 예술이다. 뮤지컬의 원형은 디오니소스 제의식에 사용된 고대 그리스 연극에서 찾아볼 수 있다. 이후 르네상스 시기에 고대 그리스 연극을 재현한 데서 출발한 오페라, 17세기 베르사이유 궁정 축제 때 연극에 음악과 춤을 접목해서 만든 장르인 코메디-발레, 18세기 이후의 희가극인 오페라 부파, 오페라 코미크, 오페레타, 징슈빌 등에서도 뮤지컬의 기원을 찾아볼 수 있다. 19세기에 드라마적 요소가 강화된 뮤지컬은 20세기에 미국의 브로드웨이에서 춤, 대중적 음악, 화려한 무대장치 등의 볼거리를 제공하는 공연물로 자리 잡게 되면서 대중적인 공연 예술이 되었다.

프랑스에서는 [노트르담 드 파리](1998)를 시작으로 뮤지컬이 대중적 장르로 자리 잡았다. 특히 아름다운 선율과 독특한 무대로 영미권 뮤지컬과는 구별되는 프랑스 뮤지컬만의 독특한 매력을 담아냈다. [노트르담 드 파리]의 성공은 프랑스 뮤지컬의 르네상스를 가져왔고 프랑스 뮤지컬 시장의 확대를 불러왔다. 이후 대규모 공연장에서 꾸며지는 스펙터클한 뮤지컬들이 나왔는데 대표적인 작품으로는 [로미오와 줄리엣](2001), [바람과 함께 사라지다](2003), [태양왕](2005), [이집트의 마지막 여왕 클레오파트라](2009), [모차르트 락오페라](2009), [드라큘라, 죽음보다 강한 사랑](2011), [1789, 바스티유의 연인들](2012), [아담과 이브, 두 번째 기회](2012), [숲속의 로빈](2013), [아더 왕의 전설](2015) 등이 있다.

프랑스 뮤지컬의 특징으로는 가수와 댄서의 구분, 정통 발레와 현대무용의 조화, 가사의 은유적 표현, 노래 위주로 된 진행, 그리고 완성도 높은 무대와 연출력 등을 들 수 있다.

우리나라에서도 [노트르담 드 파리], [로미오와 줄리엣], [모차르트 락 오페라], [태양왕] 등 수차례의 오리지널 팀의 내한 공연은 물론 라이센스 버전이 무대에 올려졌으며 프랑스 뮤지컬 열풍을 불러일으켰다.

# Leçon 36. 목적보어대명사(Les pronoms compléments d'objets)

## 1. 형태

| | 직접목적보어대명사 | | 간접목적보어대명사 | |
|---|---|---|---|---|
| 1인칭 단수 | me | 나를 | me | 나에게 |
| 2인칭 단수 | te | 너를 | te | 너에게 |
| 3인칭 단수 | le | 그를, 그것[남성단수명사]을 | lui | 그에게 |
| 3인칭 단수 | la | 그녀를, 그것[여성단수명사]을 | lui | 그녀에게 |
| 1인칭 복수 | nous | 우리들을 | nous | 우리들에게 |
| 2인칭 복수 | vous | 당신을, 당신들을, 너희들을 | vous | 당신(들)에게, 너희들에게 |
| 3인칭 복수 | les | 그들을, 그것들[남성복수명사]을 | leur | 그들에게 |
| 3인칭 복수 | les | 그녀들을, 그것들[여성복수명사]을 | leur | 그녀들에게 |

## 2. 용법

① 문장 내에서 직접목적어 혹은 간접목적어로 사용된다. 1인칭과 2인칭은 사람을 가리키고 3인칭 직접보어는 사람과 사물을, 간접보어는 사람을 가리킨다.

Il *vous* aime. 그는 당신을 사랑한다. (vous, 직접목적보어)
J'achète ce livre. 난 이 책을 산다.
→ Je *l'*achète. 나는 그것을 산다. (le = ce livre, 직접목적보어)
Cette maison plaît à Cécile. 이 집은 세실의 마음에 든다.
→ Cette maison *lui* plaît. 이 집은 그녀의 마음에 든다. (lui = à Cécile, 간접목적보어)

\# 직접목적보어대명사 le, la, les는 사물을 대신할 수 있지만, aimer, connaître 동사의 경우에는 사람만을 대신한다.

Tu aimes le cinéma? 너는 영화를 좋아하니?
→ Oui, j'aime ça. 응, 나는 그것을 좋아해. (Oui, je *l'*aime라고는 말하지 않는다.)

Tu connais le camembert? 너는 카망베르를 아니?
→ Oui, je connais. 나는 알고 있어. (Oui, je *le* connais라고는 말하지 않는다.)

\# 간접목적보어를 사용하지 않는 동사들 : penser à, renoncer à, tenir à, 대명동사 + à의 경우 간접목적보어 대신에 à + 강세인칭대명사를 사용한다.

Je lui pense. (x) → Je pense *à lui.* (o) 나는 그를 생각한다.
Elle te tient. (x) → Elle tient *à toi.* (o) 그녀는 너에게 집착한다.
Il lui renonce. (x) → Il renonce *à elle.* (o) 그는 그녀를 단념한다.
Elle te s'intéresse. (x) → Elle s'intéresse *à toi.* (o) 그녀는 너에게 관심이 있어.

② me, te, le, la는 모음이나 무음 h로 시작하는 단어 앞에서 m', t', l', l'의 형태로 모음생략 된다.

Elle *t'*attend. (t' = te) 그녀는 너를 기다린다.
Marie, Jean *l'*aime. (l' = la, Marie) 쟝은 마리를 사랑한다.

### 3. 목적보어대명사의 위치

① 긍정명령문을 제외하고는 항상 동사 앞에 위치한다.

Elle aime ses parents? 그녀는 부모님을 사랑하나요?
→ Oui, il *les* aime. 네, 그는 그들을 사랑합니다. (les = ses parents)
Max explique son projet? 막스는 자신의 계획을 설명하고 있나요?
→ Oui, il *l'*explique. 네, 그는 그것을 설명하고 있어요. (le = son projet)

② 하나의 문장에서 두 가지 이상의 보어대명사가 사용되는 경우, 가능한 조합은 A + B, 혹은 B + C이다.

| A | B | C |
|---|---|---|
| me | le | lui |
| te | la | leur |
| nous | les | |
| vous | | |

Il donne ces livres à moi. 그는 그 책들을 내게 준다.
→ Il *me les* donne. 그는 그것(책)들을 내게 준다.

Tu prêtes ta valise à Marc. 너는 트렁크를 마르크에게 빌려준다.
→ Tu *la lui* prêtes. 너는 그에게 그것(트렁크)을 빌려준다.

# A + A, A + C의 조합은 사용하지 않는다. 직접목적보어와 간접목적보어가 모두 1인칭이거나 2인칭일 경우(A + A), 혹은 직접목적보어가 1인칭이거나 2인칭이고 간접목적보어가 3인칭일 경우(A + C)에는 간접목적보어 대신에 à + 강세인칭대명사의 형태를 사용한다.

┌ Il me vous présente. (x)
└ Il vous présente à moi. (o)
그는 나에게 당신을 소개한다.

┌ Je te lui présente. (x)
└ Je te présente à elle. (o)
나는 그녀에게 너를 소개한다.

③ 명령문에서 목적보어대명사의 위치

– 긍정명령문에서 보어대명사는 동사 뒤에 위치한다 : 동사 + 직접목적보어 + 간접목적보어

Montrez ces photos à Julien! 줄리앙에게 이 사진들을 보여주세요!
→ Montrez-*les*-*lui* ! 그에게 그것들을 보여주세요! (les = ces photos, lui = à Julien)

Raconte cette histoire à tes amis! 친구들에게 이 이야기를 해라!
→ Raconte-*la*-*leur* ! 그들에게 그것을 이야기해라! (la = cette histoire, leur = à tes amis)

- 부정 명령문에서 보어대명사는 긍정령문에서와는 달리 대명사가 동사 앞에 위치하게 되고, 순서도 평서문에서와 같은 순서로 놓이게 된다.

Ne montrez pas ces photos à Julien! 줄리앙에게 이 사진들을 보여주지 마세요!
→ Ne *les lui* montrez pas! 그에게 그것들을 보여주지 마세요!
Ne raconte pas cette histoire à tes amis! 친구들에게 이 이야기를 하지 마라!
→ Ne *la leur* raconte pas! 그들에게 그것을 이야기하지 마라!

④ 준조동사와 함께 쓰인 부정법의 목적보어일 경우, 목적보어대명사는 부정법 앞에 놓인다

Vous pouvez m'indiquer le chemin? 당신은 제게 길을 가르쳐 주실 수 있습니까?
→ Oui, je peux vous *l'*indiquer. 네, 저는 당신에게 그것(길)을 가르쳐드릴 수 있습니다.

Tu vas regarder ce film? 너는 그 영화를 볼 거니?
→ Oui, je vais *le* regarder. 응, 나는 그것(영화)을 볼 거야.

Elle vient de téléphoner à son ami? 그녀는 조금 전에 친구에게 전화했나요?
→ Oui, elle vient de *lui* téléphoner. 네, 그녀는 그(친구)에게 전화했어요.

⑤ 복합시제의 경우, 목적보어대명사 뒤에 조동사 + 과거분사가 놓인다.

| | | | | | | |
|---|---|---|---|---|---|---|
| 주어 + (ne) | me<br>te<br>nous<br>vous | le<br>la<br>les | lui<br>leur | + (조)동사 | + (pas) | + 과거분사 |

Tu as lu ce roman? 너는 이 소설책을 읽었니?
→ Oui, Je *l'*ai lu. 응, 나는 그것(소설책)을 읽었어.

Vous avez vu ce film? 당신은 이 영화를 봤어요?
→ Oui, Je *l'*ai déjà vu. 네, 저는 그것(영화)을 이미 봤어요.

# 복합시제에서 avoir를 조동사로 취하는 타동사의 과거분사는 주어의 성・수에 일치되지 않지만, 직접목적보어가 avoir + 과거분사보다 앞에 위치하는 경우 과거분사는 직접목적보어의 성・수에 일치된다.

Elle a invité ses amis à la fête. 그녀는 친구들을 축제에 초대했다.

→ Elle *les* a invité<u>s</u> à la fête. 그녀는 그들(친구들)을 축제에 초대했다.

(inviter 동사의 직접목적어는 les = ses amis이므로 목적어의 성・수에 일치시킨다.)

Il a donné les fleurs à son amie. 그는 꽃을 여자 친구에게 주었다.

→ Il *les* lui a donné<u>es</u>. 그는 그것들(꽃들)을 그녀에게 주었다.

(donner 동사의 직접목적어는 les = les fleurs이므로 목적어의 성・수에 일치시킨다.)

⑥ 부정문에서 보어대명사의 위치

- 단순시제의 경우 : 목적보어대명사 앞에 ne를 붙이고 동사 뒤에 pas를 붙인다.

Tu donnes un cadeau à Cécile? 너는 세실에게 선물을 주니?

→ Non, je <u>ne</u> *le lui* donne <u>pas</u>. 아니, 난 그녀에게 그것(선물)을 주지 않아.

- 복합시제의 경우 : 목적보어대명사의 앞에 ne를, 조동사와 과거분사 사이에 pas를 붙인다.

Tu as donné un cadeau à Cécile? 너는 세실에게 선물을 주었니?

→ Non, je <u>ne</u> *le lui* ai <u>pas</u> donné. 아니, 난 그녀에게 그것(선물)을 주지 않았어

- 준조동사와 함께 쓰인 경우 : 준조동사의 앞과 뒤에 ne, pas를 붙인다.

Tu vas inviter tes amis ce samedi? 너는 이번 토요일에 친구들을 초대할 거니?

→ Non, je <u>ne</u> vais <u>pas</u> *les* inviter. 아니, 난 그들(친구들)을 초대하지 않을 거야.

## Exercices

1. 다음 문장을 목적보어대명사를 사용해서 다시 쓰시오.

(1) Elle ouvre la porte.

(2) Vous envoyez des e–mails à vos clients.

(3) Tu regardes la télé.

(4) J'ai perdu mon sac.

(5) Il téléphone à Max.

2. 다음 질문에 목적보어대명사를 사용하여 긍정으로 답하시오.

(1) Cette poème te plaît?

(2) Tu aimes tes parents?

(3) Il vient de lire ce roman?

(4) Votre fils vous ressemble?

(5) Elle t'explique ses projets?

3. 다음 질문에 목적보어대명사를 사용하여 부정으로 답하시오.

(1) Tu prends le bus, quand tu vas à l'école?

(2) Elle attend Marc?

(3) Tu veux voir ce film?

(4) Ils ont acheté les livres à la librairie?

(5) Il aime écouter la radio?

## Leçon 37. 중성대명사(Les pronoms neutres)

### 1. 중성대명사 en

① 문장 내의 전치사 de + 명사를 대신한다.

- 동사의 보어

Tu as parlé de ton projet? 넌 네 계획에 대해 말하는 거니?
→ Oui, j'*en* parle. 응, 난 내 계획에 대해 말하는 거야. (en = de mon projet)

Depuis combien de temps jouez-vous de la guitare? 당신은 언제부터 기타 연주를 했나요?
→ J'*en* joue depuis trois ans. 전 3년 전부터 기타 연주를 했어요. (en = de la guitare)

- 형용사의 보어

Vous êtes content de votre profession? 당신은 직업에 대해 만족하세요?
→ Oui, j'*en* suis content. 네, 전 제 직업에 대해 만족합니다. (en = de ma profession)

- 명사의 보어

J'apprends le français. La grammaire *en* est difficile à étuidier.
나는 프랑스어를 배우고 있다. 그 문법은 공부하기 어렵다. (en = du français)

- 부사적 대명사

Elle revient de la France, aujourd'hui? 그녀는 오늘 프랑스에서 돌아옵니까?
→ Oui, elle *en* revient aujourd'hui. 네, 그녀는 오늘 거기서 돌아옵니다. (en = de la France)

② 부정관사, 부분관사 + 명사', '수량을 나타내는 표현 + 명사를 대신한다.

| | |
|---|---|
| Vous avez pris du café? | 당신은 커피 마셨어요? |
| → Oui, j'*en* ai pris. | 네, 전 커피를 마셨어요. (en = du café) |
| → Non, je n'*en* ai pas pris. | 아니요, 전 커피를 마시지 않았어요. (en = du café) |
| Il y a des enfants dans la maison? | 집에 아이들이 있나요? |
| → Oui, il y *en* a. | 네, 아이들이 있습니다. (en = des enfantsl) |
| → Non, il n'y *en* a pas. | 아니요, 아이들이 없습니다. (en = des enfants) |
| Elle achète des brioches? | 그녀는 브리오슈를 사나요? |
| → Oui, elle *en* achète. | 네, 그녀는 브리오슈를 삽니다. (en = des brioches) |
| → Non, elle n'*en* achète pas. | 아니요, 그녀는 브리오슈를 사지 않습니다. (en = des brioches) |
| Il y a du fromage? | 치즈 있어요? |
| → Oui, il y *en* a. | 네, 치즈가 있습니다.(en = du fromage) |
| → Non, il n'y *en* a plus. | 아니요, 치즈가 더이상 없어요. (en = du fromage) |
| Vous avez des enfants? | 당신은 아이들이 있나요? |
| → Oui, j'*en* a trois. | 네, 저는 아이들이 3명 있어요. (en = enfants) |
| → Non, je n'*en* ai pas. | 아니요, 저는 아이들이 없어요. (en = enfants) |

## 2. 중성대명사 y

① 전치사 à + 사물명사를 대신한다.

| | |
|---|---|
| Tu penses à ton avenir? | 너는 너의 미래에 대해 생각하니? |
| → Oui, j'*y* pense. | 응, 난 그것에 대해 생각해. (y = à mon avenir) |

Vous avez consenti à leur avis? 당신은 그들의 의견에 동의했나요?
→ Oui, j'*y* ai consenti. 네, 전 거기에 동의했어요. (y = à leur avis)

Tu renonces à ce projet? 너는 그 계획을 포기하는 거니?
→ Non, je n'*y* renonce pas. 아니, 나는 그것을 포기하지 않아. (y = à ce projet)

Elle s'intéresse à la peinture? 그녀는 그림에 관심이 있나요?
→ Non, elle ne s'*y* intéresse pas. 아니요, 그녀는 그것에 관심이 없어요. (y = à la peinture)

Tu as assisté à la conférence ce matin? 오늘 아침, 너는 회의에 참석했니?
→ Non, je n'*y* ai pas assisté. 아니, 난 거기에 참석하지 않았어. (y = à la conférence)

# penser à 뒤에 사람이 올 경우는 중성대명사 y를 사용하지 않고 penser à + 강세인칭대명사를 사용한다.

Tu penses à ton pays natal? 넌 고향을 생각하니?
→ Oui, j'*y* pense. 응, 난 그것을 생각해. (y = à mon pays natal)

Tu penses à tes parents? 넌 부모님 생각하니?
→ Oui, je pense *à eux*. 응, 난 그들을 생각해.

② 장소를 나타내는 전치사 à, chez, dans, devant, en, sous, sur... + 장소 명사를 대신하며, 이때 대명사 y는 '거기서, 거기로'의 뜻이다.

Vous allez au Louvre demain? 당신은 내일 루브르에 가나요?
→ Oui, j'*y* vais demain. 네, 전 거기 갑니다. (y = au Louvre)

Antoine va à la piscine à pied? 앙투안은 수영장에 걸어서 가요?
→ Oui, il *y* va à pied. 네, 그는 거기에 걸어서 갑니다. (y = à la piscine)

Depuis quand est-il à Paris? 그는 언제부터 파리에 있나요?
→ Il *y* est depuis trois mois. 그는 3개월 전부터 거기에 있어요. (y = à Paris)

Son livre est sur la table? 그의 책은 테이블 위에 있나요?
→ Non, il n'*y* est pas. 아니요, 책은 거기에 있지 않아요. (y = sur la table)

Tu restes à Venise trois jours? 너는 베니스에서 3일간 머무르니?
→ Oui, j'*y* reste trois jours. 응, 난 거기서 3일을 머물러. (y = à Venise)

# aller 동사가 미래시제나 조건법으로 사용될 경우 중성대명사 y를 사용하지 않는다.

Tu iras au musée? 넌 박물관에 갈거니?
→ Oui, j'irai tout à l'heure. 응, 난 곧 갈거야.

### 3. 중성대명사 le

① 형용사를 대신한다.

Êtes-vous heureux? 당신은 행복하세요?
→ Oui, je *le* suis. 네, 전 행복합니다. (le = heureux)

② 속사로 사용되는 무관사 명사를 대신한다. (국적, 신분, 직업, 종교를 나타내는 명사)

Vous êtes coréen? 당신은 한국인이세요?
→ Oui, je *le* suis. 네, 전 한국인입니다. (le = coréen)

Ils sont étudiants? 그들은 학생들인가요?
→ Noni, ils ne *le* sont pas. 아니요, 그들은 학생이 아닙니다. (le = étudiants)

③ 직접보어로 사용되는 부정법을 대신한다.

Vous aimez faire du ski? 당신은 스키타는 것을 좋아하나요?
→ Oui, je *l'*aime. 네 전 스키타는 것을 좋아합니다. (le = faire du ski)

Tu peux partir en voyage? 너는 여행 떠날 수 있니?
→ Non, je ne *le* peux pas. 아니, 난 여행 떠날 수 없어. (le = partir en votage)

④ 앞 문장 전체를 대신한다.

Ellel est malade. Tu *le* sais? 그녀는 아프다. 너는 그걸 아니? (le = il est malade)

# 정관사 le, 직접목적보어대명사 le, 중성대명사 le의 구분

C'est *le* violon de Jean. 그것은 장의 바이올린이다. (le = 정관사)
Il *l'*aime beaucoup. 그는 그것(바이올린)을 무척 좋아한다. (le = le violon, 직접목적보어대명사)
Je *le* sais. 나는 그 사실을 안다. (le = il aime le violon, 중성대명사)

## Exercices

### 1. 다음 질문에 중성대명사를 사용하여 답하시오.

(1) Tu prends de la bière? → Oui,

(2) Elle a besion de repos? → Oui,

(3) Avez-vous beaucoup de travail? → Non,

(4) Alice va à Versailles? → Non,

(5) Vous reviens de Rome? →Oui,

### 2. 다음 예문처럼 중성대명사를 사용해서 문장을 만드시오.

Julien a deux chiens, mais Antoine n'en a pas.

(1) Adrien mange de la viande, mais Marc ____________________.

(2) Elle a des enfants, mais vous ____________________.

(3) Alain achète du fromage, mais Max ____________________.

(4) Je bois du café, mais Léo ____________________.

(5) Jean a une moto, mais Alice ____________________.

(6) Elle s'intéresse à la politique, mais je ____________________.

(7) Nous allons au théâtre, mais vous ____________________.

(8) Il aime jouer au foot, mais je ____________________.

(9) Son mari est français, mais elle ____________________.

(10) Ma soeur habite à Paris, mais je ____________________.

## Leçon 38. 목적보어대명사와 중성대명사의 쓰임과 위치

### 1. 목적보어대명사와 중성대명사의 위치

| A | B | C | D | E |
|---|---|---|---|---|
| me<br>te<br>nous<br>vous | le<br>la<br>les | lui<br>leur | y | en |

① 대명사들의 가능한 조합은 A + B, B + C, A + D, B + D, A + E, 혹은 C + E이다.

– A + B :

Paul vous explique son projet? 폴은 당신에게 자신의 계획을 설명하나요?

→ Oui, il *me l'*explique. 네, 그는 나에게 계획을 설명합니다. (le = son projet)

– B + C :

Tu as montré ces photos à tes amis? 너는 그 사진들을 친구들에게 보여주었니?

→ Non, je ne *les leur* ai pas montrées. 아니, 난 그들에게 사진들을 보여주지 않았어.

(les = ces photos, leur = à mes parents)

– A + D :

Il vous a invités à la fête? 그가 너희들을 축제에 초대했니?

→ Oui, il *nous y* a invités. 응, 그가 우리를 거기에 초대했다. (y = à la fête)

– B + D :

Avez-vous mis les livres dans votre voiture? 당신은 책들을 차 안에 두었나요?

→ Oui, je *les y* ai mis. 네, 난 책들을 차에 두었어요.

(les = mes livres, y = dans ma voiture)

– A + E :

Elle vous a parlé de ce problème? 그녀는 당신에게 그 문제에 관해 말했나요?

→ Non, elle ne *m'en* a pas parlé. 아니요, 그녀는 그 문제에 대해 내게 말하지 않았어요. (en = de ce problème)

– C + E :

Tu as parlé à Sophie de mon histoire? 넌 소피에게 내 얘기를 말했니?

→ Non, je ne *lui en* ai pas parlé. 난 그녀에게 네 얘기를 하지 않았어. (lui = à Sophie, en = de ton histoire)

# présenter 동사의 경우 보어대명사의 쓰임은 다음과 같다.

– 직접목적보어와 간접목적보어가 둘 다 1인칭, 2인칭일 경우

Il me vous présente. (×) → Il vous présente à moi. (o) 그는 당신을 내게 소개한다.

– 직접목적보어가 1인칭, 2인칭이고 간접목적보어가 3인칭일 경우

Je vous lui présente. (×) → Je vous présente à elle. (o) 전 당신을 그녀에게 소개합니다.

② 목적보어대명사와 중성대명사가 함께 있는 문장에서는 보어대명사 + 중성대명사 + 동사의 순서대로 놓인다.

J'emmène mes enfants à l'école. 난 아이들을 학교에 데려다준다.

→ Je *les y* emmène. 난 그들을 거기에 데려다준다.

(les = mes enfants, y = à l'école)

Il te prête des livres? 그는 너에게 책들을 빌려주니?

→ Non, il ne m'*en* donne pas 아니, 그는 나에게 그것들을 빌려주지 않아. (en = des livres)

J'ai emmenè mes enfants à l'école. 난 아이들을 학교에 데려다주었다.
→ Je *les y* ai emmenés. 난 그들을 거기에 데려다주었다.
(les = mes enfants, y = à l'école)

Tu as parlé de ton voyage à tes amis? 너는 여행에 관해 친구들에게 말랬니?
→ Oui, J'ai *leur en* parlé. 응, 나는 그들에게 그것에 관해 말했어.
(leur = à mes amis, en = de mon votage)

\# 부정문에서는 ne + 목적보어대명사 + 중성대명사 + (조)동사 + pas + (과거분사)의 순서대로 놓인다.

Je ne parle pas de ce problème à mes parents. 난 부모님께 이 문제에 대해 말하지 않는다.
→ Je ne *leur en* parle pas. 난 그들에게 그것에 대해 말하지 않는다.
(leur = à mes parents, en = de ce problème)

Je n'ai pas parlé de ce problème à mes parents. 난 부모님께 이 문제에 대해 말하지 않았다.
→ Je ne *leur en* ai pas parlé. 난 그들에게 그것에 대해 말하지 않았다.
(leur = à mes parents, en = de ce problème)

③ il y en a~의 비인칭 구문에서는 중성대명사 y와 en이 함께 사용될 수 있으며 이때 y + en의 순서대로 놓인다.

Y a-t-il beaucoup de monde? 사람들이 많이 있나요?
→ Oui, il *y en* a beaucoup. 네, 사람들이 많이 있어요.
→ Non, il n'y *en* a pas beaucoup. 아니요, 사람들이 많지 않습니다. (en = de monde)

④ 중성대명사 le는 주로 속사 역할을 하므로 목적어로 사용되는 다른 대명사와 함께 사용되지 않으며 단독으로 사용된다.

Vous êtes étudiant?　당신은 학생입니까?
→ Oui, je *le* suis.　네, 저는 학생입니다. (le = étudiant)

Est-elle pressée?　그녀는 바쁜가요?
→ Oui, elle *l'*est.　네, 그녀는 바쁩니다. (le = pressée)

⑤ 부정법 동사 앞에서 목적보어대명사와 중성대명사의 위치 : 목적보어대명사 + 중성대명사 + 부정법 동사의 순서대로 놓인다.

Elle doit parler de cette histoire à ses parents. 그녀는 부모님께 그 이야기를 말해야 한다.
→ Elle doit *leur en* parler. (leur = à ses parents, en = de cette histoire)

Je vais montrer ces photos à mes amis. 난 조금 후에 그 사진들을 내 친구들에게 보여줄 것이다.
→ Je vais *les leur* montrer. (les = ces photos, leur =à mes amis)

⑥ 긍정명령문에서 동사 + 직접목적보어대명사 + 간접목적보어대명사 + 중성대명사 y/en의 순서대로 놓인다.

Donnez ce livre à Marie!　→ Donnez-*le*-*lui*!　마리에게 그 책들을 주시오!
(le = ce livre, lui = à Marie)

Donnez-moi du sucre!　→ Donnez-*m'en*!　제게 설탕을 주세요. (en = du sucre)

Mettez du whisky dans le verre!　→ Mettez-*y*-*en*!　잔에 위스키를 넣으세요.
(y = dans le verre, en = du whisky)

Parlez leur de cette histoire!　→ Parlez-*leur*-*en*!　그들에게 그것에 관해 말하시오!

(Cf. Ne *leur en* parlez pas!
그들에게 그것에 관해 말하지 마시오!)

## 2. 목적보어대명사와 중성대명사의 쓰임

| | |
|---|---|
| ① 목적보어대명사 le, la, les로 대신할 수 있는 명사 | → 소유형용사/ 지시형용사/ 정관사 + 명사 |
| ② 중성대명사 le로 대신할 수 있는 명사 | → 무관사 명사;<br>그 외에도 형용사, 부정법, 앞 문장 전체 |
| ③ 중성대명사 en으로 대신할 수 있는 명사 | → 부정관사/ 부분관사 + 명사; de + 명사 |
| ④ 중성대명사 y로 대신할 수 있는 명사 | → de 이외의 전치사 + 사물 명사 |

① Tu aimes Marie? — 너는 마리를 운동을 좋아하니?

→ Oui, je *l'*aime. — 응, 난 그녀를 좋아해. (l' = Marie)

Vous connaissez ces étudiants? — 당신은 저 학생들을 아세요?

→ Non. je ne *les* connais pas. — 아니요, 전 저들을 알지 못합니다. (les = ces étudiants)

② Il est médecin? — 그는 의사인가요?

→ Non, il ne *l'*est pas. — 아니요, 그는 의사가 아닙니다. (le = médecin)

Elle est hônnete? — 그녀는 정직한가요?

→ Oui, elle *l'*est. — 네, 그녀는 정직합니다. (l' = hônnete)

Elle aime faire la cuisine? — 그녀는 요리하기를 좋아하나요?

→ Non, elle ne *l'*aime pas. — 아니요, 그녀는 요리하기를 좋아하지 않습니다. (le = faire la cuisine)

Sa mère est malade. Je *le* sais. — 나는 그의 어머니가 아프다는 걸 알고 있다. (le = Sa mère est malade)

③ Elle achète de belles fleurs? — 그녀는 아름다운 꽃들을 사나요?

→ Non, elle n'*en* achète pas. — 아니요, 그녀는 꽃들을 사지 않습니다. (en = de belle fleurs)

Vous mangez du fromage? — 당신은 치즈를 드시나요?

→ Oui, j'*en* mange souvent. — 네, 저는 치즈를 자주 먹어요. (en = du fromage)

Tu as beaucoup de devoirs? 너는 숙제가 많니?
→ Oui, j'*en* ai beaucoup. 응, 난 숙제가 많아. (en = de devoirs)

Tu prends la clef de la chambre? 너는 방 열쇠를 가지고 있니?
→ Oui, j'*en* prends la clef. 응, 난 가지고 있어. (en = de la chambre)

Parlez-vous de ce roman? 당신은 그 소설에 대해 이야기 하나요?
→ Non, je n'*en* parle pas. 아니요, 전 그 소설에 대해 이야기하지 않아요. (en = de ce roman)

④ Pensez-vous à votre pays natal? 당신은 고향을 생각하나요?
→ Oui, j'*y* pense toujours. 네, 전 항상 고향을 생각합니다. (y = à mon pays)

Depuis quand êtes-vous à Paris? 당신은 언제부터 파리에 계신가요?
→ J'*y* suis depuis trois mois. 저는 3달 전부터 파리에 있습니다. (y = à Paris)

Combien de temps avez-vous passé dans ce village?
당신은 이 마을에서 얼마나 지냈나요?
→ J'*y* ai passé une semaine. 저는 이 마을에서 일주일을 지냈어요. (y = dans ce village)

## Exercices

**1. 다음 밑줄 친 부분을 대명사로 바꾸어 문장을 다시 쓰시오.**

(1) Il a parlé de son avenir à ses parents.

(2) Tu as envoyé les dossiers à Alex.

(3) Elle met ses livres dans votre voiture.

(4) J'ai invité mes amis à la fête.

(5) Il a donné des bonbons à Marie.

**2. 다음 물음에 적합한 대명사를 사용하여 긍정으로 답하시오.**

(1) Cette robe te plaît?

(2) Madame, vous avez acheté des lunettes au grand magasin?

(3) Tu es allé au musée aujourd'hui?

**3. 다음 물음에 적합한 대명사를 사용하여 부정으로 답하시오.**

(1) Vous avez emprunté de l'argent à votre ami?

(2) Il donne de belles fleurs à son amie?

(3) Avez-vous mis de la viande dans le frigo?

## 프랑스 문화 알아보기

### ▶ 노래하는 작은 새, 에디트 피아프(Édith Piaf)

에디트 피아프는 1951년 파리의 빈민가에서 태어나 15세 무렵부터 거리의 가수로 생계를 이어가다가 클럽에서 노래를 부르게 되었다. 키가 유난히 작았던 에디트는 작은 새가 노래하는 것 같다고 하여 'la Môme Piaf'('작은 새 피아프')라는 별명을 얻게 되었으며 무대에서 노래할 때 검은색 원피스를 입어서 그때부터 검은색 의상은 에디트의 트레이드 마크가 되었다. 이후 에디트는 음반을 발매하며 유명 가수로 발돋움하게 된다.

에디트 피아프

(출처 : 야후 프랑스, Wikipédia)

에디트 피아프는 흡인력 있는 애절한 목소리뿐 아니라 그녀의 고독하고 드라마틱한 삶이 그대로 녹아있는 가사로 듣는 이들의 마음을 움직였다. 특히 [사랑의 찬가, Hymne à l'amour]는 연인이었던 마르셀 세르당이 비행기 추락 사고로 갑자기 죽자 죽은 연인을 생각하며  고통 속에서 부른 절절한 노래이다.

| | |
|---|---|
| Le ciel bleu sur nous peut s'effrondrer | 푸른 하늘이 무너지고 |
| Et la terre peut bien s'écrouler. | 모든 대지가 허물어져도 |
| Peu m'importe si tu m'aimes. (...) | 당신이 나를 사랑한다면 상관 없어요 (...) |

에디트 피아프는 성공한 가수가 되었지만 심신은 피폐해져 갔으며 1963년 47세의 나이로 생을 마치게 된다. 그녀의 마지막 히트곡인 [아니오, 난 아무 것도 후회하지 않아요, Non, je ne regrette rien]는 우리에게는 레오나르도 디카프리오의 영화 [인셉션]의 오리지널 사운트 트랙과 광고 음악 등으로 알려져 있지만, 그녀의 비극적인 인생을 대변해주는 노래이다.

| | |
|---|---|
| Non! Je ne regrette rien | 아니오! 난 아무 것도 후회하지 않아요 |
| Ni le bien, qu'on m'a fait | 사람들이 내게 주었던 행복도 불행도 |
| Ni le mal, tout ça m'est bien égal! (...) | 이제 나와는 아무 상관 없어요! (...) |
| Non! Je ne regrette rien | 아니오! 난 아무 것도 후회하지 않아요 |

## Leçon 39. 관계대명사 단순형(Les relatifs simples) : qui, que, dont, où

### 1. 형태

: 관계대명사 단순형은 선행사의 성・수에 따라 변화하지 않는 관계대명사이다.

| | 사람 | 사물 |
|---|---|---|
| 주어 | qui | qui |
| 직접목적어, 속사 | que (qu') | que (qu') |
| 간접목적어, 상황보어 | 전치사 + qui | 전치사 + quoi |
| de + | dont | |
| 시간보어, 장소보어 | où | |

### 2. 용법

#### (1) qui

① 관계절에서 주어 역할을 하며 선행사는 사람, 혹은 사물이다. qui 뒤에 모음이나 무음 h로 시작하는 동사가 오더라고 모음생략 되지 않는다.

Il a rencontré Alice *qui* est sa cousine. 그는 사촌 알리스를 만났다.
Apportez ici le portable *qui* est sur la table. 테이블 위에 있는 핸드폰을 가져다주세요.
Je bois du café au lait *qui* est chaud. 난 따뜻한 카페라테를 마신다.
L'homme *qui* passe devant le café est mon oncle. 카페 앞을 지나가는 남자는 내 삼촌이다.
La dame *qui* a les cheveux frisés est ma professeur de français.
곱슬 머리의 부인이 나의 프랑스어 선생님이다.

② c'est~ qui~ : 강조하기 위해 사용한다.

*C'est* Jean *qui* vient d'arriver. 방금 도착한 사람은 쟝이다.
*C'est* moi *qui* ai fait la cuisine. 요리한 사람은 나다.

### (2) 전치사 + qui

: 관계절에서 간접보어 혹은 상황보어 역할을 하며 선행사는 사람이다.

Celle *à qui* j'ai téléphoné est ma mère. 내가 전화를 한 사람은 엄마이다.
*De qui* parlez-vous? 당신은 누구에 대해 말하는 겁니까?
Ceux *avec qui* je suis allé au cinéma sont mes cousins.
내가 극장에 함께 갔던 사람들은 내 사촌들이다.
C'est mon ami *avec qui* j'ai dîné. 내가 저녁식사를 함께 한 사람은 내 친구이다.

### (3) que

① 관계절에서 속사나 목적어 역할을 하며 선행사는 사람, 혹은 사물이다.

Elle écoute le CD *qu'*il a donné. 그녀는 그가 준 CD를 듣는다.
Tu connais le musée *que* nous allons visiter? 넌 우리가 곧 방문하게 될 박물관을 알고 있니?
Quel est le livre *que* tu as lu? 네가 읽은 책은 어떤 거니?
Voilà le musée d'Orsay *que* nous cherchons. 저기에 우리가 찾고 있는 오르세 박물관이 있다.
C'est ma soeur *que* j'attends. 내가 기다리는 사람은 내 누이이다.

② c'est~ que~ : 강조하기 위해 사용한다.

*C'est* Jean *que* j'attends. 내가 기다리는 사람은 쟝이다.
*C'est* Jean *que* j'ai vu hier. 내가 어제 만난 사람은 쟝이다.

③ 관계절의 문장이 복합시제일 경우 직접목적보어가 동사보다 앞에 위치해 있으면 과거분사는 직접목적보어의 성・수에 일치한다.

Je voudrais échanger cette jupe *que* j'ai acheté<u>*e*</u> hier.

저는 어제 산 이 치마를 교환하고 싶은 데요. (acheter 동사의 직접목적어는 cette jupe[여성 단수형]이므로 과거분사를 그 목적어의 성·수에 일치시킨다.)

La femme *que* tu as attendu<u>*e*</u> est ta soeur?

네가 기다렸던 여자가 네 누이이니? (attendre 동사의 목적어는 la femme[여성 단수]이며, 그 목적어의 성·수에 일치시킨다.)

Elle a perdu ses lunettes de soleil *que* je lui avais prêté<u>*es*</u>.

그녀는 내가 그녀에게 빌려준 선글라스를 잃어버렸다. (prêter 동사의 직접목적어는 ses lunettes de soleil[여성 복수형]이므로 과거분사를 그 목적어의 성·수에 일치시킨다.)

### (4) 전치사 + quoi

: 관계절에서 간접보어 혹은 상황보어 역할을 하며 선행사는 사물 혹은 중성대명사(ce, rien, quelque chose)이며 대개 생략된다.

C'est (ce) à quoi je pense. 이것이 내가 생각하는 것이다.

Dite–moi de quoi tu veux parler. 네가 말하고 싶은 게 뭔지 말해봐.

### (5) dont

: 관계절에서 명사, 형용사, 혹은 동사의 보어 역할을 하며 선행사는 사람, 혹은 사물이다.

① 명사의 보어

Je mets le chapeau *dont* la couleur est bleue. 난 파란색 모자를 쓴다.

C'est un chanteur célèbre dont tout le monde connaît les chansons.

그 사람은 모두가 그의 노래를 알고 있는 유명한 가수이다.

② 형용사의 보어

C'est l'exposition *dont* je suis très content. 그것은 내가 매우 만족스러워하는 전시회이다.
Voilà Alice *dont* tu es amoureux. 저기에 네가 좋아하는 알리스가 있다.

③ 동사의 보어

J'écoute le musicien *dont* tu m'as parlé. 난 네가 말한 음악가의 음악을 듣고 있다.
Le romancier *dont* elle parle a reçu le prix Nobel. 그녀가 말하고 있는 소설가는 노벨상을 받았다.
L'ordinateur *dont* je me sers est nouveau. 내가 사용하고 있는 컴퓨터는 새 것이다.

# 전치사 de를 수반하는 전치사구의 경우에는 dont을 사용하지 않고 대신 복합형 관계대명사 duquel, de laquelle, desquels, desquelles을 사용한다.

Il y a un parc *près duquel* j'habite. 내가 살고 있는 근처에 공원이 있다.
Elle habite à l'appartement *à côté duquel* il y a le musée.
그녀는 옆에 박물관이 있는 아파트에 살고 있다.

④ 수량의 보어

Il y a étudiants *dont* deux sont français. 학생들이 있는데 그중 3명은 프랑스인이다.

# ce qui/ ce que/ ce dont : '~한 것'이라는 의미이다.

*Ce qui* me touche, c'est la musique. 나를 감동시키는 것, 그것은 음악이다.
*Ce que* je déteste c'est l'injustice. 내가 싫어하는 것, 그것은 불의이다.
Devinez *ce dont* il a besoin. 그가 필요한 게 뭔지 알아 맞춰보세요.

## (6) où

① 선행사가 시간 명사이며 관계절에서 시간 보어의 역할을 한다.

Nous avons fait du ski le jour *où* il neigait. 눈이 내리는 날 우리는 스키를 탔다.
J'aime le printemps *où* les fleurs fleurissent. 나는 꽃이 피는 봄을 좋아한다.
Le jour *où* je suis pressé est lundi. 내가 바쁜 날은 월요일이다.

② 선행사가 장소 명사이며 관계절에서 장소 보어의 역할을 한다.

La ville *où* Mozart est né est Salzburg. 모차르트가 태어난 도시는 잘츠부르크이다.
Le parc *où* nous allons est près d'ici. 우리가 가는 공원은 여기에서 가깝다.
C'est la montagne Hanlla *où* je suis monté hier. 저것이 내가 어제 올라갔던 한라산이다.

# 선행사가 장소나 시간을 나타내는 보어일지라도 관계절에서 직접목적보어의 역할을 할 경우에는 관계대명사 que를 사용한다.

J'aime Prague *où* j'habite. 나는 내가 살고있는 프라하를 좋아한다.
J'aime Prague *que* j'ai visité. 나는 내가 방문했던 프라하를 좋아한다.

## Exercices

### 1. 다음 문장에 알맞은 관계대명사를 넣으시오.

(1) Le monsieur ________ tu as rencontré tout à l'heure est mon oncle.

(2) Il boit de la bière ________ est fraîche.

(3) La moto ________ tu m'as offerte est garée dehors.

(4) Voilà la librairie ________ je vais souvent.

(5) Elle achète les livres ________ elle a besoin.

### 2. 다음 두 문장을 관계대명사를 사용하여 하나의 문장으로 연결하시오.

(1) Elle lit un roman. Il est très intéressant.

(2) Nous allons visiter une ville. La ville est très grande.

(3) Je mange des spaghettis. Ils sont délicieux.

(4) Je vois un film. Tu m'as parlé de ce film.

(5) Je porte un pull. J'ai acheté hier le pull hier.

### 3. 다음 문장에 알맞은 전치사 + 관계대명사를 넣으시오

(1) Ceux ________ je voyage pendant les grande vacances sont mes amis.

(2) ________ parles-tu?

(3) C'est une chose ________ je m'attend.

(4) Celui ________ il croit est son père.

(5) Dite–moi _______ tu veux parler.

# Leçon 40. 관계대명사 복합형(Les relatifs composés) : lequel, laquelle, lesquels, lesquelles

## 1. 형태

: 관계대명사 복합형은 lequel, laquelle, lesquels, lesquelles의 네 가지 형태가 있으며, 선행사의 성・수에 일치시켜 사용한다. 관계대명사 복합형 앞에는 다양한 전치사가 올 수 있다.

| | 남성단수 | 여성단수 | 남성복수 | 여성복수 |
|---|---|---|---|---|
| | lequel | laquelle | lesquels | lesquelles |
| à + | auquel | à laquelle | auxquels | auxquelles |
| de + | duquel | de laquelle | desquels | desquelles |
| dans + | dans lequel | dans laquelle | dans lesquels | dans lesquelles |
| sur + | sur lequel | sur laquelle | sur lesquels | sur lesquelles |
| par + | par lequel | par laquelle | par lesquels | par lesquelles |
| pour + | pour lequel | pour laquelle | pour lesquels | pour lesquelles |

## 2. 용법

① 선행사는 사람 혹은 사물이며, 관계절에서 주어나 직접보어 역할을 한다. qui, que와 같은 뜻이지만 문장의 애매함을 피하고 정확한 의미 전달을 위해 qui, que 대신 사용한다.

Je connais la fille de cet homme *lequel* est mon ami.

나는 저 남자의 딸을 알고 있는데 그는 내 친구이다. (lequel = cet homme)

Je connais la fille de cet homme *laquelle* est mon amie.

나는 저 남자의 딸을 알고 있는데 그녀는 내 친구이다. (laquelle = la fille)

② 관계대명사 복합형 앞에 à, de, avec, dans, devant, pour 등의 전치사가 올 수 있는데 à와 de의 경우에는 단축형으로 사용된다.

C'est le cinéma *auquel* (=où) j'ai vu ce film. 저기가 내가 그 영화를 본 극장이다.

C'est le jour *à partir duquel* l'horaire des cours change.

오늘부터 수업 시간표가 바뀌는 날이다.

\# 관계대명사 dont과 복합형 관계대명사 duquel, de laquelle, desquels, desquelles

: dont은 관계절에서 사용된 명사, 형용사, 혹은 동사에 관용적으로 뒤따르는 전치사 de를 포함한 선행사를 받는다. 반면에 duquel은 전치사구에 포함되어 있는 전치사 de를 포함한 선행사를 받는다.

┌ Le soir, je me promène dans le parc. 저녁마다 나는 공원을 산책한다.
└ J'habite près du parc. 나는 그 공원 근처에 살고 있다.

→ Le soir, je me promène dans le parc *près duquel* j'habite.

저녁마다 나는 내가 살고 있는 근처의 공원을 저녁마다 산책한다.

┌ Voilà un parc. 저기 공원이 있다.
└ Je t'ai parlé de ce parc. 나는 그 공원에 대해 너에게 말했다.

→ Voilà un parc *dont* je t'ai parlé. 저기에 내가 너에게 말했던 공원이 있다.

③ 전치사 + 복합형의 경우 선행사는 사람 혹은 사물이며, 애매함을 피하고 정확한 의미 전달을 위해 사용한다. 선행사가 사람일 때는 전치사 + qui, 전치사 + lequel/ laquelle/ lesquels/ lesquelles을 모두 사용할 수 있다. 반면에 선행사가 사물일 때는 전치사 + lequel, laquelle/ lesquels/ lesquelles만을 사용한다.

J'aime bien cette amie *avec laquelle* (= *avec qui*) je bois souvent du café.

나는 자주 함께 차를 마시는 이 친구를 좋아한다.

C'est mon oncle *chez lequel* (= *chez qui*) j'ai dîné hier.

이 분이 어제 내가 그의 집에서 저녁을 먹었던 나의 삼촌이다.

Nous allons à la Monmartre *sur laquelle* le Sacré–Coeur se situe.
우리는 사크레쾨르가 있는 몽마르트르에 간다.

L'entreprise *pour laquelle* je travaille est à Paris.
내가 일하고 있는 회사는 파리에 있다.

C'est le musée d'Orsay *dans lequel* il y a beaucoup de peintures impressionistes.
저것이 오르세 미술관인데 그 안에는 많은 인상파 회화작품들이 있다.

Le feuteuil *dans lequel* je suis assis est confortable. 내가 앉아있는 의자는 편하다.

Elle explique la raison *pour laquelle* elle est en retard. 그녀는 늦은 이유를 설명한다.

Les vacances durent deux mois *pendant lesquelles* je vais à Paris pour le stage linguistique. 방학은 두 달인데 나는 어학연수를 위해 파리에 간다.

Voilà la maison *auprès de laquelle* il y a beaucoup d'arbres et de fleurs.
주변에 많은 나무들과 꽃들이 있는 집이 저기에 있다.

# 선행사가 동물일 때 전치사가 그 앞에 오면 전치사 + 복합형을 사용한다.

J'ai deux chiens *avec lesquels* je me promène le soir.
난 강아지 두 마리가 있는데 저녁마다 함께 산책한다.

## Exercices

### I. 다음 문장에 괄호에 제시된 말에 맞는 복합관계대명사를 넣으시오.

(1) C'est l'étudiant _________ j'ai offert des livres. (그 학생에게)

(2) J'ai les photos de Rome ________ on voit les monuments et ma famille. (그 사진 위에서)

(3) Le café __________ nous avons rencontré est au premier étage. (그 카페 안에서)

(4) Les jeunes filles __________ je voyage sont mes vieilles amies. (그 친구들과 함께)

(5) Tu connais la raison __________ il est malade? (그 이유 때문에)

### 2. 다음 두 문장을 복합관계대명사를 사용해서 하나의 문장으로 연결하시오.

(1) C'est la problème. Je pense à la problème.

(2) Elle a passé l'examen. Elle se préparait l'examen depuis deux ans.

(3) Ce sont les films de Truffaud. J'aime bien les film de Truffaud.

(4) J'habite à la maison. Il y a un parc près de la maison.

(5) Le vélo est bleu. Je me sers souvent le vélo pour aller à l'école.

### 3. 다음 물음에 복합관계대명사를 사용하여 답하시오.

(1) Vous demeurez dans la chambre confortable? → Oui,

(2) Tu t'intéresse au cinéma, surtout au film noir? → Oui,

(3) Elle habite en face de la boulangerie fameuse? → Oui,

(4) Il mange le déjeuner avec les amis sympas? → Oui,

(5) Elle habite au village tranquille? → Oui,

## Résumé et plus-savoir (Leçon 36 ~ Leçon 40)

### ▣ 목적보어대명사

| | | |
|---|---|---|
| 직접보어 · 간접보어 | me | Elle *m'* attend. 그녀는 나를 기다린다.<br>Elle *me* parle. 그녀는 나에게 말한다. |
| | te | Il *t'* attend. 그는 너를 기다린다.<br>Il *te* parle. 그는 너에게 말한다. |
| | nous | Il *nous* attend. 그는 우리를 기다린다.<br>Il *nous* donne des cadeaux. 그는 우리에게 선물을 준다. |
| | vous | Elle *vous* aime. 그녀는 당신(들)을 사랑한다.<br>Elle *vous* téléphone. 그녀는 당신(들)에게 전화한다. |
| 직접보어 | le | Je *le* connais. 나는 그를 알고 있다.<br>Je *le* donne à Sophie. 나는 그것을 소피에게 준다 |
| | la | Je *la* connais. 나는 그녀를 알고 있다.<br>Je *la* donne à Sophie. 나는 그것을 소피에게 준다. |
| | les | Je *les* connais. 나는 그(녀)들을 알고 있다.<br>Je *les* donne à Sophie. 나는 그것들을 소피에게 준다. |
| 간접보어 | lui | Cette maison *lui* plaît. 이 집은 그(녀)의 마음에 든다. |
| | leur | Il *leur* parle de ce problème. 그는 그(녀)들에게 그 문제에 대해 말한다. |

### ▣ 목적보어대명사의 위치

| 주어 | (ne) | 직접, 간접 보어 | 직접보어 | 간접보어 | (조)동사 | (pas) | (p.p.) |
|---|---|---|---|---|---|---|---|
| | | 사람 | 사람, 사물 | 사람 | | | |
| 주어 | (ne) | me 나를, 나에게<br>te 너를, 너에게<br>nous 우리를, 우리에게<br>vous 당신(들)을[에게] 너희들을[에게] | le 그를, 그것을<br>la 그녀를, 그것을<br>les 그(녀)들을, 그것들을 | lui 그(녀)에게<br>leur 그(녀)들에게 | (조)동사 | (pas) | (p.p.) |

| | |
|---|---|
| 항상 동사 앞에 위치<br>#긍정명령문 제외 | Je *le leur* donne. 나는 그것을 그(녀)들에게 준다.<br>Ne *le leur* donne pas! 그것을 그(녀)들에게 주지 말아라!<br># Donne–*le*–*leur*! 그것을 그(녀)들에게 주어라! |
| 준조동사의 부정법 :<br>부정법 동사 앞에 위치 | Je peux *le* faire. 나는 그것을 할 수 있다.<br>Je vais *le* faire. 나는 조금 후에 그것을 할 것이다.<br>Je vient de *le* faire. 나는 조금 전에 그것을 했다. |
| 복합시제에서의 목적어의 성·수에 일치시키기 | Tu as invité tes amis? 너는 친구들을 초대했니?<br>→ Oui, je *les* ai invités. 응, 나는 그들을 초대했어. |
| 부정문에서의 위치 :<br>– 단순시제 : ne + 대명사 + pas<br>– 복합시제 : ne + 대명사 + 조동사 + 과거분사<br>– 준조동사와 함께 :<br>ne + 준조동사 + pas + 대명사 + 부정법 동사 | Je ne *le lui* donne pas.<br>나는 그것을 그(녀)에게 주지 않는다.<br>Je ne *le lui* ai pas donné.<br>나는 그것을 그(녀)에게 주지 않았다.<br>Je ne peut pas *le lui* donner.<br>나는 그것을 그(녀)에게 줄 수 없다.<br>Je n'ai pas pu *le lui* donner.<br>나는 그것을 그(녀)에게 줄 수 없었다. |

## ▣ 중성대명사

| | | |
|---|---|---|
| en | 전치사 de + 명사<br>부정관사, 부분관사 + 명사<br>수량을 나타내는 표현 + 명사 | La couleur *en* est belle. 그것의 색깔은 아름답다.<br>Elle *en* est contente. 그녀는 그것에 만족한다.<br>J'*en* ai beaucoup. 나는 그것을 많이 가지고 있다.<br>Il n'*y* en a plus. 그것은 더 이상 없다.<br>Il *en* a trois. 그는 그것을 세 개 가지고 있다.<br>Elle *en* revient. 그녀는 거기서 돌아온다. |
| y | 전치사 à + 사물명사<br>장소를 나타내는 전치사 à, chez, dans, devant, en, sous, sur... + 장소명사 | J'*y* pense. 나는 그것을 생각한다.<br>Je m'*y* intéresse. 나는 그것에 관심있다.<br>Je n'*y* renonce pas. 나는 그것을 포기하지 않는다.<br>Elle *y* assiste. 그녀는 거기에 참가한다.<br>J'*y* vais. 나는 거기에 간다.<br>Elle n'*y* est pas. 그녀는 거기에 없다. |
| le | 형용사<br>속사로 쓰인 무관사 명사<br>직접보어로 사용되는 부정법<br>앞 문장 전체 | Je *le* suis. 나는 그렇다.<br>Elle *l'*est. 그녀는 그렇다.<br>Je ne *le* peux pas. 나는 그것을 할 수 없다.<br>Elle *le* sait. 그녀는 그 사실을 알고 있다. |

## ▣ 목적보어대명사와 중성대명사의 위치와 가능한 결합 :

A + B, B + C, A + D, B + D, A + E, C + E

| A | B | C | D | E |
|---|---|---|---|---|
| me<br>te<br>nous<br>vous | le<br>la<br>les | lui<br>leur | y | en |

| | | |
|---|---|---|
| A + B | Je *vous l'*explique. | 나는 당신(들)에게 그것을 설명한다. |
| B + C | Il *les leur* montre. | 그는 그(녀)들에게 그것들을 보여준다. |
| A + D | Elle *nous y* invite. | 그녀는 우리를 거기에 초대한다. |
| B + D | Je *les y* mets. | 나는 그것들을 거기에 둔다. |
| A + E | Vous *m'en* parle. | 당신(들)은 그것에 대해 내게 말한다. |
| C + E | Je *leur en* parle. | 나는 그(녀)들에게 그것에 대해 말한다. |

## ▣ 목적보어대명사와 중성대명사의 쓰임

| | |
|---|---|
| ① 소유형용사, 지시형용사, 정관사 + 명사 : 목적보어대명사 le, la, les | Tu connais ces garçon? 너는 그 소년들을 아니?<br>→ Oui, je *les* connais. 응, 나는 그들을 알아. |
| ② 무관사 명사/ 형용사/ 부정법/ 절 : 중성대명사 le | Il est avocat? 그는 변호사입니까?<br>→ Oui, il *l'*est. 네, 그는 그렇습니다.<br>Vous aimez écouter la musique? 당신은 음악 듣는 것을 좋아하세요?<br>→ Oui, je *l'*aime. 네, 저는 좋아합니다. |
| ③ 부정관사, 부분관사, de + 명사 : 중성대명사 en | Tu achètes de la viande? 너는 고기를 사니?<br>→ Oui, j'*en* achète. 응, 나는 그것을 사. |
| ④ de 이외의 전치사 + 사물명사 : 중성대명사 y | Elle habite à Paris? 그녀는 파리에 살고 있나요?<br>→ Oui, elle *y* habite. 네, 그녀는 거기에 살아요. |

## ▣ 관계대명사 단순형

| | 사람 | 사물 |
|---|---|---|
| 주어 | qui | qui |
| | L'étudiant *qui* vient d'arriver est Paul. 방금 도착한 학생은 폴이다. | Je bois un coca-cola *qui* est frais.<br>나는 시원한 콜라를 한 잔 마신다.<br>Ce *qui* me choque est la misère de la guerre.<br>내게 충격적인 것은 전쟁의 비참함이다. |
| 직접목적어, 속사 | que (qu') | que (qu') |
| | La femme *qu'*il aime est Alice.<br>그가 사랑하는 여자는 알리스이다.<br>C'est Julie *que* j'ai vu hier.<br>내가 어제 만난 사람은 줄리이다. | Voilà le musée du Louvre *que* nous cherchons.<br>저기에 우리가 찾고 있는 루브르 박물관이 있다. |
| 간접목적어, 상황보어 | 전치사 + qui | 전치사 + quoi |
| | *De qui* parles-tu?<br>너는 누구에 대해 말하고 있니? | *De quoi* parles-tu?<br>너는 무엇에 대해 말하고 있니? |
| de + | dont | |
| | Elle met une robe *dont* la couleur est blanche.<br>그녀는 흰색 원피스를 입는다.<br>Quel est le sujet *dont* tu parles?<br>네가 말하는 주제는 어떤 것이니?<br>Il a enfin acheté la moto *dont* il rêvait depuis lontemps.<br>그는 드디어 오래전부터 꿈꾸던 오토바이를 샀다. | |
| 시간 보어, 장소 보어 | où | |
| | Le village *où* je suis né est un petit village.<br>내가 태어난 마을은 작은 마을이다.<br>Je suis allé à la mer le jour *où* il neigait.<br>눈이 내리던 날 나는 바다에 갔다. | |

## ▣ 관계대명사 복합형

| | 남성단수 | 여성단수 | 남성복수 | 여성복수 |
|---|---|---|---|---|
| | lequel | laquelle | lesquels | lesquelles |
| | Tu connais les romans de cet auteur *lequel* est connu?<br>너는 유명한 그 작가의 소설들을 알고 있니?<br>Tu connais les romans de cet auteur *lesquels* sont intéressants?<br>너는 그 작가의 재미있는 소설들을 알고 있니? | | | |
| à + | auquel | à laquelle | auxquels | auxquelles |
| à + | Le cours *auquel* j'assite est intéressant.<br>내가 듣고 있는 강의는 흥미롭다.<br>La solution *à laquelle* tu penses est la meilleure?<br>네가 생각하는 해결책은 최선이니? | | | |
| de + | duquel | de laquelle | desquels | desquelles |
| de + | Il y a un musée *près duquel* elle habite.<br>그녀가 살고 있는 근처에 박물관이 있다.<br>J'habite à l'appartement *en face duquel* il y a un grand parc.<br>나는 앞에 큰 공원이 있는 아파트에 살고 있다. | | | |
| 전치사 + | 전치사 + lequel | 전치사 + laquelle | 전치사 + lesquels | 전치사 + lesquelles |
| 전치사 + | Le bureau *sur lequel* il travaille est grand.<br>그가 일하고 있는 책상은 크다.<br>Ceux *avec lesquels* je suis allé au cinéma sont mes cousins.<br>내가 극장에 같이 간 사람은 내 사촌들이다.<br>L'entreprise *pour laquelle* je travaille est à Paris.<br>내가 일하고 있는 회사는 파리에 있다.<br>Les vacances durent deux semaine *pendant lesquelles* je pars en voyage.<br>휴가는 이주일인데 그동안 나는 여행을 떠난다. | | | |

## 프랑스 문화 알아보기

### ▶ 프랑스인의 빵 : 바게트(Baguette), 브리오슈(Brioche), 크루아상(Croissant)

프랑스인들은 빵을 주식으로 먹는다. 갓 구운 빵 냄새가 풍기는 빵집 앞에 줄을 서서 빵을 사는 것은 프랑스인들에게는 빼놓을 수 있는 하루 일과일 것이다. 프랑스인들은 자국의 빵에 대한 자부심을 가지고 있을 뿐만 아니라 빵을 하나의 문화로 인식하고 있다.

매년 5월에 프랑스에서 열리는 '빵축제 La Fete Du Pain'
(출처 : www.sortiraparis.com)

프랑스의 빵은 다양한 종류가 있는데 가장 대표적인 빵은 바게트이다. 바게트는 보통 커피, 포도주 등과 함께 먹거나 햄, 치즈, 야채 등을 넣어 샌드위치를 만들어 먹는다. 18세기 이후 프랑스에서 바게트는 밀가루, 물, 소금만을 사용해서 자연발효를 거치거나 이스트 발효를 거쳐 그대로를 구워 낸다. 이러한 제조 방식은 법률적으로도 엄격하게 명시되어 있는데 이것은 프랑스 빵의 특성을 보존하고 보호하려는 프랑스인들의 의지를 나타내는 것이다.

바게트

브리오슈는 바게트에 비해 계란, 버터, 설탕 등 비싼 재료들이 들어가는 빵으로, 예전에는 귀족들의 빵이었다. 버터 산지로 유명한 노르망디에서 처음으로 만들었다고 한다. 브리오슈는 식감이 부드럽고 건포도나 말린 과일을 넣고 만들기도 하며 주로 아침에 먹는다.

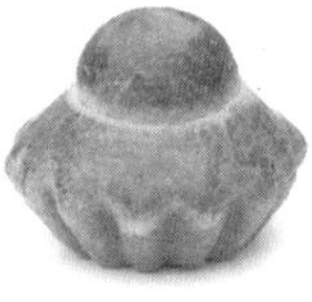

브리오슈

크루아상은 버터가 듬뿍 들어가는 빵으로 아침에 즐겨 먹는다. 크루아상은 프랑스 빵으로 알려져 있지만, 사실은 마리 앙투아네트 왕비에 의해 프랑스로 전해졌다. 크루아상은 오스트리아가 오스만트루크족을 물리친 기념으로 만들기 시작했으며, 프랑스어로 '초승달'을 의미하듯이 오스만투르크의 깃발에 있는  초승달 모양으로 만들었다고 한다.

크루아상

직설법. 단순미래는 동사에 미래형 어미를 붙인 미래형으로, 미래에 일어날 동작이나 상태를 표현할 때 사용된다. 전미래는 근접미래나 단순미래보다 한 시제 앞선 미래를 나타낸다.

## ▣ 직설법 단순미래

### 1. 형태

#### ① 어간

| | |
|---|---|
| 규칙동사 : 동사원형 | aimer → aimer–<br>finir → finir– |
| 불규칙동사 : 동사 원형이 어간이며 동사 원형이 –re로 끝나는 동사는 –r까지가 미래시제 어간이다.<br>그 외에 미래형 어간이 바뀌는 동사들도 있다. | partir → partir–<br>dire → dir–<br>prendre → prendr– |

# 특수한 미래형 어간을 갖는 동사들

| | | | |
|---|---|---|---|
| acheter 사다 | achèter– | acquérir 취득하다 | acquerr– |
| aller 가다 | ir– | apercevoir 식별하다 | apercevr– |
| appeler 부르다 | appeller– | s'asseoir 앉다 | s'assiér–, s'assoir– |
| avoir 가지다 | aur– | devoir ~해야 한다 | devr– |
| envoyer 보내다 | enverr– | être ~이다 | ser– |
| faire 하다, 만들다 | fer– | falloir 필요하다 | faudr– |
| jeter 던지다 | jetter– | se lever 일어나다 | se lèver– |
| mourir 죽다 | mourr– | payer 지불하다 | paier– |
| pleuvoir 비가 오다 | pleuvr– | pouvoir ~할 수 있다 | pourr– |
| préférer 선호하다 | préfèrer– | se promener 산책하다 | se promèner– |
| recevoir 받다 | recevr– | savoir 알다 | saurr– |

| | | | |
|---|---|---|---|
| valoir 가치 있다 | vaudr– | venir 오다 | viendr– |
| voir 보다, 만나다 | verr– | vouloir 원하다 | voudr– |

② 어미

| | | | |
|---|---|---|---|
| je(j') | –ai | nous | –ons |
| tu | –as | vous | –ez |
| il/elle | –a | ils/elles | –ont |

| | avoir | être | aimer | dire | pouvoir | voir | vouloir |
|---|---|---|---|---|---|---|---|
| je(j') | aur*ai* | ser*ai* | aimer*ai* | dir*ai* | pourr*ai* | verr*ai* | voudr*ai* |
| tu | aur*as* | ser*as* | aimer*as* | dir*as* | pourr*as* | verr*as* | voudr*as* |
| il/elle | aur*a* | ser*a* | aimer*a* | dir*a* | pourr*a* | verr*a* | voudr*a* |
| nous | aur*ons* | ser*ons* | aimer*ons* | dir*ons* | pourr*ons* | verr*ons* | voudr*ons* |
| vous | aur*ez* | ser*ez* | aimer*ez* | dir*ez* | pourr*ez* | verr*ez* | voudr*ez* |
| ils/elles | aur*ont* | ser*ont* | aimer*ont* | dir*ont* | pourr*ont* | verr*ont* | voudr*ont* |

## 2. 용법

① 미래에 일어날 계획이나 사실을 표현할 때 사용한다.

Quand *partiras*–tu en vacances? 너는 언제 휴가를 떠날 거니?
Nous *déjeunerons* à midi. 우리는 12시에 점심을 먹을 것이다.
Elle *ira* en France l'année prochaine. 그녀는 내년에 프랑스에 갈 것이다.
Demain, il *neigera* sur toute la Corée. 내일은 한국 전 지역에 눈이 내릴 것이다.
Je *finirai* mes devoirs jusqu'à ce soir. 나는 오늘 저녁까지 숙제를 끝낼 것이다.
Les élections *auront* lieu dans trois jours. 선거는 3일 후에 있을 것이다.

② 명령법 대신에 완곡한 명령, 충고, 요청을 표현할 때 사용한다.

Vous *ferez* la vaisselle. 당신이 설거지 하시지요.
Tu *accpteras*, n'est-ce pas? 너는 동의하는 거지?
Tu me *prêteras* ton PC portable. 네 노트북 좀 빌려줄래.
Vous *apportez* un café. 커피 한 잔 가져다주시지요.

③ 현재에 대한 추측을 나타낼 때.

On sonne. Ce *sera* mon ami. 누가 벨을 누른다. 아마도 내 친구일 것이다.
Alice est en reterd. Elle *sera* malade. 알리스가 늦는다, 아마도 아픈 모양이다.

④ 직설법 현재 대신에 부드러운 어조로 말할 때 사용한다.

*Pourrez*-vous m'indiquer le chemin? 당신은 길을 가르쳐줄 수 있나요?
Je vous *dirai* que vous n'avez pas raison. 당신이 옳지 않다는 것을 말씀드립니다.

## ▣ 직설법 전미래

**1. 형태** : 조동사 (avoir 혹은 être)의 단순미래 + 과거분사

| | aimer | | aller | | se lever | |
|---|---|---|---|---|---|---|
| je(j') | aurai | aimé | serai | allé(e) | me serai | levé(e) |
| tu | auras | aimé | seras | allé(e) | te seras | levé(e) |
| il | aura | aimé | sera | allé | se sera | levé |
| elle | aura | aimé | sera | allée | se sera | levée |
| nous | aurons | aimé | serons | allé(e)s | nous serons | levé(e)s |
| vous | aurez | aimé | serez | allé(e)(s)(es) | vous serez | levé(e)(s)(es) |
| ils | auront | aimé | seront | allés | se seront | levés |
| elles | auront | aimé | seront | allées | se seront | levées |

## 2. 용법

① 전미래는 하나의 문장 안에서 또 다른 미래보다 먼저 일어날 동작이나 상태(미래 완료)를 나타낸다.

Quand *j'aurai déjeuné*, je sortirai. 난 점심을 먹고 나면 외출할 것이다.
J'*aurai dîné*, quand tu *reviendra.* 네가 돌아올 때면 난 저녁식사를 했을 것이다.
Nous *serons partis* à deux heures. 우리는 2시에는 출발했을 것이다.

현재 ——+——————+—— 미래

| | |
|---|---|
| j'aurai déjeuné | je sortirai |
| j'aurai dîné | tu reviendra |
| Nous serons partis | à deux heures |
| (전미래) | (단순미래) |

② 어느 시기까지 끝마쳐야 할 것을 부드럽게 명령할 때 사용한다.

Tu *auras terminé* ton devoir, quand je reviendrai. 내가 돌아올 때까지 넌 숙제를 마치도록 해라.
Nous *aurons fini* ce travail dans une heure. 우리 한 시간 안에 이 일을 끝마칩시다.

현재 ——+——————+—— 미래

| | |
|---|---|
| Tu auras terminé | je sortirai |
| Nous aurons fini | dans un heure |
| (전미래) | (단순미래) |

## Exercices

### 1. 다음 괄호 안의 동사를 직설법 단순미래형으로 바꾸시오.

(1) J'(aller) à la campagne demain.

(2) Il (choisir) une jupe blanche.

(3) Elle (voir) ses amis ce soir.

(4) Vous (mettre) votre chapeau?.

(5) Vous (pouvoir finir) ce travail avant minuit?

### 2. 다음 문장을 직설법 단순미래형으로 바꾸시오.

(1) Je bois du café.

(2) Ils partent en voyage.

(3) Nous mangeons le dîner au restaurant.

(4) On travaille cinq jours par semaine.

(5) Elle prend un bus.

### 3. 다음 내용이 맞는 문장끼리 연결하고 괄호 안의 동사를 직설법 단순미래형으로 바꾸시오.

(1) Quand je (être) libre ce soir,

(2) Quand tu (étudier) sérieusement,

(3) Quand nous (avoir) le temps,

(4) Quand elles (vouloir) aller au concert,

(5) Quand tu (venir) à Paris,

a. tu (réussir) l'examen.

b. j'(aller) voir ce film.

c. elles (devoir) réserver des places.

d. je te (faire) visiter la ville.

e. nous (faire) une escapade à la mer.

## 프랑스 문화 알아보기

### ▶ 프랑스의 상징과 문화, 치즈

우리가 김치를 먹듯이 프랑스인들은 항상 치즈를 먹는다. 프랑스인들의 치즈 사랑은 각별하며 치즈에 대한 자부심 또한 대단하다. 고대 로마 시대부터 인기 있었던 프랑스 치즈는 1년 내내 매일 다른 치즈를 먹어도 될 만큼 400가지가 넘는 치즈가 있다, 치즈의 주요 재료는 소의 젖, 양의 젖, 염소의 젖이며 재료와 생산 지역에 따라 맛이 다양하다. 치즈의 명칭은 카망베르, 콩테 등 대개 생산 지역의 명칭으로 불린다.

위부터 카망베르, 브리, 콩테, 로크포르

(출처 : 야후 프랑스, Wikipédia)

포도주 라벨에서 볼 수 있는 AOC(Appellation d'Origine Controlée) 제도를 1990년부터 치즈 분야에서도 시행하고 있다. AOC 제도는 치즈의 생산과 품질을 국가 차원에서 엄격하게 규제하는 원산지 관리 제도이다. 이 제도를 통해 프랑스 치즈는 각 생산 지역별로 독특한 치즈를 생산할 수 있다.

프랑스의 대표적인 치즈로는 카망베르(le Camenbert), 브리(le Brie), 콩테(le Comté), 로크포르(le Roquefort) 등이 있다. 카망베르는 노르망디 지방의 카망베르 마을에서 생산되는 부드러운 연질의 치즈이다. 브리는 브리 지방에서 생산되며 까망베르 치즈처럼 부드럽고 흰색 곰팡이가 표면을 감싸고 있다. 꽁떼는 프랑슈 꽁떼 지방에서 생산되며 우유를 익힌 후 압력을 가해 눌러서 6개월 정도 숙성시킨 치즈이다. 로크포르는 로크포르 지방에서 생산되는, 양젖으로 만드는 블루치즈이며 치즈에 대리석 무늬의 푸른 곰팡이가 있다. 치즈는 디저트를 먹기 전이나 디저트 대신 먹으며, 큰 도마 위에 다양한 종류의 치즈는 놓아두고 식사 후에 원하는 만큼 잘라서 덜어 바게트나 포도주를 곁들여 먹는다.

조건법은 현재나 과거 시점에서 실현이 불가능한 사실을 가정하고 그 결과를 나타낼 때 사용된다. 또한 현재나 과거 사실에 대한 추측을 할 때나 공손한 표현을 할 때도 사용된다.

## ▣ 조건법 현재

### 1. 형태 : 직설법 단순미래 어간 + 직설법 반과거 어미

| | avoir | être | aimer | dire | pouvoir | voir | vouloir |
|---|---|---|---|---|---|---|---|
| je(j') | aur*ais* | ser*ais* | aimer*ais* | dir*ais* | pourr*ais* | verr*ais* | 0voudr*ais* |
| tu | aur*ais* | ser*ais* | aimer*ais* | dir*ais* | pourr*ais* | verr*ais* | voudr*ais* |
| il/elle | aur*ait* | ser*ait* | aimer*ait* | dir*ait* | pourr*ait* | verr*ait* | voudr*ait* |
| nous | aur*ions* | ser*ions* | aimer*ions* | dir*ions* | pourr*ions* | verr*ions* | voudr*ions* |
| vous | aur*iez* | ser*iez* | aimer*iez* | dir*iez* | pourr*iez* | verr*iez* | voudr*iez* |
| ils/elles | aur*aient* | ser*aient* | aimer*aient* | dir*aient* | pourr*aient* | verr*aient* | voudr*aient* |

### 2. 용법

① 현재 상태에서 실현 가능성이 없는 가상의 일을 표현할 때 사용한다. (Si + 반과거, 조건법 현재)

S'il ne *pleuvait* pas, je *me promènerais*.
비가 오지 않으면 난 산책을 갈 텐데. (비가 와서 갈 수 없다.)
Si je ne *serais* pas occupé, je te *visiterais* ce soir.
내가 바쁘지 않으면 오늘 저녁 너를 방문할 텐데. (바빠서 방문할 수 없다.)

② au cas où가 들어간 문장에서 추측을 표현할 때 사용한다.

Au cas où tu *aurais* un problème, avertisse–lui! 문제가 생길 경우 그에게 알려라!
Au cas où tu *sortirais*, laisse la clé au concierge! 외출하게 되면 열쇠를 관리인에게 맡겨라!

Au cas où il y *aurait* des embouteillages, prends le métro! 차가 막히면 지하철을 타라!
Au cas où vous *perdriez* votre chemin, téléphonez-moi! 길을 잃으면 제게 전화하세요!

③ aimer, être, pouvoir, savoir, vouloir 등의 동사와 함께 직설법 대신 예의 바른 표현을 할 때 사용한다.

Je *voudrais* une chambre avec bain. 저는 욕조가 있는 방을 원합니다.
*Sauriez*-vous où se trouve la Sainte-Chapelle? 라생트샤펠이 어디 있는지 아세요?
Nous *aimerions* visiter les Pyramides d'Égypte. 우리는 이집트의 피라미드를 방문하고 싶습니다.
*Pourriez*-vous m'aider à transporter cette valise?
당신은 트렁크를 옮기는 걸 도와주실 수 있으세요?

④ 현재 사실에 대한 추측을 표현할 때 사용한다.

Elle *serait* à Marseille maintenant. 그녀는 지금 마르세이유에 있을 것이다.
Il ne *connaîtrait* pas cette vérité. 그는 이 사실을 알지 못했을 것이다.
Ne l'attendez pas. Il *serait* trop tard. 그를 기다리지 마세요. 그는 많이 늦을 겁니다.
On *dirait* qu'elle est malade. 그녀는 아픈 것 같다.

⑥ 간접화법에서 과거 속에서의 불확실한 미래를 표현할 때 사용한다. 즉, 주절의 동사가 과거시제일 경우 종속절의 동사는 조건법 현재를 사용한다.

Elle a dit : "j'arrivera demain." 그녀는 말했다 : "난 내일 도착할거야."
→ Elle a dit qu'elle *arriverait* le lendemain.
그녀는 다음날 도착하겠다고 말했다. (도착할 수 있을지는 불확실하다는 의미)

# 과거 속에서 종속절의 행위가 확실할 경우 조건법 현재 대신 직설법 미래 시제를 사용한다.

Elle a dit : "j'arrivera demain."　　　그녀는 말했다: "난 내일 도착할거야."

→ Elle a dit qu'elle *arrivera* le lendemain.

그녀는 다음날 도착하겠다고 말했다. (도착할 수 있다는 의미)

## ▣ 조건법 과거

### 1. 형태 : 조동사(avoir 혹은 être)의 조건법 현재 + 과거분사

| | aimer | | aller | | se lever | |
|---|---|---|---|---|---|---|
| je(j') | aurais | aimé | serais | allé(e) | je me serais | levé(e) |
| tu | aurais | aimé | serais | allé(e) | tu te serais | levé(e) |
| il | aurait | aimé | serait | allé | il se serait | levé |
| elle | aurait | aimé | serait | allée | elle se serait | levée |
| nous | aurions | aimé | serions | allé(e)s | nous nous serions | levé(e)s |
| vous | auriez | aimé | seriez | allé(e)(s)(es) | vous vous seriez | levé(e)(s) |
| ils | auraient | aimé | seraient | allés | ils se seraient | levés |
| elles | auraient | aimé | seraient | allées | elles se seraient | levées |

### 2. 용법

① 과거 상태에서 실현이 불가능했던 가상의 일을 표현할 때 사용한다. (Si + 대과거, 조건법 과거)

Si elle *avait terminé* ce travail, elle *serait allée* au cinéma.

그녀가 이 일을 끝마쳤다면 극장에 갔을 텐데. (일을 끝마치지 못해서 극장에 가지 못했다.)

S'il n'*avait* pas *plu*, je *me serais promené*.

비가 오지 않았다면 나는 산책을 갈을 텐데. (비가 와서 산책을 가지 못했다.)

Si nous ne *nous étions* pas *trompés* de route, nous *serions arrivés* à l'heure.

우리가 길을 잘못 들지 않았더라면 제시간에 도착할 수 있었을 텐데. (길을 잘못 들어서 제시간에 도착하지 못했다.)

# 가정적 표현을 할 때 조건법의 용법은 다음과 같다.

| | |
|---|---|
| Si + 직설법 반과거, 조건법 현재 | 실현 불가능한 사실 (현재) |
| Si + 직설법 대과거, 조건법 과거 | 실현 불가능한 사실 (과거) |

Si je *pouvais*, je *passerais* vous voir ce soir.
가능하다면 오늘 저녁 당신을 보러 갈 텐데요. (갈 수 없다는 의미)
Si j'*avais pu*, je *serais passé* vous voir ce soir.
가능했다면 오늘 저녁 당신을 보러 갔을 텐데요. (갈 수 없었다는 의미)

② 직설법 대신에 예의 바른 표현을 할 때 사용한다.

J'*aurais voulu* vous inviter chez moi. 저는 당신을 집에 초대하고 싶었어요.
J'*aurais aimé* être peintre. 저는 화가가 되고 싶었어요.

③ 과거에 대한 추측을 나타낸다.

Elle *serait arrivée* chez elle ce matin. 그녀는 오늘 아침 집에 도착했을 것이다.
Il *aurait attrapé* la grippe hier soir après le bain.
그는 어제 저녁에 목욕한 후에 감기에 걸렸을 것이다.

④ 과거에 대한 후회를 표현할 때 사용한다.

Je *aurais dû* travailler plus assidûment. 나는 좀더 열심히 공부했어야 했다.
Vous *auriez dû* ne pas se fâcher. 당신은 화를 내지 말았어야 했다.

⑤ 간접화법에서 과거 속에서의 실현되지 않은 미래(전미래)를 표현할 때 사용한다. 즉, 주절의 동사가 과거시제일 경우 종속절의 동사는 조건법 과거를 사용한다.

Il a dit : "Alice sera arrivée avant midi."

그는 말했다 : "알리스는 정오 이전에는 도착할 거야."

→ Il a dit qu'elle *serait arrivée* avant midi.

그는 알리스가 정오 이전까지는 도착할 거라고 말했다. (그러나 도착하지 않았다는 의미)

Elle a dit : "Je serai fini ce travail avant ton départ.."

그녀는 말했다 : "나는 네가 출발하기 전에 그 일을 끝낼 거야."

→ Elle a dit qu'elle *serait fini* avant mon départ.

그녀는 내가 출발하기 전에 그 일을 끝낼 거라고 말했다. (그러나 끝내지 못했다는 의미)

## Exercices

### 1. 다음 괄호 안의 동사를 조건법 현재로 바꾸시오.

(1) J'ai soif ; je (vouloir) un verre d'eau.

(2) (pouvoir)–vous me suivre?

(3) Le ciel se couvre ; on (dire) qu'il va pleuvoir.

### 2. 괄호 안의 동사를 각각 직설법 반과거와 조건법 현재로 바꾸시오.

(1) Si j'(avoir) le temps, j'(aller) à la piscine.

(2) Si l'on (courir) dès maintenant, on (pouvoir) attraper le train.

(3) S'il y (avoir) moins de monde, nous (aller) visiter cette exposition.

(4) S'il (arriver) à 6 heures, je l'(accompagner).

(5) Au cas où il (pleuvoir), le match (avoir) lieu le lendemain.

### 3. 괄호 안의 동사를 각각 직설법 대과거와 조건법 과거로 바꾸시오.

(1) Si elle (voir) un médecin, elle (guérir) un peu plus vite.

(2) Si j'(avoir) ton adresse, je t'(envoyer) une carte postale de Grèce.

(3) Si tu (arriver) à l'heure, tu (pouvoir) assister au spectacle hier soir.

## Leçon 43. 가정법(Les hypothèses)

가정법은 가상의 일을 표현할 때 사용한다. 실현 가능하거나 실현 불가능한 사실을 가정하고 그 결과로 일어날 수 있거나 없는 사실을 나타내기 위해 사용한다.

### 1. 미래 상태의 가정

#### ① 확실한 경우

| quand + 직설법 단순미래, 직설법 단순미래 |
|---|

Demain, quand il *fera* beau, nous *irons* à la mer.
내일 날씨가 좋으면 우리는 바다에 갈 것이다.

Quand le train *arrivea* à l'heure, je *pourrai* arriver à temps.
기차가 제시간에 도착하면 나는 늦지 않게 도착할 수 있을 것이다.

#### ② 확실하지 않은 경우

| Si + 직설법 현재, 직설법 단순미래 |
|---|

Si le train *arrive* à l'heure, je *pourrai* arriver à temps.
기차가 제시간에 도착하면 늦지 않게 도착할 수 있을 것이다. (하지만 기차가 제시간에 도착하지 않으면 늦을 수도 있다는 의미)

Demain, si je ne *suis* pas occupé, je *passerai* chez toi.
내일 만일 내가 바쁘지 않으면 너의 집에 들르겠다. (하지만 바쁘면 들르지 못할 수도 있다는 의미)

# Si가 있는 가정절에서 동사는 직설법 단순미래를 사용하지 않으며 직설법 현재를 사용한다.

S'il *neigera* demain, je ferai du ski. (x)

→ S'il *neige* demain, je ferai du ski. (o)　내일 눈이 내리면 나는 스키를 탈 것이다.

# 일반적인 사실에 대한 가정적 표현의 경우: Si + 직설법 현재, 직설법 현재

Si je *prends* du café après le dîner, je ne *peux* pas dormir.
나는 저녁 식사 후에 커피를 마시면 잠을 잘 수가 없다.
Si tu *manges* trop des gâteaux, tu *grossis*. 케익을 많이 먹으면 너는 뚱뚱해진다.

# 충고나 권고에 대한 표현의 경우: Si + 직설법 현재, 명령법

Si tu *finis* ce travail, *repose*–toi! 너는 그 일을 다 끝내면 쉬도록 해라!
Si vous *avez* des problèmes, *téléphonez*–moi! 문제가 있으면 제게 전화하세요!

## 2. 현재 상태의 가정

: 비현실적 가정. 현재 사실에 반대되는 가정을 표현할 때 사용된다.

| Si + 직설법 반과거, 조건법 현재 |
|---|

S'il *faisait* beau aujourd'hui, nous *irions* à la mer.
오늘 날씨가 좋다면 우리는 바다에 갈 텐데. (날씨가 좋지 않아서 바다에 갈 수 없다는 의미)
Si je n'*étais* pas occupé, je *passerais* te voir.
내가 바쁘지 않다면, 너를 보러 갈 텐데. (바빠서 갈 수 없다는 의미)
Si tu *revenais*, elle *serait* très heureuse.
네가 돌아온다면 그녀는 매우 행복할 텐데. (돌아오지 않아서 행복하지 않다는 의미)

# 어떤 일에 대한 제안을 할 경우 : Si + 반과거

Si on *allait* au musée? 우리 박물관에 갈까?
Si on *prendrait* du thé? 우리 차 마실까?

### 3. 과거 상태의 가정

: 과거에 이루어지지 않은 사실에 대한 아쉬움이나 후회를 나타낸다.

| |
|---|
| Si + 직설법 대과거, 조건법 과거 |

Samedi dernier, s'il *avait fait* beau, nous *serions allés* à la mer.

지난 토요일에, 날씨가 좋았더라면 우린 바다에 갔을 텐데.

Si je n'*avais* pas *été* malade, je n'*aurais* pas *été* absent.

만약 내가 아프지 않았더라면 결석하지 않았을 텐데.

Si vous n'*étiez* pas *parti* en retard, vous n'*auriez* pas *raté* l'avion.

만약 당신이 늦게 출발하지 않았더라면 비행기를 놓치지 않았을 텐데.

## Exercices

### 1. 주절의 동사를 적절하게 조건법 현재나 과거로 바꾸시오.

(1) Si j'étais vous, j'(accepter) sa proposition.

(2) Amélie, si vous étiez dépêchée, vous (ne pas manquer) le train.

(3) Si tu étais venu un peu plus tôt, on (pouvoir) aller ensemble au cinéma.

### 2. 다음 괄호 안의 동사들을 적절하게 변화시키시오.

(1) Demain, quand je ne serai pas occupé, je (passer) chez toi.

(2) Quand elle ira à Paris, elle (rester) à l'hôtel.

(3) Demain, s'il ne pleut pas, je (sortir).

### 3. 다음 문장을 보기처럼 바꾸시오.

| |
|---|
| S'il fait beau, nous irons en pique-nique.<br>→ S'il *faisait* beau, nous *irions* en pique-nique. |

(1) Si tu veux arriver à l'heure, tu devras prendre le métro.

(2) Si j'ai une semaine de congé, je partirai en voyage.

(3) Si je suis riche, je ferai le tour du monde.

### 4. 다음 문장을 보기처럼 바꾸시오.

| |
|---|
| S'il fait beau, nous irons en pique-nique.<br>→ S'il *avait fait* beau, nous *serions allés* en pique-nique. |

(1) Si elle peut venir, ses amis s'amuseront.

(2) Si nous ne nous trompons pas de route, nous ne serons pas en retard.

(3) Si tu n'es pas malade, tu pourras assister au spectacle.

# Leçon 44. 접속법 현재(Le présent du subjonctif)

객관적이고 확실한 사실을 표현하는 직설법과는 달리, 접속법은 머릿속에서 생각하거나 느껴지는 동작이나 상태를 나타내는 주관적인 표현법이다. 접속법은 주로 종속절에서 사용되며, 주절이나 독립절에서도 사용된다. 현대에 와서 접속법은 별로 사용되지 않는다.

## 1. 형태

① 어간 : 직설법 현재 3인칭 복수형에서 어미 –ent를 뺀 부분

| 동사 원형 | 직설법 현재 3인칭 복수형 | 접속법 현재 어간 |
|---|---|---|
| aimer | ils aiment | aim– |
| finir | ils finissent | finiss– |
| devoir | ils doivent | doiv– |
| mettre | ils mettent | mett– |
| prendre | ils prennent | prenn– |
| sortir | ils sortent | sort– |

② 어미

| | | | |
|---|---|---|---|
| je(j') | –e | nous | –ions |
| tu | –es | vous | –iez |
| il/elle | –e | ils/elles | –ent |

| | aimer | finir | mettre | dire | boire | connaître |
|---|---|---|---|---|---|---|
| je(j') | aim*e* | finiss*e* | mett*e* | dis*e* | boiv*e* | connaiss*e* |
| tu | aim*es* | finiss*es* | mett*es* | dis*es* | boiv*es* | connaiss*es* |
| il/elle | aim*e* | finiss*e* | mett*e* | dis*e* | boiv*e* | connaiss*e* |
| nous | aim*ions* | finiss*ions* | mett*ions* | dis*ions* | boiv*ions* | connaiss*ions* |
| vous | aim*iez* | finiss*iez* | mett*iez* | dis*iez* | boiv*iez* | connaiss*iez* |
| ils/elles | aim*ent* | finiss*ent* | mett*ent* | dis*ent* | boiv*ent* | connaiss*ent* |

| | acheter | appeler | croire | devoir | mourir | prendre |
|---|---|---|---|---|---|---|
| je(j') | achèt*e* | appell*e* | croi*e* | doiv*e* | meur*e* | prenn*e* |
| tu | achèt*es* | appell*es* | croi*es* | doiv*es* | meur*es* | prenn*es* |
| il/elle | achèt*e* | appell*e* | croi*e* | doiv*e* | meur*e* | prenn*e* |
| nous | achet*ions* | appel*ions* | croy*ions* | dev*ions* | mour*ions* | pren*ions* |
| vous | achet*iez* | appel*iez* | croy*iez* | dev*iez* | mour*iez* | pren*iez* |
| ils/elles | achèt*ent* | appell*ent* | croi*ent* | doiv*ent* | meur*ent* | prenn*ent* |

| | recevoir | voir | venir | vouloir |
|---|---|---|---|---|
| je(j') | reçoiv*e* | voi*e* | vienn*e* | veuill*e* |
| tu | reçoiv*es* | voi*es* | vienn*es* | veuill*es* |
| il/elle | reçoiv*e* | voi*e* | vienn*e* | veuill*e* |
| nous | recev*ions* | voy*ions* | ven*ions* | voul*ions* |
| vous | recev*iez* | voy*iez* | ven*iez* | voul*iez* |
| ils/elles | reçoiv*ent* | voi*ent* | vienn*ent* | veuill*ent* |

# 예외적인 변화를 하는 동사

| | avoir | être | aller | faire | pouvoir | savoir |
|---|---|---|---|---|---|---|
| je(j') | aie | sois | aille | fasse | puisse | sache |
| tu | aies | sois | ailles | fasses | puisses | saches |
| il/elle | ait | soit | aille | fasse | puisse | sache |
| nous | ayons | soyons | allions | fassions | puissions | sachions |
| vous | ayez | soyez | alliez | fassiez | puissiez | sachiez |
| ils/elles | aient | soient | aillent | fassent | puissent | sachent |

## 2. 용법

① 접속법은 머릿속에서 생각되는 주관적인 동작이나 상태를 표현할 때 사용한다. 주절에 기쁨, 희망, 두려움, 금지, 필요, 의혹, 의심, 명령 등의 감정을 나타내는 동사가 있는 경우 종속절에서 사용한다.

(être content 만족스럽다, être désolé 애석하다, être étonné 놀라다, être fâché 유감스럽다, être heureux 행복하다, être regrettable 유감스럽다, être triste 슬프다, commander 명령하다, craindre 걱정하다, défendre 금지하다, désirer 원하다, douter 의심하다, ordonner 명령하다, permettre 허락하다, regretter 후회하다, se plaindre 불평하다, s'étonner 놀라다, souhaiter 원하다, vouloir 원하다...)

Je veux que tu *sois* heureux. 나는 네가 행복하기를 바란다.
Mon père souhaite que je *devienne* peintre. 내 아버지는 내가 화가가 되길 원한다.
Elle défend à son fils qu'il *fume*. 그녀는 아들에게 담배피우는 것을 금한다.
Je doute qu'il *soit* honnête. 난 그가 정직한지 의심스럽다.
Je crains qu'il ne *pleuve*. 난 비가 올까봐 걱정된다.
Elle est fâchée que tu *partes* sans rien dire. 그녀는 네가 아무 말 없이 떠나서 화가 났다.
Je suis désolé qu'il *soit* en retard. 난 그가 늦어서 유감이다.
Je suis heureux que vous m'*invitiez*. 난 당신이 나를 초대해주어 행복하다.

② 주절이 의문문, 부정문, 조건문일 때 종속절에서 사용한다. (penser, croire..)

Je ne pense pas qu'elle *fasse* ce travail. 난 그녀가 그 일을 했다고는 생각하지 않는다.
Tu crois qu'il *puisse* partir? 너는 그가 떠날 수 있다고 생각하니?
Si vous croyez qu'il *soit* juste, vous avez tort.
그가 정직하다고 생각한다면 그건 당신이 잘못 생각하고 있는 것이다.

# 주절에 penser, croire가 있는 긍정문일 경우 종속절에서 직설법을 쓴다. (확신을 나타내므로)

┌ Elle croit qu'il *revient*. [직설법 현재] 그녀는 그가 돌아온다고 믿는다.
└ Elle <u>ne</u> croit <u>pas</u> qu'il *revienne*. [접속법 현재] 그녀는 그가 돌아온다고 믿지 않는다.
┌ Je pense que tu *peux* réussir. [직설법 현재] 난 네가 성공할 수 있다고 생각한다.
└ Je <u>ne</u> pense *pas* que tu *puisses* réussir. [접속법 현재] 나는 네가 성공할 수 있다고 생각하지 않는다.

③ 비인칭의 표현이 판단, 의혹, 감정을 나타낼 경우 종속절에서 접속법을 사용한다.
(Il faut que~, Il est bon que~, Il est dommage que~, Il est douteux que~, Il est nécessaire que~, Il est possible que~, Il est regrettable que~, Il est semble que~, Il suffit que~, Il vaut mieux que~)

Il faut que vous *rentriez* avant mon départ. 당신은 내가 출발하기 전에 돌아와야 한다.
Il est bon que tu *partes* tout de suite. 넌 곧 출발하는 것이 좋다.
Il est dommage qu'il *soit* encore malade. 그가 아직도 아프다니 유감스럽다.
Il est nécessaire que vous *soyez* plus franc. 당신은 좀 더 솔직할 필요가 있어요.
Il est possible qu'elle t'*enseigne* le français. 그녀는 네게 프랑스어를 가르칠 수 있다.
Il vaut mieux que vous lui *parliez* tout. 당신은 그(녀)에게 모든 것을 말하는 것이 좋다.
Il semble qu'elle *ait* peur. 그녀는 두려워하는 것 같다.
(*Cf.* Il me semble que tu *dois* consulter au médecin. 넌 의사에게 상담해야 할 것 같은데.)

④ 목적, 조건, 양보, 시간 등을 나타내는 접속사가 쓰인 부사절에서 사용한다.
(à condition que, à moins que, afin que, avant que, bien que, jusqu'à ce que, malgré que, pour que, pourvu que, quoi que, sans que ...)

Je me dépêche afin que j'*arrive* à l'heure. 나는 제 시간에 도착하기 위해 서두른다.
Bien que je *sois* fatigué, je dois travailler. 난 피곤하지만 일해야 한다.
Attendez ici jusqu'à ce que je *revienne*. 내가 돌아올 때까지 여기서 기다려 주세요.
Parlez lentement pour que je vous *comprenne*. 제가 이해할 수 있도록 천천히 말씀해주세요.
J'irai à la mer pourvu[à condition] qu'il *fasse* beau. 날씨가 좋으면 난 바다에 갈 것이다.
Quoi qu'il *fasse* un peu froid, nous allons en pique-nique. 날씨가 조금 춥지만 우린 소풍 간다.

⑤ 유일, 최상의 개념이 있는 선행사를 수식하는 관계대명사절에서, 즉 선행사에 le plus~, le moins~, l'unique~, le seul~, le premier~ 등의 수식이 있는 경우에 사용한다.

C'est le meilleur homme que je *connaisse*. 이 사람은 내가 아는 가장 좋은 남자이다.
Voilà le dernier train qui *aille* à Busan. 저기 부산 가는 마지막 기차가 있다.

⑥ 독립절에서 명령, 기원, 소망, 가정, 추측, 양보, 허가 등을 나타낼 때 사용한다.

Que personne ne *sorte* pas! 아무도 나가지 않기를!
Qu'il *fasse* beau demain! 내일 날씨가 좋기를!
Ainsi *soit*-il! 아멘
Que Dieu vous *protège*! 신께서 당신을 지켜주시기를!

## Exercices

### 1. 다음 괄호 안의 동사를 접속법 현재로 바꾸시오.

(1) Il nie qu'il (partir) demain.

(2) Je suis content que tu (venir) bientôt.

(3) Il est nécessaire que nous (comprendre) cette situation.

(4) Je souhaite qu'elle (faire) cela.

(5) Je crains qu'il (pleuvoir).

### 2. 다음 문장을 접속법 현재를 사용하여 바꾸시오.

(1) Il est nécessaire de faire cela. → Il est nécessaire que tu ____________________.

(2) Il est l'heure de se coucher. → Il est l'heure que vous ____________________.

(3) Il est possible d'arriver à l'heure. → Il est possible que nous ____________________.

(4) Il est temps de résoudre le problème. → Il est temps que je ____________________.

(5) Il est important de respecter la règle. → Il est important que tu ____________________.

### 3. 다음 명령형 문장을 접속법 현재를 사용하여 바꾸시오.

(1) Soyez plus honnête! → Il faut que ____________________________.

(2) Ne fais pas tant de bruit! → Il faut que ____________________________.

(3) Sois heureux! → Il faut que ____________________________.

(4) Finissons nos devoirs! → Il faut que ____________________________.

(5) Partez tout de suite! → Il faut que ____________________________.

# Leçon 45. 허사의 ne ('ne' explétif)

종속절의 내용이 긍정의 의미임에도 불구하고 'ne'가 사용되는 경우가 있는데 이 경우 ne는 전혀 부정의 의미가 아니다. 이를 가리켜 '허사의 ne'라고 부르며 일상적으로는 생략되기도 한다.

① 주절의 동사가 의심이나 두려움을 나타내는 경우(avoir peur, craindre, éviter, empêcher, redouter...), 종속절에서 사용된다. 하지만 반드시 사용해야 하는 것은 아니며 이때 종속절의 동사는 접속법을 사용한다.

Je crains qu'il soit fatigué. 나는 그가 피곤할까봐 걱정이다.
Je crains qu'il *ne* soit fatigué. 나는 그가 피곤할까봐 걱정이다.

J'ai peur qu'elle soit malade. 나는 그녀가 아플까봐 걱정이다.
J'ai peur qu'elle *ne* soit malade. 나는 그녀가 아플까봐 걱정이다.

② 의심이나 부정을 나타내는 주절의 동사가 의문형이나 부정형일 경우에 종속절에서 사용되며 이때 종속절의 동사는 접속법을 사용한다.

Je ne doute pas que vous *n'*ayez fait cela. 나는 당신이 그 일을 했다고는 의심하지 않는다.
Nies-tu que je *n'*aie raison? 너는 내가 옳다는 것을 부정하니?

③ à moins que, avant que, de crainte que, de peur que와 같은 접속사절에서.

Il faut partir avant qu'il *ne* soit trop tard. 너무 늦기 전에 출발해야 한다.
Je sortirai à moins qu'il *ne* pleuve. 비가 오지 않는 한 난 외출할 것이다.

④ 우등비교급, 열등비교급에서 주절이 긍정일 때 que 이하의 종속절에서 사용된다.

C'est plus amusant que je *ne* le pensais 그것은 내가 생각했던 것보다 더 재미있다.

Tu es autre que je *ne* croyais. 너는 내가 생각했던 것과는 다르다.

# 동등비교급에서는 주절이 부정일 때만 que 이하의 종속절에서 허사의 ne가 사용된다. 주절이 긍정일 때는 사용하지 않는다.

Il est plus gentil qu'on *ne* le croit. 그는 사람들이 생각하는 것보다 더 친절하다.

Il est moins gentil qu'on *ne* le croit. 그는 사람들이 생각하는 것보다 더 친절하지 않다.

Il n'est pas aussi gentil qu'on *ne* le croit. 그는 사람들이 생각하는 것만큼 친절하지 않다.

Il est aussi gentil qu'on le croit. 그는 사람들이 생각하는 것만큼 친절하다.
(le = gentil, 중성대명사)

## Exercices

1. 다음 제시된 동사를 이용하여 허사의 ne가 들어간 문장을 완성하시오.

(1) être en retard → J'ai peur que je ______________________.

(2) venir → Je ne doute pas qu'il ______________________.

(3) être malade → Elle a peur qu'il ______________________.

(4) faire froid→ Je crains qu'il ______________________.

(5) avoir raison → Niez–vous que je ______________________?

2. 괄호 안의 동사를 허사의 ne가 들어간 접속법 현재로 바꾸어 문장을 완성하시오.

(1) J'arriverai avant que tu (partir).

(2) Je ne peux pas aller au parc de peur qu'il (pleuvoir)

(3) Rentre avant que nous (revenir)

(4) J'ai peur que mes parents (être) malades.

(5) Je ne doute pas que vous (avoir) raison.

## 프랑스 문화 알아보기

### ▶ 신이 주신 음료 포도주

(출처 : http://vins-france.com)

프랑스 사람들의 삶에서 포도주 없는 삶은 무의미하다고 할 만큼 포도주는 프랑스를 상징하는 하나의 문화로 자리 잡고 있다.

프랑스는 자국에서 생산되는 포도주를 보호・관리하기 위해 법률적인 규제를 시행하고 있는데, 바로 A.O.C.(Appellation d'Origine Contrôlée, 원산지 명칭 통제) 제도이다. 프랑스에서 A.O.C. 레벨을 받은 포도주들은 최고의 품질을 자랑하는 포도주이다.

프랑스의 3대 포도주로는 샹파뉴, 부르고뉴, 보르도가 있다. '악마의 포도주'라는 별명이 있는 샹파뉴 포도주는 발포성 샴페인이다. 보르도 포도주는 보르도 지방에서 생산되며 A.O.C. 인증을 받은 포도주의 30%가 보르도 포도주이다. 메독, 그라브, 소떼론, 셍테밀리용 등이 대표적인 산지이다. 부르고뉴 포도주는 탄닌 성분이 많지 않아 진하면서도 강력한 맛이 나며 '포도주의 왕'이라고 불린다. 샤블리, 꼬뜨 드본, 꼬뜨 드뉘, 보졸레 등이 대표적인 산지이다. 특히 꼬뜨 드본에서 생산되는 로마네 꽁띠(le Romanée-Conti)는 본 로마네 마을의 1.8 ha의 한정된 포도밭에서만 생산되는 포도주로, 세계에서 가장 비싼 포도주로 알려져 있다. 그리고 우리나라에도 많이 알려져 있는 보졸레 누보는 늦여름에 수확하여 가을에 마시며 과일향의 신선한 맛이 난다. 해마다 11월 세 번째 목요일에 세계 전 지역에서 그해에 생산된 보졸레 누보를 판매한다.

포도주를 마실 때는 시각, 후각, 미각을 사용한다. 먼저 눈으로 포도주의 빛깔을 즐기고 이어 잔에서 올라오는 향을 맡는다. 그다음 포도주를 한 모금 입에 담고 혀끝으로 포도주를 굴리듯이 하면서 천천히 단맛, 쓴맛, 신맛, 떫은 맛 등을 보는데 이상의 4가지 맛이 모두 균형을 이루는 것이 좋은 포도주이다. 예를 들면 로마네 꽁띠는 4가지 맛이 모두 균형을 이루고 있다.

## Résumé et plus-savoir (Leçon 41 ~ Leçon 45)

### ▣ 단순미래

| 어간 | 어미 | | | |
|---|---|---|---|---|
| 규칙동사 : 동사원형<br>불규칙동사 : 동사 원형이 어간. 동사 원형이 –re로 끝난 동사는 –r까지가 미래시제 어간. | je<br>tu<br>il/elle | –ai<br>–as<br>–a | nous<br>vous<br>ils/elles | –ons<br>–ez<br>–ont |

### ▣ 전미래

조동사 (avoir 또는 être)의 단순미래 + 과거분사

| | aimer | | aller | | se lever | |
|---|---|---|---|---|---|---|
| je(j') | aurai | aimé | serai | allé(e) | me serai | levé(e) |
| tu | auras | aimé | seras | allé(e) | te seras | levé(e) |
| il | aura | aimé | sera | allé | se sera | levé |
| elle | aura | aimé | sera | allée | se sera | levée |
| nous | aurons | aimé | serons | allé(e)s | nous serons | levé(e)s |
| vous | aurez | aimé | serez | allé(e)(s)(es) | vous serez | levé(e)(s)(es) |
| ils | auront | aimé | seront | allés | se seront | levés |
| elles | auront | aimé | seront | allées | se seront | levées |

### ▣ 조건법 현재

| | | | | |
|---|---|---|---|---|
| 어간 : 직설법 단순미래 어간<br>어미 : 직설법 반과거 어미 | je<br>tu<br>il/elle | –ais<br>–ais<br>–ait | nous<br>vous<br>ils/elles | –ions<br>–iez<br>–aient |

### ▣ 조건법 과거

조동사(avoir 혹은 être)의 조건법 현재 + 과거분사

| | aimer | | aller | | se lever | |
|---|---|---|---|---|---|---|
| je(j') | aurais | aimé | serais | allé(e) | me serais | levé(e) |
| tu | aurais | aimé | serais | allé(e) | te serais | levé(e) |
| il | aurait | aimé | serait | allé | se serait | levé |
| elle | aurait | aimé | serait | allée | se serait | levée |
| nous | aurions | aimé | serions | allé(e)s | nous serions | levé(e)s |
| vous | auriez | aimé | seriez | allé(e)(s)(es) | vous seriez | levé(e)(s)(es) |
| ils | auraient | aimé | seraient | allés | se seraient | levés |
| elles | auraient | aimé | seraient | allées | se seraient | levées |

## ▣ 가정법

| | |
|---|---|
| 미래 상태의 가정 | 확실한 경우 : Quand + 직설법 단순미래, 직설법 단순미래<br>불확실한 경우 : Si + 직설법 현재, 직설법 단순미래 |
| 현재 상태의 비현실적 가정 | Si + 직설법 반과거, 조건법 현재 |
| 과거 상태의 비현실적 가정 | Si + 직설법 대과거, 조건법 과거 |

## ▣ 접속법 현재

| 어간 | 어미 | | | |
|---|---|---|---|---|
| 직설법 현재 3인칭에서 어미 ent를 뺀 부분 | je<br>tu<br>il/elle | –es<br>–es<br>–es | nous<br>vous<br>ils/elles | –ions<br>–iez<br>–ent |

# Leçon 46. 부정법(L'infinitif)

부정법은 동사원형으로, 인칭의 수에 따라 변화하지 않고 동사가 갖는 의미만을 나타낸다. 문맥에 따라 현재, 과거, 미래에 일어나는 동작이나 상태를 표현한다.

## 1. 형태

| | |
|---|---|
| 부정법 현재 | 동사 원형 |
| 부정법 과거 | 조동사(avoir 혹은 être)의 부정법 + 과거분사 |

| 부정법 현재 | | 부정법 과거 |
|---|---|---|
| 긍정형 | 부정형 | |
| aimer | ne pas aimer | avoir aimé |
| finir | ne pas finir | avoir fini |
| arriver | ne pas arriver | être arrivé(e)s |
| se lever | ne pas se lever | s'être levé(e)s |

## 2. 용법

① 명사처럼 사용되며 문장 내에서 주어, 속사, 혹은 목적어 등의 역할을 한다.

Trop *fumer* est mauvais pour la santé. 담배를 많이 피우는 것은 건강에 좋지 않다.
*Mourir* n'est pas *disparaître*, c'est *changer*. 죽는다는 것은 사라지는 것이 아니라 변화하는 것이다.
Mon souhait est de le *revoir*. 나의 바램은 그를 다시 만나는 것이다.
Je suis heureux de vous *voir*. 난 당신을 만나서 기쁘다.
Il est l'heure de *dîner*. 저녁 먹을 시간이다.
Tu aimes *écouter* la musique? 너는 음악 듣는 것을 좋아하니?
Je peux *fermer* la porte? 문을 닫아도 될까요?
Elle continue à *travailler*. 그녀는 일하기를 계속한다.

② 의문, 명령 등에 동사로서 사용된다.

Que *faire*? 무엇을 하지?
Où *aller*? 어디 가지?
*Ne pas entrer* dans la pelouse. 잔디밭에 들어가지 마시오.

\# 부정법을 부정으로 표현할 경우 동사원형 앞에 ne ~ pas가 위치한다.

<u>Ne pas</u> fumer! 금연!
Je regrette de <u>ne pas</u> accepter ton invitation. 너의 초대에 응하지 못해 유감이다.

③ 부정법 현재는 주절의 동사와 동일한 시제나 미래시제를 나타낸다.

Je suis désolé d'*être* en retard. 제가 늦어서 미안합니다.
J'espère vous *revoir* tout de suite. 곧 당신을 다시 만나기를 바랍니다.

④ 부정법 과거는 주절 동사의 동작 이전에 완료된 동작이나 상태를 나타낸다.

*Après avoir finie* son travail, elle est allée en promenade. 그녀는 일을 끝내고 나서 산책을 갔다.
*Après s'être douché*, il est allé à l'école. 그는 샤워를 하고 나서 학교 갔다.
J'espère *être arrivé* avant midi. 나는 정오 이전에 도착하기를 바란다.
Je suis content d'*avoir reçu* sa nouvelle. 난 그의 소식을 받게 되어 기쁘다.
Je regrette d'*avoir été* en retard. 나는 늦어서 유감스럽다.

\# 주절의 동사와 같은 시제, 혹은 미래를 나타낼 때 : 부정법 현재
주절의 동사보다 과거 시제를 나타낼 때 : 부정법 과거

Je suis content de vous *voir* maintenant.

지금 당신을 만나서 기쁘다. (주절 동사와 동일한 시제)

Je suis content de vous *voir* bientôt.

곧 당신을 만나게 되어 기쁘다. (주절 동사보다 미래 시제)

Je suis content de vous *avoir vu* hier.

어제 당신을 만났던 것이 기쁘다. (주절 동사보다 과거 시제)

## Exercices

**1. 다음 두 개의 문장을 부정법 현재를 사용하여 하나의 문장으로 바꾸시오.**

(1) Je suis heureux. Je rencontre mon vieil ami.

(2) Il est désolé. Il est en retard.

(3) Elle est contente. Elle participe à la fête.

**2. 다음 문장을 부정법 과거를 사용하여 바꾸시오.**

(1) Je me suis douché, puis j'ai pris le petit déjeuner.

(2) Nous avons fini nos devoirs, puis nous sommes allés au concert.

(3) Il a lu un roman, puis il s'est endormi.

**3. 다음 문장의 밑줄 친 동사를 부정법 과거를 사용하여 바꾸시오.**

(1) Je pense <u>que j'aurai lu</u> ce roman jusqu'à demain.

(2) Vous croyez <u>que vous aurez fini</u> ce travail dans trois heures.

(3) Il espère <u>qu'il sera arrivé</u> avant douze heures.

(4) Je crois <u>que je serai rentré</u> avant ton départ.

(5) Elle croit <u>qu'elle ne sera pas partie</u> en voyage demain.

# Leçon 47. 현재분사(Le participe présent)

현재분사는 동사와 형용사의 성질을 동시에 가지고 있다. 동사적으로 사용될 경우에는 행위를 나타내고 형용사적으로 사용될 경우에는 명사를 수식한다. 일반적으로 주절의 동사와 도시에 일어난 행위를 나타내며 성·수에 따라 변화하지 않는다.

## ▣ 현재분사 단순형

### 1. 형태

| | |
|---|---|
| 어간 | 직설법 현재 1인칭 복수형 어간 |
| 어미 | –ant |

| 동사원형 | 직설법 현재 | 현재분사 |
|---|---|---|
| parler | nous parlons | parlant |
| commencer | nous commençons | commençant |
| manger | nous mangeons | mangeant |
| finir | nous finissons | finissant |
| boire | nous buvons | buvant |
| devoir | nous devons | devant |
| lire | nous lisons | lisant |
| prendre | nous prenons | prenant |
| vouloir | nous voulons | voulant |

# 예외적인 변화를 하는 동사 :

| 동사원형 | 직설법 현재 | 현재분사 |
|---|---|---|
| avoir | nous avons | ayant |
| être | nous sommes | étant |
| savoir | nous savons | sachant |

## 2. 용법

① 주동사와 같은 시제를 나타낸다.

Je rencontre mes amis *revenant* de l'école. 난 학교에서 돌아오는 친구들을 만난다.
J'ai rencontré mes amis *revenant* de l'école. 난 학교에서 돌아오는 친구들을 만났다.

② 형용사적으로 사용되며 명사와 대명사를 한정한다. 명사와 대명사의 성・수에 따른 변화는 없다.

une femme *parlant* le journal 신문을 읽는 여자
une étudiante *lisant* le français 프랑스어를 말하는 여학생
Ma mère, *faisant* la cuisine, n'écoutait pas ce que je lui disais.
요리 중이신 어머니는 내가 하는 말을 듣지 못했다.
J'ai trouvé ma petite soeur *se maquillant* dans sa chambre.
난 방에서 화장하고 있는 누이동생을 보았다.

# 현재분사는 변화하지 않는 데 비해, 완전히 형용사로 고정된 동사적 형용사는 명사의 성・수에 일치한다.

J'aime les enfants *obéissant* à leurs parents.
그는 부모님에게 순종하는 아이들을 사랑한다. [현재분사]
J'aime les enfants *obéissants*. 그는 순종적인 아이들을 사랑한다. [형용사]

③ 동사적으로 사용되며, 주동사의 주어와 분사절의 주어가 같다. 원인, 가정, 조건, 동시성 등을 나타낸다.

*Ayant* soif, il a bu un coca-cola. 그는 목이 말라서 콜라를 마셨다.
*Étant* fatigué, elle se couche sur le lit. 그녀는 피곤해서 침대에 눕는다.

*Travaillant* mieux, tu réussiras à l'examen. 좀더 공부하면 넌 시험에 합격할 것이다.
*Écoutant* la radio, elle tricote. 그녀는 라디오를 들으면서 뜨개질한다.
*Étant* français, elle parle couramment le coréen. 그는 프랑스인이지만 한국어를 잘한다.

④ 주동사의 주어와 분사절의 주어가 다른 절대분사구문에서 부사적으로 사용된다. 원인, 가정, 조건, 동시성 등을 나타낸다.

Sa mère *étant* malade, il n'a pas pu partir en voyage.
그는 어머니가 아파서 여행을 떠날 수 없었다.
Le beau temps *revenant*, j'irai aller à la mer. 날씨가 다시 좋아지면 나는 바다에 갈 것이다.

## ▣ 현재분사 복합형

### 1. 형태 : 조동사의 현재분사(ayant, étant)＋과거분사

| | | | |
|---|---|---|---|
| avoir | ayant eu | se lever | s'étant levé(e)(s)(es) |
| être | étant été | lire | ayant lu |
| finir | ayant fini | prendre | ayant pris |
| aller | étant allé(e)(s)(es) | savoir | ayant su |
| boire | ayant bu | venir | étant venu(e)(s)(es) |
| se dépêcher | s'étant dépêché(e)(s)(es) | voir | ayant vu |
| devoir | ayant dû | vouloir | ayant voulu |

### 2. 용법

: 문장 내의 주절의 동사가 나타내는 동작 이전에 완료된 동작을 나타낸다.

*Ayant terminé* mon travail, j'ai joué au tennis. 나는 일을 끝내고 나서 테니스를 쳤다.
*Ayant terminé* le petit déjeuner, elle est sortie. 그녀는 아침식사를 하고 나서 외출했다.
*Étant arrivé* à Paris, il est allé voir son amie. 그녀는 파리에 도착해서 친구를 만나러 갔다.

## Exercices

**1. 다음 문장을 현재분사를 사용해서 바꾸시오.**

(1) Voilà un homme qui parle le français.

(2) Comme il est occupé, il ne passe pas chez elle.

(3) Elle veut se reposer, et elle s'est assise sur le fauteuil.

**2. 의미가 맞는 문장끼리 연결하고 괄호 안의 동사를 현재분사로 바꾸시오.**

| | | |
|---|---|---|
| (1) ___________(partir) précipitamment, | • | • il a vu Sophie. |
| (2) ___________(travailler) mieux, | • | • nous nous sentions fatigués. |
| (3) ___________(arriver) à l'école, | • | • j'ai oublié mon portable sur la table. |
| (4) ___________(avoir) faim, | • | • vous réussirez. |
| (5) ___________(se promener) longtemps, | • | • elle entre dans un restaurant. |

# Leçon 48. 제롱디프(Le gérondif)

## 1. 형태 : en + 현재분사

| | | | |
|---|---|---|---|
| parler | en parlant | boire | en buvant |
| commencer | en commençant | devoir | en devant |
| manger | en mangeant | lire | en lisant |
| faire | en faisant | prendre | en prenant |
| finir | en finissant | vouloir | en voulant |

## 2. 용법

① 주절의 동사와 동시성을 나타낸다. 주동사와 주어가 같으며 동사를 부사적으로 수식한다.

Je regarde la télé *en buvant* de la bière. 나는 맥주를 마시면서 텔레비전을 본다.
Elle travaille *en écoutant* de la musique. 그녀는 음악을 들으면서 공부한다.
Il lit un roman *en murmurant*. 그는 중얼거리며 신문을 읽는다.

② 주절의 동사에 대한 원인, 이유, 조건, 수단, 방법, 양보, 대립 등을 나타낸다.

*En arrivant* en retard à la gare, j'ai raté le train. 역에 늦게 도착해서 나는 기차를 놓쳤다.
Vous avez réussi *en faisant* beaucoup d'effort. 당신은 많은 노력을 했기에 성공했다.
Je me suis cassé la jambe *en skiant*. 나는 스키를 타다가 다리가 부러졌다.
*En nous précipitant*, nous pouvons arriver à l'heure. 우리는 서두르면 제시간에 도착할 수 있다.

# tout는 제롱디프를 강조한다.

*Tout en ayant* sommeil, il s'est couché sur le lit. 그는 졸려서 침대에 누웠다.
Il est heureux *tout en étant* pauvre. 그는 가난하지만 행복하다.

# 현재분사와 제롱디프의 비교

– 현재 분사 : 형용사적으로 사용되어 명사를 수식하며 위치에 따라 의미가 달라진다.

J'ai rencontré mon ami *revenant* de l'école. 나는 학교에서 돌아오는 친구를 만났다.
*Revenant* de l'école, j'ai rencontré mon frère. 학교에서 돌아오다가 나는 친구를 만났다.

– 제롱디프 : 부사적으로 사용되어 주절의 동사를 수식하며 부사적 의미로 쓰인다. 위치가 달라도 의미가 변하지 않는다.

J'ai rencontré mon ami *en revenant* de l'école. 나는 학교에서 돌아오다가 친구를 만났다.
*En revenant* de l'école, j'ai rencontré mon ami. 나는 학교에서 돌아오다가 친구를 만났다.

## Exercices

### 1. 다음 문장을 제롱디프를 사용해서 바꾸시오.

(1) Il entre dans l'appartement et Il salue mes parents.

(2) Le matin, elle chante en même temps pendant sa douche.

(3) Si tu suis mes conseils, tu pourras réussir.

(4) Je lis le journal et je regarde la télé.

(5) Il a passé à l'examen parce qu'il a mieux travaillé.

### 2. 의미가 맞는 문장끼리 연결하고 괄호 안의 동사를 제롱디프로 바꾸시오.

| | | | |
|---|---|---|---|
| (1) Il a vu Sophie | • | • | ____________(être) fatigué |
| (2) Elle est malheureuse | • | • | ____________(monter) l'escalier |
| (3) Nous avons raté le train | • | • | ____________(entrer) dans la classe. |
| (4) Il se couche sur le lit | • | • | ____________(arriver) en retard à la gare. |
| (5) Je suis tombé | • | • | ____________(être) riche. |

## 프랑스 문화 알아보기

### ▶ 프랑스의 카페문화

프랑스 사람들은 특히 햇볕이 드는 노천카페에서 커피를 앞에 놓고 혼자서 책을 읽거나 여럿이서 얘기하기를 좋아한다. 프랑스인에게 카페는 그들의 삶과 문화가 농축된 공간으로써 그들의 문화를 이해할 수 있게 하며 그들의 문화 자체라고 할 수 있다. 혼자 사는 사람이 많고 개인주의 성향이 강한 프랑스에서 카페는 사람들 체취가 느껴지는 공간이다.

1686년 문을 연 파리 최초의 카페인 '카페 프로코프Café Procope'

(출처 : 야후 프랑스, Wikipédia)

파리 최초의 카페인 '프로코프'가 문을 연 것은 프랑스 왕실에 커피가 유행하기 시작한 몇 년 후인 1686년경 콜델리(Procopio dei Coltelli, 1651~1721)에 의해서였으며, 그 이후 대혁명 직전까지 파리에는 약 2,000개 이상의 카페가 들어서게 된다. 계몽주의 시대에 카페는 루소, 발자크, 빅토르 위고 등 유명작가와 예술인들이 즐겨 모였고, 프랑스 혁명 당시에는 계몽주의자들의 집합 장소였다. 그들은 커피를 마시며 자유롭게 왕정을 비판하고 자유와 평등에 대해 이야기했으며 새로운 사회를 꿈꾸었다.

파리의 유명한 '카페 드 플로르 Le Café de Flore'

(출처 : 야후 프랑스, Wikipédia)

폭풍우와도 같았던 혁명이 지나자 프로코프를 비롯한 카페에는 프랑스 문학과 예술을 빛낸 문인들과 예술가들이 단골손님으로 모여들었다. '레두마고, Les Deux Margots'와 '카페 드플로르, Café de Flore'는 프랑스 문학과 철학, 그리고 예술을 태동시킨 곳이다. 이곳의 단골손님으로는 보부아르와 사르트르, 카뮈, 사강, 위고, 말라르메, 헤밍웨이 등이 있다. 사르트르와 보봐르 같은 철학자들은 카페를 아예 서재처럼 이용했고 카뮈는 소설 [이방인, L'Étranger]을 카페에서 완성했으며 피카소 역시 입체파 미술에 대한 아이디어를 이들 카페에서 얻었다.

단순과거는 과거에 완료된 일시적 사실을 나타낸다. 반과거가 어떤 사실이나 상태의 묘사하는 데 비해, 단순과거는 순간적인 동작이나 사건의 추이를 표현한다. 현대에 와서 단순과거와 전과거는 일상적으로는 사용되지 않으며 대신에 반과거와 대과거가 사용된다.

## ▣ 단순과거

### 1. 형태

① 어간 : 1군 동사와 2군 동사는 원래의 어간이 단순과거의 어간이고 불규칙동사는 동사에 따라 다양하다.

② 어미

| | 1군 동사 | 2군 동사 | 3군 동사 | | |
|---|---|---|---|---|---|
| je(j') | –ai | –is | –is | –us | –ins |
| tu | –as | –is | –is | –us | –ins |
| il/elle | –a | –it | –it | –ut | –int |
| nous | –âmes | –îmes | –îmes | –ûmes | –înmes |
| vous | –âtes | –îtes | –îtes | –ûtes | –întes |
| ils/ elles | –èrent | –irent | –irent | –urent | –inrent |

| | avoir | être | aimer | finir | boire | devoir |
|---|---|---|---|---|---|---|
| je(j') | e*us* | f*us* | aim*ai* | fin*is* | b*us* | d*us* |
| tu | e*us* | f*us* | aim*as* | fin*is* | b*us* | d*us* |
| il/elle | e*ut* | f*ut* | aim*a* | fin*it* | b*ut* | d*ut* |
| nous | e*ûmes* | f*ûmes* | aim*âmes* | fin*îmes* | b*ûmes* | d*ûmes* |
| vous | e*ûtes* | f*ûtes* | aim*âtes* | fin*îtes* | b*ûtes* | d*ûtes* |
| ils/elles | e*urent* | f*urent* | aim*èrent* | fin*irent* | b*urent* | d*urent* |

| | faire | pouvoir | prendre | venir | voir | vouloir |
|---|---|---|---|---|---|---|
| je(j') | f*is* | p*us* | pr*is* | v*ins* | v*is* | voul*us* |
| tu | f*is* | p*us* | pr*is* | v*ins* | v*is* | voul*us* |
| il/elle | f*it* | p*ut* | pr*it* | v*int* | v*it* | voul*ut* |
| nous | f*îmes* | p*ûmes* | pr*îmes* | v*înmes* | v*îmes* | voul*ûmes* |
| vous | f*îtes* | p*ûtes* | pr*îtes* | v*întes* | v*îtes* | voul*ûtes* |
| ils/elles | f*irent* | p*urent* | pr*irent* | v*inrent* | v*irent* | voul*urent* |

## 2. 용법

① 단순과거는 시기적로 명시된 역사적인 사건을 서술하거나 소설이나 기사 등에 문어적으로 사용된다.

La Révolution française *éclata* en 1789. 프랑스대혁명은 1789년에 일어났다.
Bonaparte Napoléon *naquit* en 1769. 나폴레옹 1세는 1769년 태어났다.
La Seconde Guerre mondiale *finit* en 1945. 제2차 세계대전은 1945년에 끝났다.
Louis XIV régna sur la France pendant soixante ans. 루이 14세는 60년 동안 프랑스를 통치했다.
Léonard de Vinci *mourut* à Amboise de la France en 1519.
레오나르도 다빈치는 1519년 프랑스의 앙부아즈에서 죽었다.

② 단순과거의 용법은 복합과거와 유사하지만, 복합과거가 현재와 관련 있는 과거 사실을 나타내는 반면에, 단순과거는 현재와 관련 없는 과거 사실을 나타낸다.

Ce matin, il *a beaucoup neigé*. 오늘 아침 눈이 많이 왔다. (복합과거)
Ce matin–là, il *neigea* beaucoup. 그날 아침 눈이 많이 왔다. (단순과거)

## ▣ 전과거

### 1. 형태 : 조동사 (avoir 혹은 être)의 단순과거+과거분사

| | aimer | | aller | |
|---|---|---|---|---|
| je(j' | eus | aimé | fus | allé(e) |
| tu | eus | aimé | fus | allé(e) |
| il | eut | aimé | fut | allé |
| elle | eut | aimé | fut | allée |
| nous | eûmes | aimé | fûmes | allé(e)s |
| vous | eûtes | aimé | fûtes | allé(e)(s)(es) |
| ils | eurent | aimé | furent | allés |
| elles | eurent | aimé | furent | allées |

### 2. 용법

: 전과거는 문어체에 사용되고 단순과거보다 한 시제 앞선 과거를 말한다. 보통 quand, dès que, aussitôt que, après que, à peine~ que 등과 같은 시간 접속사가 사용된 종속절에 쓰이며 주절의 단순과거보다 한 시제 앞선 시제를 나타낸다.

Après que le cours *fut fini*, nous allâmes au restaurant. 강의가 끝나자 우리는 식당으로 갔다.
Dès qu'elle *fut entré*, il sortit. 그녀가 들어오자 그가 나갔다.
Quand on *eut frappé* à la porte, je me réveillai. 누군가 문을 노크했고 난 잠이 깼다.
À peine *eurent*-ils *déjeuné*, ils partirent. 그들은 점심을 먹자마자 떠났다.
(문장 앞에 À peine가 오면 주어와 동사는 도치된다.)

## Exercices

**1. 다음 괄호 안의 동사를 단순과거로 바꾸시오.**

(1) Ce jour–là, il (pleuvoir) beaucoup.

(2) Bonaparte Napoléon (devenir) empereur de la France en 1804.

(3) Les Romains (conquérir) la Gaule.

**2. 다음 문장의 밑줄 친 동사(복합과거)를 단순과거로 바꾸시오.**

(1) Ils ont lu la déclaration.

(2) Les jeux Olympiques a eu lieu à Séoul en 1988.

(3) Léonard de Vinci a peint 'La Joconde'.

**3. 다음 괄호 안의 동사를 전과거로 바꾸시오.**

(1) Quand la nuit (tomber), les enfants retournèrent à la maison.

(2) Dès que je (finir) son devoir, je sortis.

(3) Quand nous (arriver) au sommet de la montagne, nous déjeunâmes.

**4. 다음 제시된 단어를 사용하여 동사 시제를 단순과거, 전과거로 적절하게 변화시켜 문장을 완성하시오.**

(1) Après que/ il/ pleuvoir/ le soleil/ réapparaître.

(2) Aussitôt que/ je/ recevoir le message/ envoyer une réponse.

(3) Dès que/ nous/ arriver/ le train/ partir.

## Leçon 50. 비인칭동사(Les verbes impersonnels)

비인칭동사는 3인칭 단수로만 사용되는 동사로, 3인칭 단수 외에는 인칭변화를 하지 않으며 3인칭 단수로만 사용된다. 비인칭동사의 주어는 3인칭 남성단수 il이며, 이때 il은 인칭의 의미가 없는 형식상의 주어이다.

비인칭동사는 본래의 비인칭동사와 전환된 비인칭동사의 두 종류가 있다.

### 1. 본래의 비인칭동사

① 날씨와 같은 자연 현상을 나타내는 동사

Il *pleut*. 비가 온다. (pleuvoir. 비가 오다)
Il *neige*. 눈이 온다. (neiger. 눈이 오다)
Il *vente*. 바람이 분다. (venter. 바람이 분다)
Il *tonne*. 천둥이 친다. (tonner. 천둥치다)
Il *gèle*. 얼음이 언다. (geler. 얼음이 얼다)
Il *grêle*. 우박이 온다. (grêler. 우박이 오다)

② falloir 동사 : il faut + 명사. ~이 필요하다/ il faut + 동사원형. ~해야 한다.

Il *faut* arriver avant midi. 정오 이전에 도착해야 한다.
Il me *faut* trois heures pour faire ce travail. 그 일을 하려면 세 시간이 필요하다.
Il *faut* de l'argent. 돈이 필요하다.
Que *faut-il* ? 무엇이 필요하지?

③ s'agir 동사 : Il s'agit de + 명사/ inf. ~이 문제다. ~와 관계있다.

Il *s'agit* de son avenir. 그의 미래에 관한 문제이다.
Il *s'agit* de votre santé. 당신의 건강이 문제이다.

## 2. 전환된 비인칭 동사

: 일반동사 중에서 비인칭 동사로 사용되는 동사로, avoir(il y a), être, faire 등이 있다.

① faire : 날씨를 나타낸다. (Il fait + 형용사/ 명사)

| | |
|---|---|
| Quel temps *fait*-il? | 날씨가 어떻습니까? |
| Il *fait* beau/ mauvais/ chaud/ froid. | 날씨가 좋다/ 나쁘다/ 덥다/ 춥다. |
| Il *fait* de la pluie/ de la neige. | 비가 온다/ 눈이 온다. |
| Il *fait* du vent/ du soleil/ du brouillard. | 바람이 분다/ 햇빛이 난다/ 안개가 꼈다. |
| Il *fait* jour/ nuit. | 낮이다/ 밤이다. |
| Il fait combien de degrés? | 기온이 몇 도입니까? |
| Il fait 30°. | 30도입니다. |
| Il fait moins 10 degrés. | 영하 10도입니다. |

② être : 시간을 나타내거나 비인칭 구문에 사용된다.

| | |
|---|---|
| Quelle heure *est*-il? | 몇 시입니까? |
| Il *est* trois heures moins vingt/et demi. | 3시 10분 전/ 30분이다. |
| Il *est* cinq heures du matin/de l'après-midi. | 오전/오후 5시이다. |
| Il *est* neuf heures du soir. | 저녁 9시이다. |
| Il *est* midi/ minuit. | 정오/ 자정이다. |

# être 동사는 부정법 또는 que절과 함께 비인칭 구문으로 사용된다.

┌ Il est + 형용사 + de + 부정법
└ Il est + 형용사 + que + 절

| | |
|---|---|
| *Il est bon de* lui en parler. | 그에게 그것을 말하는 것 좋다. |
| *Il* n'est pas *facile de* comprendre ce texte. | 이 텍스트를 이해하기란 쉽지 않다. |

*Il est difficile qu'*on change son habitude.　자신의 습관을 바꾸는 것은 어렵다.

③ avoir : 관용적 표현 il y a(~이 있다)를 만든다.

Il y *a* beaucoup de pommes dans le panier. 바구니 안에 사과가 많이 있다.
Il y *a* des étudiants devant le café.　카페 앞에 학생들이 있다.
Qu'est-ce qu'il y *a* ?　무슨 일 입니까?
Il y *a* du soleil/ de la pluie/ une averse.　햇빛이 난다/ 비가 온다/ 소나기가 온다.

# Il y a + 시간 명사 : ~전에

Je suis arrivé *il y a* une heure.　나는 1시간 전에 도착했다.
Le cours a déjà commencé *il y a* vingt minutes. 강의는 이미 20분 전에 시작했다.

④ 기타 비인칭 표현

Il convient de + inf.　~하는 것이 좋다.
Il importe de + inf.　~하는 것이 중요하다.
Il suffit de + qc./ inf./ que + 접속법 ~으로 충분하다.
Il vaux mieux + inf./ que + 접속법 ~하는 편이 더 낫다.
Il semble que + 접속법 ~인 것 같다.
Il manque de + 명사 ~이 부족하다. 결여되어 있다

Il importe d'avoir du courage.　용기를 가지는 것이 중요하다.
Il suffit de deux heures pour finir ce travail. 그 일을 끝내기 위해서는 2시간이면 충분하다.
Il vaut mieux rester à la maison.　집에 남아있는 것이 더 낫다.
Il semble qu'il fasse chaud.　날씨가 더운 것 같다.
Il paraît qu'il est fâché.　그는 화가 난 것 같다.
Il me manque 10 euros pour l'acheter.　그걸 사려면 10유로가 부족하다.

## Exercices

### 1. 다음 문장 안에 적당한 비인칭동사를 넣으시오.

(1) Il _______ chaud.

(2) Il _______ midi.

(3) Il y _______ des livres sur la table.

(4) Il _______ partir tout de suite.

(5) Il _______ beau temps.

### 2. 다음 적절한 문장끼리 연결하시오.

| | |
|---|---|
| (1) Il neige • | • trois heures. |
| (2) Il est • | • facile d'expliquer mon projet. |
| (3) Il vaut • | • finir ce travail. |
| (4) Il faut • | • en hiver. |
| (5) Il n'est pas • | • mieux rester ici. |

## Résumé et plus-savoir (Leçon 46 ~ Leçon 50)

### ▣ 부정법

| | |
|---|---|
| 부정법 현재 | 동사 원형 |
| 부정법 과거 | 조동사(avoir 또는 être)의 부정법 + 과거분사 |

### ▣ 현재분사

| 어간 : 직설법 현재 1인칭 복수형 어간 | 어미 : –ant |
|---|---|
| # 예외 :<br>avoir → ayant　　être → étant　　savoir → sachant | |

### ▣ 현재분사의 복합형

| |
|---|
| 조동사의 현재분사 (ayant, étant) + 과거분사 |

| | | | |
|---|---|---|---|
| avoir | ayant eu | se lever | s'étant levé(e)(s)(es) |
| être | étant été | lire | ayant lu |
| finir | ayant fini | prendre | ayant pris |
| aller | étant allé(e)(s)(es) | savoir | ayant su |
| boire | ayant bu | venir | étant venu(e)(s)(es) |
| se dépêcher | s'étant dépêché(e)(s)(es) | voir | ayant vu |
| devoir | ayant dû | vouloir | ayant voulu |

### ▣ 제롱디프

| |
|---|
| en + 현재분사 |

| | | | |
|---|---|---|---|
| parler | en parlant | boire | en buvant |
| commencer | en commençant | devoir | en devant |
| manger | en mangeant | lire | en lisant |
| faire | en faisant | prendre | en prenant |
| finir | en finissant | vouloir | en voulant |

## ▣ 단순과거

| | | | | | | |
|---|---|---|---|---|---|---|
| 어간 | 1군 동사와 2군 동사 : 원래의 어간<br>3군 불규칙동사 : 동사에 따라 다양 | | | | | |
| 어미 | | 1군 동사 | 2군 동사 | 3군 동사 | | |
| | je(j') | −ai | −is | −is | −us | −ins |
| | tu | −as | −is | −is | −us | −ins |
| | il/elle | −a | −it | −it | −ut | −int |
| | nous | −âmes | −îmes | −îmes | −ûmes | −înmes |
| | vous | −âtes | −îtes | −îtes | −ûtes | −întes |
| | ils/elles | −èrent | −irent | −irent | −urent | −inrent |

## ▣ 전과거

| 조동사 (avoir 또는 être)의 단순과거 + 과거분사 |
|---|

| aimer | | aller | |
|---|---|---|---|
| j'eus | aimé | je fus | allé(e) |
| tu eus | aimé | tu fus | allé(e) |
| il eut | aimé | il fut | allé |
| elle eut | aimé | elle fut | allée |
| nous eûmes | aimé | nous fûmes | allé(e)s |
| vous eûtes | aimé | vous fûtes | allé(e)(s)(es) |
| ils eurent | aimé | ils furent | allés |
| elles eurent | aimé | elles furent | allées |

## ▣ 비인칭 동사

| | |
|---|---|
| 본래의 비인칭동사 | 날씨를 나타내는 동사(neiger, pleuvoir, geler, venter, tonner, geler, grêler..)<br>falloir, s'agir (de) |
| 전환된 비인칭동사 | faire(날씨), il y a, être(시간), il est + 형용사 + de + 부정법/que + 절 |

# Leçon 51. 조동사(Les verbes auxiliaires)

조동사란 동사가 가지고 있는 본래의 뜻 이외에 다른 동사의 분사나 부정법과 함께 쓰여 시제, 법, 태를 만드는 동사들을 말한다.
조동사는 순수조동사와 준조동사가 있다. 순수 조동사는 avoir, être가 있는데 복합시제에서 사용된다.
준조동사는 본래 동사가 지닌 의미 이외에 다른 동사(부정법)를 수반하여 조동사적으로 사용된다.

## 1. 순수 조동사 :

: 모든 타동사와 대부분의 자동사는 복합시제를 만들 때 조동사로 avoir 동사를 취한다. 반면에 장소 이동이나 상태 변화를 나타내는 일부 자동사(aller, arriver, descendre, devenir, entrer, monter, mourir, naître, partir, parvenir, rentrer, rester, revenir, sortir, tomber, venir ...), 모든 대명동사, 모든 수동태는 복합시제를 만들 때 조동사로 être 동사를 취한다. 이때 과거분사는 주어의 성・수에 일치시킨다.

Il *a* eu peur. 그는 두려웠다.
Elles *sont* arrivées hier soir. 그녀들은 어제 저녁에 도착했다.
Elle *aurait* été heureuse à ce moment-là. 그녀는 그때 행복했었다.
Il *eut* fini son travail avant son départ. 그는 출발하기 전에 일을 끝냈다.
Elle *était* déjà partie pour la France lors de mon arrivée.
내가 도착했을 때 그녀는 이미 프랑스로 떠났다.
Ce matin, je me *suis* levé à 6 heures. 나는 오늘 아침 6시에 일어났다.
Elle *était* aimée de tout le monde. 그녀는 모든 사람에게서 사랑받았다.
Il *est* invité par Alice. 그는 알리스로부터 초대받았다.

# avoir를 조동사로 취하는 복합시제 문장에서 동사(과거분사)의 직접목적보어가 동사(과거분사)보다 앞에 위치할 경우, 과거분사는 목적어의 성・수에 일치시킨다.

Cette photo, je l'ai pris*e* à Paris. 이 사진을 나는 파리에서 찍었다.
Combien de livres as-tu acheté*s*? 너는 책을 몇 권이나 샀니?

# 대명동사의 복합과거시제에서 보어(se)가 동사의 직접목적보어일 경우 과거분사는 주어의 성・수에 일치되지만, 보어가 간접목적보어일 경우 과거분사는 주어의 성・수에 일치되지 않는다.

Elle s'est lavée. 그녀는 씻었다.
Elle s'est lavé les mains. 그녀는 손을 씻었다.

# passer, sortir, retourner, monter, descendre...와 같은 일부 자동사는 타동사로도 사용되며 이때 복합시제에서 조동사로는 avoir를 사용한다.

Elle *a* bien passé ses vacances. 그녀는 휴가를 잘 보냈다.
Elle *est* passée devant la poste. 그녀는 우체국 앞으로 지나갔다.

Elle *a* sorti son livre dans sa serviette. 그녀는 가방에서 책을 꺼냈다.
Elle *est* sortie de la magasin. 그녀는 가게에서 나왔다.

## 2. 준조동사

① aller + inf. : 곧 ~.할 것이다. [근접미래]

Nous *allons* partir tout de suite. 우리는 이제 곧 출발할 것이다.
L'avion *va* décoller dans dix minutes. 비행기는 10분 후에 이륙할 것이다.

② venir de + inf. : 방금 ~했다. [근접과거]

Nous *venons d'*arriver à l'aéroport. 우리는 조금 전에 공항에 도착했다.
Le film *vient de* commencer. 영화는 조금 전에 시작했다.

③ faire + inf. : ~하게 하다. [사역동사]

| | |
|---|---|
| Il *fait* venir sa secrétaire. | 그는 자신의 비서를 오게 한다. |
| J'*ai fait* chanter ma fille. | 나는 내 딸에게 노래하게 했다. |

④ vouloir + inf. : ~하기를 원하다.

| | |
|---|---|
| Je *veux* aller au cinéma. | 나는 극장에 가고 싶다. |
| Vous *voulez* prendre du café? | 당신은 커피를 드시고 싶으세요? |

⑤ devoir + inf. : ~해야 한다[의무], ~일 것이다. [추측]

| | |
|---|---|
| On *doit* respecter la règle. | 규칙을 준수해야 한다. |
| Je *dois* finir tout de suite ce travail. | 나는 이 일을 곧 끝마쳐야 한다. |
| Elle est absente. Elle *doit* être malade. | 그녀가 결석했다. 아마도 아픈 것 같다. |

⑥ laisser + inf. : ~하도록 내버려 두다. [방임동사]

Je *laisse* Alice chanter à haute voix dans la chambre.
나는 알리스가 자기 방에서 큰 소리로 노래하게 내버려 둔다.

*Laissez*-moi parler. 내가 얘기하게 내버려 두세요.

⑦ pouvoir + inf. : ~할 수 있다

| | |
|---|---|
| *Puis*-je entrer? | 들어가도 될까요? [도치형에서는 peux를 사용하지 않는다.] |
| Ils *peuvent* expliquer leur projets. | 그들은 자신들의 계획에 대해 설명할 수 있다. |

⑧ savoir + inf. : ~할 줄 알다.

Je *sais* jouer du piano. 나는 피아노를 연주할 줄 안다.
Elle *sait* conduire la voiture. 그녀는 자동차 운전을 할 줄 안다.

⑨ être en train de + inf. : ~하는 중이다.

Je *suis en train de* faire la cuisine. 나는 요리하고 있는 중이다.
Elle *est en train de* lire le roman. 그녀는 소설책을 읽고 있는 중이다.

⑩ être sur le point de + inf. : 이제 막 ~하려던 참이다.

Le magasin *est sur le point de* fermer. 가게는 문을 막 닫으려고 한다.
Nous *sommes sur le point d'*arriver à Paris. 우리는 이제 막 파리에 도착하려던 참이다.

# 조동사나 준조동사가 있는 부정문에서 ne ~ pas의 위치는 (준)조동사 앞과 뒤이다.

┌ 복합과거 : ne + 조동사 + pas + 과거분사
└ 준조동사 문장 : ne + 준조동사 + pas + 동사원형

Tu as pris du vin? 너는 포도주를 마셨니?
→ Non, je *n'*ai *pas* pris de vin. 아니, 난 포도주를 마시지 않았어.
Tu peux aller au concert ce soir? 넌 오늘 저녁 음악회에 갈 수 있니?
→ Non, je *ne* peux *pas* aller. 아니, 갈 수 없어.

## Exercices

**1. 다음 동사를 괄호 안에 지시되어있는 시제로 변화시키시오.**

(1) Vous avez raison. (복합과거)

(2) Elle sort. (근접과거)

(3) Je finis. (대과거)

(4) Il arrive. (전미래)

(5) Nous faisons (근접미래)

**2. 다음 문장을 괄호 안의 준조동사를 사용하여 바꾸시오.**

(1) Nous finissons nos devoirs. (devoir)

(2) Elle chante. (être en train de)

(3) Je lis ce roman. (vouloir)

(4) Il arrose les fleurs. (être sur le point de)

(5) Vous faites la cuisine? (pouvoir)

## 프랑스 문화 알아보기

### ▶ 프렌치 시크, 패션

오랫동안 사회적 신분에 따라 입었던 의복은 16세기 이후부터 자신을 표현하는 수단이 되기 시작했다. 17세기에 베르사이유는 문화와 예술의 중심지가 되었고 패션에 있어서도 화려한 궁정 스타일이 유행하였다. 이때부터 '룩, look'이라는 개념이 생겼고 유럽의 모든 궁정은 베르사이유를 모방하기 시작했으며 양재사, 헤어드레서, 제화공과 같은 패션 관련 직업이 생겨났다. 프랑스 혁명 이후부터 기성복이 등장했고 방직기와 재봉틀이 발명되고 자본이 투입되면서 기성복 산업이 시작되었다. 부유한 사람들은 부를 과시하기 위해 고급 의상실에서 비싼 옷을 맞춰 입었는데 이때부터 다른 사람이 입은 옷을 집단적으로 따라 입는 현상이 나타났다. 이를 계기로 '오트 쿠튀르'가 탄생했다.

이후 루이 프랑수와 까르띠에, 가브리엘 샤넬, 크리스티앙 디오르, 입생 로랑, 피에르 가르탱, 장 폴 고티에 등 세계적인 패션 디자이너들이 탄생함으로써 프랑스의 패션은 세계를 주도하게 되었다.

샤넬의 갸르손 룩(Garçonne look)과
샤넬 라인 스커트

프랑스는 '고급 맞춤복 의상실'을 칭하는 오트 쿠튀르(Haute Couture)와 '기성복'을 뜻하는 프레타 포르테(Prêt-à-porter)의 양 축을 중심으로 세계의 패션을 이끌어가고 있다. 오트 쿠튀르는 1월과 7월, 프레타 포르테는 3월과 10월에 각각 발표회가 있다. 오트 쿠튀르는 예술성 있는 옷, 그야말로 보기 위한 옷이다. 반면에 프레타 포르테는 말 그대로 기성복을 의미한다.

현대의 프랑스인들의 패션 경향은 유행과 상관없는, 자신만의 개성을 표출하는 패션을 즐긴다. 어떤 스타일이 유행한다고 해서 일률적으로 따라 하거나 하지 않는다. 각자 자신에 맞는 스타일을 창조하며 그 자체로 멋을 풍긴다.

프렌치 스타일 룩
(출처 : http://fashionarrow.com)

# Leçon 52. 전치사(Les prépositions)

## 1. 전치사의 종류

(1) à : ~에(서), ~(으)로

① 시간

de 9 heures *à* 17 heures. 9시부터 17시까지

② 장소

Elle est *à* l'école. 그녀는 학교에 있다.

Nous sommes *au* bureau. 우리는 사무실에 있다.

③ 교통수단

*à* pied/ *à* vélo 걸어서/ 자전거를 타고

④ 용도

une tasse *à* thé 찻잔

une salle *à* manger 식당

⑤ 계절, 달

*au* printemps 봄에

*au* mois d'avril 4월에

⑥ 재료

glace *à* chocolat 초콜릿 아이스크림

tarte *aux* fraises 딸기 파이

omelette *au* fromage 치즈 오믈렛

⑦ 방식

*à* la française 프랑스식으로

*à* haute voix 큰 소리로

⑧ 소유

C'est *à* moi. 그것은 나의 것이다.

(2) **de** : ~의, ~로부터

① 방식

*d'*une manière cohérente 일관된 방식으로

② 장소 출발

Il est parti *de* Paris pour Rome. 그는 파리에서 로마로 출발했다.

③ 출신지, 원산지

Je viens *de* Corée/ *de Paris* 나는 한국/ 파리 출신이다.

J'aime le café *d'*Colombie. 나는 콜롬비아 커피를 좋아한다.

④ 수동태의 동작주

Elle est aimée *de* tout le monde. 그녀는 모든 사람으로부터 사랑받는다.

⑤ 원인

Il crie *de* joie 그는 기뻐서 소리를 지른다.

⑥ 정도

Jean est plus âgé que moi *de* deux ans. 장은 나보다 두 살 연상이다.

⑦ 소유

le bicyclette *de* Pierre 피에르의 자전거

⑧ 특징

Je me lave les mains dans la salle *de* bains. 나는 욕실에서 손을 씻는다.

⑨ 재료

Elle met une robe *de* soie. 그녀는 견직물로 된 원피스를 입고 있다.

⑩ 양

une tasse *de* café 커피 한 잔

une assiette *de* soupe 수프 한 접시

(3) **dans** : ~안에(서)

① 장소

Il est *dans* sa chambre. 그는 자기 방 안에 있다.

Il y a des étudiants *dans* la classe. 교실 안에 학생들이 있다.

② 시간

Il faut partir *dans* dix minutes. 10분 안에 출발해야 한다.

Le film finira *dans* vingt minutes. 영화는 20분 안에 끝날 것이다.

(4) **en** : ~안에, ~에, ~로

① 장소

J'habite *en* France. 나는 프랑스에 살고 있다.

② 교통수단

*en* métro/ *en* bus/ *en* voiture/ *en* TGV 지하철로/ 버스로/ 자동차로/ 테제베로

③ 착용

*en* lunettes 안경을 낀

*en* chapeau 모자를 쓴

*en* uniforme 유니폼을 입은

*en* jean 진을 입은

④ 시간, 기간

Vous ne pouvez pas ce travail *en* un jour. 당신은 이 일을 하루 안에 할 수 없다.

⑤ 재료

une robe *en* cotton 면 원피스

une bague *en* or 금반지

une chaise *en* cuir 가죽 의자

⑥ 계절, 달, 연도

Nous sommes *en* avril(= au mois d'avril). 4월이다.

Nous sommes *en* 2018. 2018년이다.

Nous sommes *en* été/ *en* automne/ *en* hiver. 여름/ 가을/ 겨울이다.

(5) **pour** : ~을 위해, ~(으)로, ~을 향해

① 방향

Elle part *pour* Paris. 그녀는 파리로 출발한다.

② 대상

Cette lettre est *pour* vous. 이 편지는 당신에게 온 것이다.

③ 목적

Je vais à la librairie *pour* acheter des livres. 나는 책들을 사기 위해 서점에 간다.

④ 원인, 이유

Cet enfant est puni *pour* mauvaise conduite. 이 아이는 나쁜 행실로 인해 벌을 받는다.

⑤ 예정된 기간

Il va à Paris *pour* trois ans. 그는 3년 예정으로 파리에 간다.

(6) **par** : ~에 의해, ~을 통해, ~으로

① 장소

Un oiseau est entré dans la chambre *par* la fenêtre.
새 한 마리가 창문을 통해 방 안으로 들어왔다.

② 단위

Je travaille huit heures *par* jour. 나는 하루에 8시간씩 일한다.

une fois *par* semaine/ deux fois *par* mois 일주일에 한 번씩/ 한 달에 두 번씩

③ 수동태의 동작주

Cette maison a été batie *par* mon père. 이 집은 내 아버지에 의해 지어졌다.

④ 수단

Elle m'a pris *par* le bras. 그녀는 나의 팔을 잡았다.

⑤ 시작과 끝을 의미하는 동사 뒤에서

La semaine commence *par* lundi, finit *par* dimanche. 일주일은 월요일로 시작해서 일요일로 끝난다.

La rue finit *par* le cul-de-sac. 그 도로는 막다른 길에서 끝난다.

⑥ 관용 표현

*par* conséquent 따라서

*par* hasard 우연히

*par* exemple 예를 들면

(7) sur/ sous : ~위에, ~에 대해/ ~아래

① 장소

Les oiseaux chantent *sur* l'arbre. 새들이 나무 위에서 노래한다.

La Seine coule *sous* le pont Mirabeau. 미라보 다리 아래 세느강이 흐른다.

② 주제, 내용

Je vais vous expliquer *sur* ce sujet. 나는 그 주제에 대해 당신에게 설명하겠습니다.

③ 비율

Un étudiant *sur* trois est malade. 세 명 중 한 명의 학생이 아프다.

④ 관용 표현

Appuyez *sur* le bouton rouge. 붉은색 버튼을 누르세요.

La fenêtre donne *sur* la mer. 창문이 바다를 향해 있다.

Il compte *sur* elle. 그는 그녀를 신뢰하고 있다.

(8) avant/ devant : ~앞에, 전에, 이전에

① 시간

Je me lave les mains *avant* le repas. 나는 식사 전에 손을 씻는다.

Elle est arrivée *avant* trois heures. 그녀는 3시 이전에 도착했다.

② 공간

Il habite à l'appartement juste *avant* le musée. 그는 박물관 바로 앞에 있는 아파트에 산다.

Julie est *devant* le café. 줄리가 카페 앞에 있다.

(9) **après/ derrière** : ~뒤에, 이후에

① 시간

*Après* la mariage, je veux continuer mon travail. 나는 결혼 후에도 일을 계속하고 싶다.

② 공간

J'habite *après* la banque. 나는 은행 뒤에 산다.

Qu'est-ce qu'il y a *derrière* la poste? 우체국 뒤에 무엇이 있나요?

(10) **depuis** : ~이후부터 (현재까지)

Elle travaille *depuis* trois heures. 그녀는 3시간 전부터 일하고 있다.

Je connais Marcel *depuis* cinq ans. 나는 5년 전부터 마르셀을 알고 있다.

(11) **jusqu'à** : ~까지

Je suis pressé *jusqu'au* soir. 나는 저녁까지 바쁘다.

Elle a dormi *jusqu'à* neuf heures. 그녀는 9시까지 잤다.

(12) **avec** : ~와 함께, ~을 가지고

Tu vas au cinéma *avec* elle? 너는 그녀와 함께 극장에 가니?

Je sors *avec* mon parapluie. 나는 우산을 가지고 외출한다.

(13) vers : ~쪽으로, ~무렵

Il marche lentement *vers* le parc. 그는 공원 쪽으로 천천히 걷는다.
Je déjeune *vers* midi. 나는 정오 무렵 점심을 먹는다.

(14) pendant : ~동안

Après le repas, je me lave les dents *pendant* trois minutes.
나는 식사 후에 3분간 동안 양치질을 한다.
Il a neigé *pendant* trois jours. 3일 동안 눈이 내렸다.

## 2. 전치사의 용법

① 장소를 나타내는 '~에'의 의미로 사용할 때, 일반적인 장소를 나타낼 경우 à를 사용하고, 구체적인 장소를 나타낼 경우 dans이나 sur를 사용한다.

| | |
|---|---|
| aller *à* la montagne | 산에 가다 |
| aller *dans* les Alpes | 알프스에 가다 |
| aller *sur* la côte d'Azur | 코트다쥐르에 가다 |
| être *au* café | 카페에 있다 |
| être *dans* un café chic | 멋진 카페에 있다 |
| habiter *en* banlieu | 교외에 살다 |
| habiter *dans* la banlieu de Paris | 파리 교외에 살다 |
| vivre *au* centre-ville | 도심에 살다 |

② dans, sur : 장소를 표현할 때 건물이나 벽 등으로 막히거나 폐쇄적인 공간을 표현할 경우 dans을 사용하고 넓고 열린 공간을 표현할 경우 sur를 사용한다.

| | |
|---|---|
| *dans* le parc | 공원에서 |
| *dans* la rue | 거리에서 |
| *dans* la cour | 마당에서 |
| *dans* mon appartement | 내 아파트에서 |
| *dans* le Quartier latin | 라틴구역에서 |
| vivre *dans* un endroit calme | 조용한 곳에 살다 |
| s'asseoir *dans* le fauteuil | 소파에 앉다 |
| s'asseoir *sur* le banc | 벤치에 앉다 |
| *garer sur* le parking | 주차장에 주차하다 |
| *sur* les trottoirs | 인도에서 |
| *sur* la route | 도로에서 |
| *sur* la place de la Concorde | 콩코르드 광장에서 |
| *sur* l'Avenue des Champs-Élysées | 샹젤리제 거리에서 |

③ 국가, 대륙, 지방 명사 앞에 전치사를 붙이는 경우 : 남성 명사 앞에는 축약관사 au (à + le)를 사용하고 복수 명사 앞에는 축약관사 aux (à + les)를 사용한다. 여성 명사 앞에는 전치사 en을 사용하며 en 뒤에서 관사는 생략된다. 관사를 사용하지 않는 국가 명사나 도시 앞에는 전치사 à를 사용한다. 남성 지방 명사 앞에는 전치사 dans + 정관사를 사용한다.

- 축약관사 au(à + le) + 남성 명사
- 축약관사 aux(à + les) + 복수 명사
- 전치사 en + 여성 명사
- 전치사 à + 관사를 붙이지 않는 명사
- 전치사 dans + 남성 지방 명사

| | |
|---|---|
| habiter *au* Canada/ *au* Japon | 캐나다/ 일본에 살고 있다. |
| habiter *en* France/ *en* Allemande | 프랑스/ 독일에 살고 있다. |

| | |
|---|---|
| habiter *en* Bretagne/ *en* Normandie | 프랑스/ 독일/ 브르타뉴/ 노르망디에 살고 있다. |
| aller *en* Europe/ *en* Asie/ *en* Afrique | 유럽/ 아시아/ 아프리카에 가다. |
| habiter *aux* États-Unis/ *aux* Pays-Bas | 미국/ 네덜란드에 살고 있다. |
| être *à* Paris/ *à* Rome/ *à* Londres | 파리/ 로마/ 런던에 있다. |
| aller *à* Monaco/ *à* Cuba | 모나코/ 쿠바에 가다. |
| aller *dans* le Périgord/ *dans* le Piémont | 페리고르 지방/ 피에몬테 지방에 가다. |

# 모음으로 시작하는 남성형 국가 명사 앞에는 en을 붙인다.

*en* Iran 이란에서　　*en* Irak 이라크에서

# 국가 명사 앞에는 정관사를 붙이는 것이 원칙이나 붙이지 않는 나라도 있다. 도시 이름에서 유래된 국가 명사에는 관사를 붙이지 않는다. 섬의 명칭에는 정관사를 붙이는 것도 있고 붙이지 않는 것도 있다. 복수형 섬에는 정관사를 붙인다.

– 정관사를 붙이지 않는 경우 :

| | | | | | |
|---|---|---|---|---|---|
| Andorre | 안도라 | Hawaï | 하와이 | Madagasgar | 마다가스카르 |
| Chypre | 키프러스 | Hong-Kong | 홍콩 | Monaco | 모나코 |
| Cuba | 쿠바 | Israël | 이스라엘 | | |

– 정관사를 붙이는 경우 :

| | | | | | |
|---|---|---|---|---|---|
| la Corse | 코르시카 | la Sicile | 시칠리아 | Les Canaries | 카나리아 제도 |
| la Martinique | 마르티니크 | Les Antilles | 서인도제도 | | |

④ 출신지나 원산지를 나타내는 경우, 남성 명사와 복수 명사 앞에서는 축약관사 du (de + le)와 des (de + les)를 붙이고, 여성 명사 앞에서는 관사는 생략되고 전치사 de만 붙인다.

┌ 축약관사 du(de + le) + 남성 명사
├ 전치사 de + 여성 명사
└ 축약관사 des(de + les) + 복수 명사

| | |
|---|---|
| Je viens *du* Cananda. | 나는 캐나다 출신이다. |
| Il vient *de* Corée. | 그는 한국 출신이다. |
| Les Jeux Pympiques viennent *de* Grèce. | 올림픽은 그리스에서 유래되었다. |
| Elles sont parties *des* États–Unis. | 그녀들은 미국에서 출발했다. |
| le fromage *du* Danemark | 덴마크 치즈 |
| le fromage *de* France | 프랑스 치즈 |
| le café *du* Brésil | 브라질 커피 |
| le café *d'* Éthiopie | 에티오피아 커피 |
| le foie gras *du* Périgord | 페리고르 푸아그라 |
| les vin *de* Bourgogne | 부르고뉴 포도주 |

⑤ dans/ en/ pendant/ depuis, il y a~ : 시간과 관계된 전치사의 쓰임은 다음과 같다.

┌ dans : ~안에, 후에 (미래의 시간)
├ en : ~안에 (소요 시간)
├ pendant : ~동안 (기간)
├ depuis : ~이후부터 (계속된 기간)
└ il y a : ~전에 (과거의 순간)

| | |
|---|---|
| Elle partira en voyage *dans* trois jours. | 그녀는 3일 후에 여행을 떠난다. |
| J'ai lu ce livre *en* trois heures. | 나는 3시간 안에 이 책을 읽었다. |
| Elle a vu ce film *pendant* deux heures. | 나는 2시간 동안 영화를 보았다. |
| Je marche *depuis* une heure. | 나는 1시간 전부터 걷고 있다. |
| Il est arrive *il y a* trente minutes. | 그는 30분 전에 도착했다. |

⑥ sur, sous, au–dessus de, au–dessous de : 위치와 관계된 전치사의 쓰임은 다음과 같다.

┌ sur : ~위에 (표면 위에 닿은 상태)
├ au–dessus de : ~위에 (표면에 닿지 않은 위에 있는 상태)
├ sous : ~아래 (표면 밑으로 닿거나 닿지 않은 상태)
└ au–dessous de : ~아래 (표면 밑으로 닿지 않은 상태)

| | |
|---|---|
| Le chien s'assied *sur* la chaise. | 강아지가 의자 위에 앉아있다. |
| Les oiseaux volent *au–dessus de* la mer. | 새들이 바다 위를 날아간다. |
| Le chat est *sous* la table. | 고양이가 테이블 아래에 있다. |
| Le chat est *au–dessous de* la table. | 고양이가 테이블 아래에 있다. |
| La température est tombée *au–dessous de* zéro. | 기온이 영하로 떨어졌다. |

⑦ durant/ pendant : ~동안. durant은 계속적인데 비해 pendant은 일시적이다.

| | |
|---|---|
| Il neigait *durant* la nuit. | 밤 동안 눈이 내렸다. |
| Elle m'a téléphoné *pendant* mon absence. | 내가 없는 동안 그녀가 전화를 했다. |

⑧ entre, parmi : 일반적으로 entre는 두 가지 명사와 함께 사용하고, parmi는 세 가지 이상의 명사와 함께 사용한다.

| | |
|---|---|
| Ma maison se trouve *entre* la poste et la boulangerie. | 나의 집은 우체국과 빵집 사이에 있다. |
| *Parmi* les étudiants, il y a plusieurs étrangers. | 학생들 중에는 여러 외국인들이 있다. |
| *Parmi* ces enfants, qui est votre fille? | 이 아이들 중에서 누가 당신의 딸입니까? |

⑨ 주요 전치사구

| | | | |
|---|---|---|---|
| à cause de | ~때문에 | en face de | ~맞은 편에 |
| à côté de | ~옆에 | grâce à | ~덕분에 |
| au bout de | ~끝에 | le long de | ~을 따라 |

| | | | |
|---|---|---|---|
| au coin de | ~모퉁이에 | loin de | ~에서 먼 |
| au lieu de | ~대신에 | près de | ~에서 가까운 |
| au milieu de | ~가운데 | quant à | ~에 대해서 |
| auprès de | ~옆에 | | |

*À cause de* bruit, je ne peux pas dormir. 소음 때문에 난 잘 수가 없다.
La poste est *à côté de* la pharmacie. 우체국은 약국 옆에 있다.
Il y a un café *au bout de* la rue. 거리 끝에 카페가 있다.
Le parc est *au coin de* la rue. 공원은 길 모퉁이에 있다.
*Au lieu de* parler, il se tait. 그는 말하는 대신에 침묵한다.
*Au milieu de* la chambre, il y a une table. 방 한가운데 테이블이 있다.
La librairie est *auprès de* l'hôpital. 서점은 병원 옆에 있다.
L'église est *en face de* la mairie. 교회는 시청 맞은편에 있다.
*Grâce à* vous, j'ai réussi à l'examen. 당신 덕분에 난 시험에 합격했다.
Il se promène *le long de* la mer. 그는 바다를 따라 산책했다.
L'école est *loin de* la gare. 학교는 역에서 멀다.
J'habite *près de* l'université. 나는 학교 가까이에 살고 있다.
Il dit *quant à* ses projets. 그는 자신의 계획에 관해 말한다.

### ⑩ 주요 동사구

#### – à를 취하는 동사

| | | | |
|---|---|---|---|
| aider à | ~을 돕다 | penser à | ~할 생각이다 |
| apprendre à | ~을 배우다 | plaire à | ~의 마음에 들다 |
| aspirer à | ~을 열망하다 | résister à | ~에 저항하다 |
| chercher à | ~하려고 애쓰다 | ressembler à | ~와 닮다 |
| consentir à | ~에 동의하다 | réfléchir à | ~을 숙고하다 |

| | | | |
|---|---|---|---|
| consacrer à | ~에 공헌하다 | renoncer à | ~을 단념하다 |
| continuer à | ~을 계속하다 | réussir à | ~에 성공하다 |
| contribuer à | ~에 기여하다 | se mettre à | ~을 시작하다 |
| échapper à | ~을 모면하다 | songer à | ~을 생각하다 |
| hésiter à | ~하기를 망설이다 | servir à | ~에 쓰이다 |
| nuire à | ~을 해치다 | se fier à | ~을 믿다 |
| obéir à | ~에 복종하다 | succéder à | ~을 계승하다 |

Elle *apprend à* conduire. 그녀는 운전을 배운다.

Il *aspire à* la réussité. 그는 성공을 열망한다.

Elle *assiste à* une réunion. 그녀는 모임에 참석한다.

Je *commence à* travailler à 9 heures. 나는 9시에 일을 시작한다.

Fumer *nuit à* la santé. 흡연은 건강을 해친다.

Il *obéit à* ses parents. 그는 부모들에게 복종한다.

Je *pense à* ma famille. 나는 내 가족을 생각한다.

Elle *se met à* travailler. 그녀는 일하기 시작한다.

Le couteau *sert à* couper. 칼은 자르는 데 사용된다.

– de를 취하는 동사

| | | | |
|---|---|---|---|
| accepter de | ~을 수락하다 | s'abstenir de | ~을 삼가다 |
| arrêter de | ~을 중지하다 | s'arrêter de | ~을 그만두다 |
| décider de | ~을 결정하다 | se dépêcher de | ~을 서두르다 |
| douter de | ~을 의심하다 | s'efforcer de | ~하려고 노력하다 |
| essayer de | ~하려고 노력하다 | s'inquiéter de | ~에 대해 걱정하다 |
| finir de | ~을 끝내다 | se méfier de | ~을 불신/경계하다 |
| jouir de | ~을 즐기다 | se moquer de | ~을 비웃다 |
| manquer de | ~이 없다 | se plaindre de | ~을 한탄하다 |
| oublier de | ~을 잊다 | se réjouir de | ~을 기뻐하다 |
| parler de | ~에 대해 이야기하다 | se servir de | ~을 사용하다 |

| | | | |
|---|---|---|---|
| refuser de | ~을 거절하다 | se soucier de | ~을 걱정하다 |
| regretter de | ~을 유감으로 여기다 | se souvenir de | ~을 추억하다 |
| rêver de | ~을 꿈꾸다 | traiter de | ~을 논하다 |

Ils *décident de* partir en voyage. 그들은 여행을 떠나기로 결정한다.

Je ne *doute* pas *de* sa réussite. 나는 그의 성공을 의심치 않는다.

Elle *finit de* lire un roman. 그녀는 소설 읽는 것을 끝낸다.

Tu *te moques de* lui. 너는 그를 비웃는구나.

Il *refuse de* travailler tard. 그는 늦게까지 일하는 것을 거절한다.

Ils *rêvent d'*aller en Inde. 그들은 인도에 가기를 꿈꾼다.

Je *me sers du* portable. 나는 노트북을 사용한다.

Ils *traitent de* la politique. 그들은 정치에 대해 논하고 있다.

– 그 외의 전치사를 취하는 동사

| | | | |
|---|---|---|---|
| compter sur | ~을 기대하다 | soupirer après(pour) | ~을 갈망하다 |
| croire en(à) | ~을 믿다/신뢰하다 | veiller sur(à) | ~에 신경쓰다/유의하다 |

Je *compte sur* votre aide. 나는 당신의 도움을 기대합니다.

Elle *croit en* Dieu. 그녀는 신을 믿는다.

## Exercices

### 1. 다음 괄호 안에 적절한 전치사를 넣으시오.

(1) La poste est en face (　　) l'école.
(2) Vous l'aidez (　　) étudier.
(3) J'ai décidé (　　) faire du jogging.
(4) Elle est heureuse (　　) le revoir.
(5) Nous allons au cinéma (　　) vélo.
(6) Les livres sont (　　) la table.
(7) Je travaille jusqu'(　　) 5 heures.
(8) L'église se trouve (　　) la poste et la boulangerie.
(9) Je vais (　　) France.
(10) (　　) été, il fait chaud.

### 2. 다음 두 문장을 보기처럼 연결하시오.

| |
|---|
| Je pars en voyage. Je suis content. → Je suis content de partir en voyage. |

(1) Il est malade. Il est regrettable.
(2) J'habiter à la campagne. Je suis envie.
(3) Il est en retard. Il est désolé.
(4) Elle réussit à l'examen. Elle est ravie.
(5) Je vois mes vieux amis. Je suis heureux.

# Leçon 53. 부사(L'adverbe)

부사는 형용사, 동사, 또는 문장을 수식하여 그것들을 강조하는 역할을 한다. 부사는 형용사처럼 변화하지 않으며 시간, 장소, 양태, 분량, 정도, 긍정, 부정, 의혹, 의문 등을 나타낸다.

## 1. 부사의 종류

### ① 시간

| | | | | | |
|---|---|---|---|---|---|
| alors | 그러면 | bientôt | 곧 | maintenant | 지금 |
| après | 이후 | déjà | 이미, 벌써 | quand | 언제 |
| après-midi | 오후 | demain | 내일 | quelquefois | 가끔 |
| aujourd'hui | 오늘 | depuis | 그후로 | souvent | 자주 |
| aussitôt | 곧 | enfin | 마침내 | toujours | 항상 |
| avant | 이전에 | hier | 어제 | tard | 늦게 |
| avant-hier | 그저께 | parfois | 때때로 | tôt | 일찍 |

*Aujourd'hui*, il fait très chaud. 오늘은 날씨가 너무 덥다.

Ils arriveront *bientôt* à la gare. 그들은 역에 곧 도착할 것이다.

Ils sont *déjà* partis. 그들은 벌써 출발했다.

En été, il pleut *souvent*. 여름에는 비가 자주 온다.

Il est *toujours* en retard. 그는 항상 늦는다.

Je me lève *tard*. 나는 늦게 일어난다.

### ② 장소

| | | | | | |
|---|---|---|---|---|---|
| ailleurs | 다른 곳에(서) | dedans | 안에 | loin | 멀리 |
| autour | 주위에 | dessus | 위에 | partout | 도처에 |
| devant | 앞에 | dessous | 아래에 | près | 가까이, 곧 |
| derrière | 뒤에 | ici | 여기 | y | 거기(로) |
| dehors | 밖에 | là | 저기 | | |

| | |
|---|---|
| *Dehors* il fait froid, et *dedans* il fait chaud. | 밖에는 춥고 안에는 덥다. |
| Il marche *devant*. | 그는 앞에서 걷는다. |
| Elle est *derrière*. | 그녀는 뒤에 있다. |
| Asseyez-vous *ici* ! | 여기 앉으세요! |
| Elle est *là*? | 그녀는 거기 있나요? |
| L'hiver est tout *près*. | 곧 겨울이다. |
| Elle *y* a vécu pendant plusiers années. | 그녀는 거기서 여러 해 동안 살았다. |

### ③ 양태, 방법

| | | | | | |
|---|---|---|---|---|---|
| ainsi | 이렇게 | comment | 어떻게 | mal | 나쁘게, 잘못 |
| bien | 잘 | debout | 서서 | vite | 빨리 |
| comme | ~처럼 | ensemble | 함께 | | |

| | |
|---|---|
| Il fait chaud *comme* en été. | 날씨가 마치 여름처럼 덥다. |
| Elle danse *mal*. | 그녀는 춤을 잘 추지 못한다. |
| Il court *vite*. | 그는 빠르게 달린다. |

### ④ 분량, 정도

| | | | | | |
|---|---|---|---|---|---|
| assez | 충분히 | environ | 대략 | tant | 많이 |
| autant | 그만큼 | même | ~조차 | tout | 아주, 매우 |
| beaucoup | 많이 | peu | 적게 | très | 매우 |
| combien | 얼마나 | un peu | 조금 | trop | 너무 |
| encore | 아직 | si | 매우 | | |

| | |
|---|---|
| Je n'ai pas *assez* dormi. | 나는 잠을 충분히 자지 못했다. |
| Il travaille *beaucoup*. | 그는 일을 많이 한다. |
| Je ne finis pas *encore* mon travail. | 나는 아직 일을 끝내지 못하고 있다. |
| *Même* lui n'est pas encore arrivé. | 그조차도 아직 도착하지 않았다. |
| Ce design est *un peu* compliqué. | 그 디자인은 좀 복잡해. |

J'ai *peu d'*argent. 나는 돈이 별로 없다.
Elle est *si* belle! 그녀는 매우 아름답구나!
Tu es *très* curieux. 너는 매우 호기심이 많다.
Il se couche trop tard. 그는 너무 늦게 잔다.

⑤ 비교

| | | | | | |
|---|---|---|---|---|---|
| aussi | 마찬가지로 | mieux | 더 잘 | plutôt | 오히려 |
| autant | 그만큼 | moins | 더 적게 | | |
| bien | 잘 | plus | 더 많이 | | |

Elle chante *mieux* que moi. 그녀는 나보다 노래를 더 잘 한다.
Jean est *plus* intelligent que Paul. 쟝은 폴보다 더 똑똑하다.
Elle est *aussi* grande que Marie. 그녀는 마리만큼 크다.

⑥ 의문

| | | | | | |
|---|---|---|---|---|---|
| combien de | 얼마나 | où | 어디에 | quand | 언제 |
| comment | 어떻게 | pourquoi | 왜 | depuis quand | 언제부터 |

*Comment* part-il? → En train. 그는 어떻게 출발하나요 → 기차로요.
*Quand* partiras-tu pour Paris? 너는 언제 파리로 출발하니?
*Pourquoi* n'est-il pas venu? 그는 왜 오지 않았지?
*Combien* payes-tu? → Cinquante euros. 너는 얼마나 지불하니? → 50유로.

⑦ 부정

| | | | | | |
|---|---|---|---|---|---|
| non | 아니오 | ne ~ ni ~ ni ~ | ~도~도 ~아니다 | ne ~ personne | 아무도~아니다 |
| ne ~ jamais | 결코~아니다 | ne ~ guère | 거의~아니다 | ne ~ rien | 아무것도~아니다 |
| ne ~ plus | 더 이상~아니다 | | | | |

Il *ne* viendra *ni* aujourd'hui *ni* demain. 그는 오늘도 내일도 오지 않을 것이다.

Il *ne* sait *rien*. 그는 아무 것도 알지 못한다.

Je *n'*en veux *plus*. 나는 그것을 더이상 원하지 않는다.

Je *n'*ai *qu'*un cahier. 나는 노트 한 권만 가지고 있다.

⑧ 긍정, 의혹

| | | | | | |
|---|---|---|---|---|---|
| certainement | 확실히 | peut-être | 아마도 | si | 아니오(부정 의문문에 대한 긍정의 대답) |
| certes | 확실히 | probablement | 아마도 | | |
| oui | 네 | sans doute | 아마도 | vraiment | 정말 |

Il vient de partir? → *Peut-être*. 그는 출발했을까? → 아마도.

Elle est *probablement* arrivée. 그녀는 아마 도착했을 거야.

Il va *sans doute* pleuvoir ce soir. 오늘 저녁에는 틀림없이 비가 올 것 같다.

Vous avez compris? → *Oui*, j'ai compris. 당신은 이해했나요? → 네, 이해했습니다.

Vous n'avez pas compris? → *Si*, j'ai compris. 당신은 이해하지 못했나요? → 아니오, 이해했습니다.

⑨ 부사구

| | | | | | |
|---|---|---|---|---|---|
| à la hate | 급하게 | en avant | 앞에 | petit à petit | 조금씩 |
| à demi | 중도에 | en bas | 아래에 | pour ainsi dire | 말하자면 |
| à peu près | 거의 | en face | 면전에 | sans cesse | 끊임없이 |
| à présent | 현재 | en général | 일반적으로 | sans mesure | 터무니 없이 |
| avec ardeur | 열심히 | en haut | 위에 | tout à coup | 갑자기 |
| avec joie | 기쁘게 | en personne | 개인적으로 | tout à fait | 아주 |
| avec courage | 용감하게 | nulle part | 어디에도 | tout de suite | 곧, 즉시 |
| avec franchise | 솔직하게 | par bonheur | 행복하게 | tout d'un coup | 단번에 |
| côte à côte | 나란히 | par hasard | 우연히 | tout à l'heure | 조금 후에 |
| de nouveau | 다시 | pas à pas | 한걸음씩 | vis à vis | 마주 보고 |

Nous marchons *côte à côte*. 우리는 나란히 걷는다.

Le soleil apparaît *de nouveau*. 해가 다시 나타난다.

Elle vous attend *en bas.* 그녀는 아래서 당신을 기다리고 있다.

J'ai rencontrée mon ami dans la rue *par hasard.* 나는 길에서 우연히 친구를 만났다.

*Tout à l'heure*, j'irai chez vous. 조금 후에 나는 너의 집에 갈 것이다.

*Tout à coup*, il commemce à rire. 갑자기 그가 웃기 시작했다.

*Tout à fait,* il est égoïste. 그는 아주 이기적이다.

## 2. 부사 만드는 방법

① 원칙적으로는 여성형용사 + ment

certain → certainement 확실하게

doux → doucement 부드럽게

heureux → heureusement 다행스럽게

nouveau → nouvellement 최근에

simple → simplement 단순하게

② 모음으로 끝난 남성형용사는 그대로 -ment를 붙인다.

absolu → absolument 절대적으로

difficile → difficilement 어렵게

infini → infiniment 무한하게

poli → poliment 예의바르게

rapide → rapidement 빠르게

vrai → vraiment 정말로

③ -ant로 끝난 남성형용사는 -amment를, -ent로 끝난 남성형용사는 -emment를 붙인다.

courant → couramment 유창하게

constant → constamment 변함없는

évident → évidemment 명백히

intelligent → intelligement 지혜롭게

prudent → prudemment 신중하게

violent → violemment 강력하게

④ 예외적인 변화를 하는 경우도 있다.

aveugle → aveuglément 맹목적으로
gai → gaiement, gaîment 즐겁게
gentil → gentiment 친절하게
immense → immensément 엄청나게

importun → importunément 귀찮게
obscur → obscurément 막연하게
précis → précisément 정확하게
profond → profondément 신중하게

⑤ avec + 무관사 명사는 관용적인 부사적 표현이다.

avec plaisir 기꺼이
avec ardeur 열심히

avec attention 주의깊게
avec prudence 신중하게

### 3. 부사의 위치

① 형용사나 부사를 수식할 때는 그 앞에 쓰인다.

Ces fleurs sont *très* belles. 이 꽃들은 매우 아름답다.
Elle est *trop* tard. 그녀는 너무 늦는다.
Il marche *tout* doucement. 그는 아주 천천히 걷는다.

② 문장 전체를 수식할 때는 문장 앞이나 뒤에 쓰인다.

*Autrefois,* je me promenais tous les soirs. 예전에 나는 저녁마다 산책하곤 했다.
Elle est allée à Versailles *hier.* 그녀는 어제 베르사이유에 갔다.
*Aujourd'hui,* je suis préssé. 오늘 나는 바쁘다.

③ 동사를 수식할 때.

ⓐ 단순시제일 때는 동사 뒤에 위치한다.

| | |
|---|---|
| Il travaille *beaucoup*. | 그는 일을 많이 한다. |
| Elle marche *vite*. | 그녀는 빠르게 걷는다. |

ⓑ 복합시제에서 부사는 과거분사 앞이나 뒤에 위치한다. 분량, 정도, 양태를 나타내는 부사(bien, mal, beaucoup, assez, peu, tant, trop ...)는 조동사와 과거분사 사이에 위치한다. 하지만 시간, 장소를 나타내는 부사(tôt, tard, hier, aujoud'hui, demain, ailleurs, dedans, dehors, ici, là, partout...)는 과거분사 뒤에 위치한다.

| | |
|---|---|
| J'ai *beaucoup* travaillé. | 나는 일을 많이 했다. |
| Elle est *déjà* partie. | 그녀는 이미 출발했다. |
| Il est parti *tôt*. | 그는 일찍 출발했다. |
| Je me suis levé *tard*. | 나는 늦게 일어났다. |
| Il est venu *ici* pour me voir. | 그는 나를 만나기 위해 여기에 왔다. |

ⓒ 부정법에서 부사는 부정법(동사 원형) 의 앞 혹은 뒤에 위치한다. 분량, 정도, 양태를 나타내는 부사는 부정법 앞에 위치하고, 시간이나 장소를 나타내는 부사는 부정법 뒤에 위치한다.

| | |
|---|---|
| Nous devons *bien* travailler. | 우리는 일을 잘 해야 한다. |
| ☐ Elle veut *sans doute* te voir. | 그녀는 아마도 너를 만나고 싶어할 것이다. |
| Nous allons dîner *dehors*. | 우리는 밖에서 저녁을 먹을 것이다. |
| Il faut partir *tout de suite*. | 곧 출발해야 한다. |

④ 부사의 예외적인 위치

ⓐ sans doute, peut-être가 문장 앞에 위치하는 경우 주어와 동사가 도치된다.

| | |
|---|---|
| *Sans soute* est-elle malade. | 아마 그녀는 아픈가 모양이다. |

*Peut-être* est-il parti. 아마 그는 출발했을 거야.

ⓑ hier, aujourd'hui, demain과 같은 시간 부사는 문장 앞이나 뒤에 위치한다.

*Aujourd'hui*, je suis pressé. 오늘 나는 바쁘다.
Nous irons au cinéma *demain*. 내일 우리는 극장에 갈 것이다.

ⓒ 의문부사는 문장 앞에 위치하는 것이 일반적이지만 문장 뒤에 위치하기도 한다.

*Quand* partira-t-il?/ Il partira *quand*? 그는 언제 떠납니까?
*Où* est-ce que vous allez?/ Vous allez *où*? 당신은 어디에 갑니까?

### 4. 주요 부사의 용법

① bien : 주로 형용사와 부사를 수식한다.

Elle chante *bien*. 그녀는 노래를 잘 한다.
Cette soupe est *bien* chaud. 이 수프는 매우 뜨겁다.
C'est *bien* moi. 그건 바로 나야.
Elle a fait *bien des* erreurs. 그녀는 많은 실수를 했다.

② beaucoup : 주로 동사를 수식한다.

Il travaille *beaucoup*. 그는 일을 많이 한다.
Elle s'intéresse *beaucoup* au jazz. 그녀는 재즈에 관심을 많이 가지고 있다.
Il y a *beaucoup d'*étudiants. 많은 학생들이 있다.

③ très, trop : 주로 형용사와 부사를 수식한다.

| | |
|---|---|
| Elle est *très* nerveuse. | 그녀는 매우 신경질적이다. |
| Je vais au musée *très* souvent. | 나는 매우 자주 박물관에 간다. |
| Ce fauteuil est *très* confortable. | 이 안락의자는 매우 편리하다. |
| Je me suis couché *trop* tard. | 나는 너무 늦게 잤다. |
| Il y a *trop de* monde. | 너무 많은 사람들이 있다. |

④ tout : 주로 형용사와 부사를 수식하며 '아주', '매우', '완전히'의 의미이다. 부사는 원칙적으로 변화하지 않지만, tout의 경우에는 자음이나 유성 h로 시작하는 여성 형용사 앞에서 여성 형용사에 일치하여 toute, 혹은 toutes로 변화한다.

| | |
|---|---|
| Elle est *tout* émue. | 그녀는 매우 감동받았다. |
| Elles sont *tout* heureuses. | 그녀들은 매우 행복하다. |
| Elle est *toute* sympa. | 그녀는 매우 상냥하다. |
| Elles sont *toutes* petites. | 그녀는 매우 작다. |
| Elles sont *toutes* honteuses. | 그녀들은 매우 부끄러워한다. |

## Exercices

### 1. 다음 형용사를 부사로 변화시키시오.

(1) long
(2) profond
(3) nouveau
(4) gai
(5) élégant
(6) heureux
(7) courant
(8) joli
(9) précis
(10) doux

### 2. 다음 문장을 적절한 부사를 사용해서 완성하시오.

(1) Pierre est prudent. Il agit _______________.
(2) Le T.G.V. est trè vite. Le T.G.V. est _________ vite que le bus.
(3) Il est sérieux. Il travaille _______________.
(4) Tu parles trop _________. Je ne te comprends pas.
(5) Il ne faut pas conduire _______________ en ville.

### 3. 다음 물음에 제시된 부사를 사용해서 부정으로 답하시오.

| | | | | | | |
|---|---|---|---|---|---|---|
| tard | rarement | tôt | quelquefois | souvent | lentement | parfois |

(1) Vous vous levez tard le matin?
(2) Elle va souvent au cinéma?
(3) Vous écoutez parfois la radio?
(4) Vous conduisez rapidement en ville?
(5) Tu dînes tôt le soir?

# Leçon 54. 접속사(Le conjonction)

## 1. 등위접속사

: 두 개의 절이나 문장을 동등한 관계로 연결하는 접속사이다.

① et : 연합, 대립, 결과 등을 나타내며 3개 이상을 연결하는 경우에는 마지막 항목 앞에 놓인다.

Il est trois heure *et* demie. 3시 반이다.
Paul, Jean, *et* Max sont étudiants. 폴, 쟝, 그리고 막스는 학생이다.

② ou : 선택을 나타낸다.

Tu veux aller au cinéma *ou* rester à la maison. 너는 극장에 가고 싶니 아니면 집에 남고 싶니?
Vous aimez la montagne *ou* la mer? 당신은 산을 좋아하세요 아니면 바다를 좋아하세요?

③ mais : 앞 문장과 반대의 뜻을 나타낸다.

Elle est belle, *mais* méchante. 그녀는 아름답지만 심술궂다.
Il est coréen, *mais* sa femme est française. 그는 한국 사람이지만 그의 아내는 프랑스 사람이다.

④ ni : 부정문에서 긍정문의 et에 해당한다.

Je ne suis *ni* riche *ni* pauvre. 나는 부유하지도 가난하지도 않다.
Il ne veut *ni* café *ni* thé. 그는 커피도 차도 원하지 않는다.

⑤ donc : 결과를 나타낸다.

Je pense, *donc* je suis. 나는 생각한다, 그러므로 나는 존재한다.

Mon rendez-vous est annulé, *donc* je peux aller au concert.
약속이 취소되어 음악회에 갈 수 있다.

⑥ par conséquent : 따라서. 주로 문어체에 사용된다.

Les arbres font rafraîchir l'atmosphère *par conséquent* il faut les planter beaucoup.
나무는 공기를 맑게 하므로 나무를 많이 심어야 한다.
Alex a dix-sept ans *par conséquent* il ne peut pas conduire.
알렉스는 17살이므로 운전할 수 없다.

## 2. 종속접속사

: 하나의 절이나 문장이 다른 하나의 절이나 문장에 종속하는 접속사로, 원인, 결과, 목적, 양보 등의 의미를 지닌다.

### (1) 원인, 이유

① parce que : ~때문에. pourquoi에 대한 대답을 할 때 사용되고 또한 앞 내용에 대해 상대가 잘 알지 못하는 이유를 단순히 설명할 때 사용된다.

Elle porte des lunettes *parce qu'*elle voit mal. 그녀는 눈이 잘 안 보여서 안경을 쓴다.
Il n'est pas en forme *parce qu'*il est enrhumé. 그는 감기에 걸려서 컨디션이 좋지 않다.

② puisque : ~때문에. 이미 알려진 객관적 사실을 전제로 하며 그 이유를 설명할 때 사용한다.

Ajoutez du sucre dans la sauce, *puisqu'*elle est très acide.
소스가 너무 시큼하니까 소스에 설탕을 첨가하세요.
Il faut protéger la nature *puisque* la pollution est sérieuse.
오염이 심각하기 때문에 자연을 보호해야 한다.

③ comme : ~때문에(동시성, 이유). comme가 있는 종속절이 문장 앞에 위치한다.

*Comme* il neige, je ne veux pas sortir. 눈이 오기 때문에 나는 외출하고 싶지 않다.

*Comme* il est fatigué, il reste à la maison. 그는 피곤해서 집에 있는다.

④ car : 왜냐하면, parce que, puisque와 유사하지만 주로 문어체로 사용된다.

Ferme la fenêtre, *car* il pleut. 비가 오니까 창문을 닫아라.

*Car* la période de vacances commence, il y a beaucoup de touristes à Paris.
바캉스 기간이 시작되었기 때문에 파리에는 많은 관광객이 있다.

⑤ à cause de : ~때문에, 주로 객관적인 이유, 혹은 부정적인 이유를 설명할 때 사용된다.

Mon vêtement est mouillé *à cause de* la pluie. 비 때문에 옷이 젖었다.

Le concert de plein air est annulé *à cause du* mauvais temps.
날씨가 좋지 않아서 야외 콘서트가 취소되었다.

⑥ grâce à : ~덕분에. 긍정적인 이유를 설명할 때 사용된다.

*Grâce à* vous, j'ai pu terminé ce travail sans difficulté.
당신 덕분에 어려움 없이 그 작업을 끝마칠 수 있었어요.

Il a réussi *grâce à* son mère. 그는 어머니 덕분에 성공했다.

(2) 목적

① afin de + inf./ afin que + 접속법) : ~하기 위해

Il travaille dur *afin de* réussir. 그는 성공하기 위해 열심히 일한다.

Partons tout de suite *afin de* ne pas être en retard. 늦지 않도록 당장 출발합시다!

② pour + 명사, 동사 원형/ pour que + 접속법 : ~을 위해, ~하기 위해

Je fais du jogging tous les matins *pour* la santé. 나는 건강을 위해 아침마다 조깅한다.

Je vais vous aider *pour que* vous puissiez ce travail.
당신이 그 일을 할 수 있도록 제가 도와드리겠습니다.

(3) 결과

① de sorte que/ si bien que : 그래서, 매우 ~해서 ~하다

Il y a trop de bruit *de sorte que* je ne peux pas dormir.
너무 시끄러워서 난 잠을 잘 수가 없다.

Elle a mal à tête *de sorte qu'*elle ne peut pas sortir. 그녀는 머리가 아파서 외출할 수 없다.

② tellement ~ que : 너무 ~해서 ~하다

Elle s'est couchée *tellement* tard *que* elle est fatiguée.
그녀는 너무 늦게 잠자리에 들었기 때문에 피곤하다.

Il a marché *tellement qu'* il a mal aux jambes. 그는 너무 걸었기 때문에 다리가 아프다.

(4) 양보

① bien que/ quoi que (+ 접속법) : ~에도 불구하고

*Quoiqu'* il soit riche, il est modeste. 그는 부자이지만 검소하다.

*Bien qu'il fasse froid*, je fais un trekking. 날씨가 춥지만 나는 트레킹을 한다.

② malgré (+ 명사) : ~이지만, ~에도 불구하고

*Malgré* son vieil âge, elle est aussi saine que les jeunes.
그녀는 나이가 많지만 젊은 사람처럼 건강하다.
*Malgré* la neige, Je vais à la montagne. 눈이 와도 나는 산에 간다.

③ même si (+ 직설법) : ~이지만

*Même s'* il pleut, je vais au parc. 비가 오지만 난 공원에 간다.
*Même si* j'ai faim, je ne mange pas beaucoup. 나는 배가 고프지만 많이 먹지 않는다.

④ quand même : 그렇지만

Il y a du soleil, il fait froid *quand même*. 햇빛이 있지만 날씨가 춥다.
Il est fatigué, il range sa chambre *quand même*. 그는 피곤하지만 방 정리를 한다.

(5) 대립

① alors que, tandis que : ~이지만, 반면에. 반대되는 사실의 동시성을 나타낸다.

C'est l'été en France, *tandis que* c'est l'hiver en Australie. 프랑스는 여름인데 호주는 겨울이다.
Le vin rouge se boit à température ambiante, *tandis que* le vin blanc se boit frais.
레드 와인은 실온에서 마시지만 화이트 와인은 시원하게 마신다.

② pendant que : ~하는 동안. 두 행위 사이의 동시성을 나타낸다.

Je lisais un roman, *pendant qu'* il dormait. 그가 잠자는 동안 나는 소설책을 읽었다.
Elle prépare le repas, *pendant que* ses enfants font leurs devoirs.
아이들이 숙제하는 동안 그녀는 식사를 준비한다.

## Exercices

### 1. 다음 괄호 안에 적절한 접속사를 써넣으시오.

(1) Il est deux heure (        ) demie.

(2) Elle n'est pas jeune, (      ) elle est saine.

(3) Il m'a dit (        ) il arriverait demain.

(4) Elle n'est ni riche (        ) pauvre.

(5) Tu veux du café, (        ) du thé?

### 2. 다음 문장을 괄호 안에 지시된 단어를 사용하여 답하시오.

(1) Vous travaillez seulement huit heures par jour? (ne~ que~)

(2) Tu connais Paul et Sophie? (ne.. ni.. ni..)

(3) Il boit du vin ou de la bière? (ne~ ni~ ni~)

### 3. 다음 물음에 괄호 안의 단어를 사용해서 답하시오.

(1) Il est en retard. Pourquoi? (sa voiture, ne pas marcher)

(2) Adrien ne peut pas aller à la piscine. Pourquoi? (avoir la grippe)

(3) Nous devons monter à pied. Pourquoi? (l'ascenseur, être en panne)

### 4. 다음 내용이 맞는 문장끼리 연결하시오.

| | |
|---|---|
| (1) Le film était ennuyeux • | • pour que je fasse un stage en France. |
| (2) Nous devons aller à Cannes demain. • | • si bien que j'ai eu sommeil. |
| (3) J'apprends le français • | • car il n'y a plus de place dans le TGV. |

## Résumé et plus-savoir (Leçon 51 ~ Leçon 54)

### ▣ 조동사

| | | | |
|---|---|---|---|
| 순수 조동사 | avoir, être | | |
| 준조동사 | aller + inf.<br>venir de + inf.<br>devoir + inf.<br>faire + inf. | laisser + inf.<br>pouvoir + inf.<br>savoir + inf.<br>vouloir + inf. | être en train de + inf.<br>être sur le point de + inf. |

### ▣ 전치사

| | | | | | | | |
|---|---|---|---|---|---|---|---|
| à | ~에, 으로 | de | ~의, ~로부터 | avec | ~와 함께 | chez | ~의 집에 |
| dans | ~안에 | en | ~안에, ~에 | avant | ~앞에, 이전에 | devant | ~앞에, 이전에 |
| après | ~뒤에, 이후에 | derrière | ~뒤에, 이후에 | depuis | ~이후부터 | dès | ~부터 |
| entre | ~사이에 | parmi | ~사이에 | durant | ~동안 | pendant | ~동안 |
| envers | ~에 대하여 | jusqu'à | ~까지 | malgré | ~에도 불구하고 | par | ~에 의해 |
| outre | ~을 넘어 | pour | ~을 위해, ~으로 | sauf | ~을 제외하고 | sans | ~(함이) 없이 |
| sous | ~아래 | sur | ~위에, ~에 대해 | vers | ~쪽으로, ~ 무렵 | | |

### ▣ 부사

| | | | | | | |
|---|---|---|---|---|---|---|
| 시간 | alors | 그러면 | bientôt | 곧 | maintenant | 지금 |
| | après | 이후 | déjà | 이미 | quand | 언제 |
| | après-midi | 오후 | demain | 내일 | quelquefois | 가끔 |
| | aujourd'hui | 오늘 | depuis | 그후로 | souvent | 자주 |
| | aussitôt | 곧 | enfin | 마침내 | toujours | 항상 |
| | avant | 이전에 | hier | 어제 | tard | 늦게 |
| | avant-hier | 그저께 | parfois | 때때로 | tôt | 일찍 |
| 장소 | ailleurs | 다른 곳에(서) | dedans | 안에 | loin | 멀리 |
| | autour | 주위에 | dessus | 위에 | partout | 도처에 |
| | devant | 앞에 | dessous | 아래에 | près | 가까이 |
| | derrière | 뒤에 | ici | 여기 | y | 거기(로) |
| | dehors | 밖에 | là | 저기 | | |
| 양태 | ainsi | 이렇게 | debout | 서서 | mal | 나쁘게 |
| | comme | ~처럼 | ensemble | 함께 | vite | 빠르게 |

| | | | | | | |
|---|---|---|---|---|---|---|
| 분량, 정도 | assez<br>autant<br>beaucoup<br>bien<br>combien | 충분히<br>그만큼<br>많이<br>잘<br>얼마나 | encore<br>même<br>environ<br>peu<br>un peu | 아직<br>~조차<br>대략<br>적게<br>조금 | si<br>tant<br>tout<br>très<br>trop | 매우<br>많이<br>아주<br>매우<br>너무 |
| 비교 | aussi<br>autant<br>bien | 마찬가지로<br>그만큼<br>잘 | plus<br>mieux<br>plutôt | 더 많이<br>더 잘<br>오히려 | moins | 더 적게 |
| 의문 | combien de<br>comment | 얼마나<br>어떻게 | où<br>pourquoi | 어디에<br>왜 | quand<br>depuis quand | 언제<br>언제부터 |
| 긍정, 의혹 | certainement<br>certes | 확실히<br>확실히 | peut-être<br>probablement | 아마도<br>아마도 | sans doute<br>vraiment | 틀림없이<br>정말 |
| 부정 | non<br>ne ~ jamais<br>ne ~ plus | 아니오<br>결코~아니다<br>더이상~아니다 | ne ~ ni ~ ni ~<br>ne ~ guère<br>ne ~ personne | ~도~도~아니다<br>거의~아니다<br>아무도~아니다 | ne ~ rien | 아무것도~아니다 |

# 부사 만들기

| | | | | |
|---|---|---|---|---|
| 원칙 : 여성형용사 + -ment | certain → certainement<br>doux → doucement<br>heureux → heureusement | 확실하게<br>부드럽게<br>다행스럽게 | nouveau → nouvellement<br>sec → sèchement<br>simple → simplement | 최근에<br>무뚝뚝하게<br>단순하게 |
| 모음으로 끝난 남성형용사 : -ment | absolu → absolument<br>aisé → aisément<br>difficile → difficilement<br>infini → infiniment | 절대적으로<br>용이하게<br>어렵게<br>무한하게 | modéré → modérément<br>poli → poliment<br>rapide → rapidement<br>vrai → vraiment | 적당히<br>예의바르게<br>빠르게<br>정말로 |
| -ant, -ent로 끝난 남성형용사 : -amment, -emment | courant → couramment<br>constant → constamment<br>différent → différemment<br>récent → récemment<br>évident → évidemment | 유창하게<br>끊임없이<br>다르게<br>최근에<br>명백히 | fréquent → fréquemment<br>intelligent → intelligement<br>prudent → prudemment<br>suffisant → suffisamment<br>violent → violemment | 자주<br>지혜롭게<br>신중하게<br>충분히<br>강력하게 |
| 예외적인 변화를 하는 경우 | assidu → assidûment<br>aveugle → aveuglément<br>bref → brièvement<br>énorme → énormément | 끊임없이<br>맹목적으로<br>간단하게<br>엄청나게 | gai → gaiement, gaîment<br>gentil → gentiment<br>immense → immensément<br>importun → importunément | 즐겁게<br>친절하게<br>엄청나게<br>귀찮게 |

| | | | | |
|---|---|---|---|---|
| | intense → intensément | 강렬하게 | précis → précisément | 정확하게 |
| | obscur → obscurément | 막연하게 | profond → profondément | 신중하게 |

## ▣ 접속사

| | | | | | |
|---|---|---|---|---|---|
| 등위 접속사 | 연결 | aussi | 또한 | ni | ~도 |
| | | ensuite | 그리고 나서 | puis | 그리고 나서 |
| | | et | 그리고 | | |
| | 결과 | aussi | 그러므로 | enfin | 마침내 |
| | | donc | 따라서 | par conséquent | 따라서 |
| | 대립 | au contraire | 반대로 | néanmoins | 그러나 |
| | | cependant | 그러나 | pourtant | 그렇지만 |
| | | d'ailleurs | 게다가 | sinon | 그렇지 않으면 |
| | | mais | 그러나 | toutefois | 그렇지만 |
| | 선택 | ou (bien) | 혹은 | tantôt~ tantôt~ | 때로는~ 때로는~ |
| | 설명 | à savoir | 즉 | c'est-à-dire | 다시 말해서 |
| | | savoir | 즉 | soit | 즉 |
| 종속 접속사 | 원인 | à cause de | ~때문에 | grâce à | ~덕분에 |
| | | car | 왜냐하면 | parce que | ~때문에 |
| | | comme | ~때문에 | puisque | ~때문에 |
| | 목적 | afin de | ~하기 위해 | afin que | ~하기 위해 |
| | | pour que | ~하기 위해 | pour | ~하기 위해 |
| | 결과 | de sorte que | 그래서 | si bien que | 그래서 |
| | | de façon que | 그래서 | tellement ~que | 너무 ~해서 ~하다 |
| | 양보 | bien que | ~에도 불구하고 | même si | ~이지만 |
| | | quoi que | ~에도 불구하고 | quand même | 그렇지만 |
| | | malgré | ~에도 불구하고 | | |
| | 대립 | alors que | ~이지만 | tandis que | ~하는 반면에 |
| | 시간 | à mesure que | ~에 따라 | dès que | ~하자 곧 |
| | | aussitôt que | ~하자마자 | jusqu'à ce que | ~하기까지 |
| | | avant que | ~하기 전에 | pendant que | ~하는 동안 |
| | | depuis que | ~한 이래로 | | |
| | 조건 | à condition que | ~한다는 조건으로 | pourvu que | ~하는 조건으로 |
| | | à moins que | ~하지 않는 한 | quand | ~한다면 |
| | | au cas où | 만일 ~라면 | si | ~라면 |

# 연습문제 해답

## Les Corrigés

**Leçon 1**

1. (1) suis (2) sommes (3) sont
2. (1) musicienne (2) anglais (3) célibataire
3. (1) Il est hôtelier. (2) Il est employé. (3) Il est médecin.
4. (1) Bonjour! Je suis Bora Kim. Je suis coréenne, et je suis étudiante. (2) Bonjour! Je suis Charles Lebreton. Je suis belge, et je suis médecin. (3) Bonjour! Je suis Lucien Grégoire. Je suis canadien, et je suis écrivain.

**Leçon 2.**

1. (1) une étudiante (2) une actrice (3) une chanteuse (4) une musicienne (5) une artiste
2. (1) as une (2) ai des (3) a un (4) a une (5) avons des
3. (1) J'ai une fille et vous avez un garçon. (2) Tu as un pantalon et elle a une jupe. (3) Nous avons des vélos et vous avez des motos.

**Leçon 3.**

1. (1) Elle est mariée. (2) Elles sont fatiguées. (3) Elle est sympa. (4) Elles sont célibataires. (5) Elle est pressée.
2. Tu es prêt. Il est prêt. Elle est prête. Nous sommes prêt(e)s. Vous êtes prêt(e)(s)(es). Ils sont prêts. Elles sont prêtes.
3. (1) amusants (2) fatiguées (3) têtus (4) noires (5) chauds
4. (1) Le ciel est bleu. (2) La neige est blanche. (3) L'arbre est vert. (4) La nuit est noire. (5) La pomme est rouge.

**Leçon 4**

1. (1) J'ai les cheveux bruns et j'ai les yeux noirs. (2) Elle a les cheveux blonds et elle a les yeux bleus. (3) Tu as les cheveux marrons et tu as les yeux roux.
2. (1) le, l' (2) la, la (3) les (4) le, la, les, le (5) l'
3. (1) des, les, la (2) des, les (3) un, la (4) la, une (5) L', une

**Leçon 5.**

1. (1) le garçon est beau? (2) vous êtes japonaise?/ tu es japonaise? (3) la chambre est

chère?

2. (1) Habite-t-elle dans ce quartier? (2) Va-t-il à l'école? (3) Y-a-t-il un cours?
3. (1) Est-ce que tu n'est pas coréen? (2) Est-ce qu'elle n'est pas mariée? (3) Est-ce que vous n'êtes pas professeur?

**Leçon 6.**

1. (1) Non, elle n'est pas chère. (2) Non, nous ne sommes pas anglaises. (3) Non, il n'est pas élégant. (4) Non, il n'est pas chaud. (5) Non, elle n'est pas là.
2. (1) Non, je ne suis pas américaine, je suis anglaise. (2) Non, elle n'est pas blonde, elle est brune. (3) Non, je ne suis pas étudiant, je suis professeur. (4) Non, elle n'est pas sèche, elle est sympa. (5) Non, il n'est pas célibataire, il est marié.
3. (1) Non, je ne vois guère Paul. (2) Non, je ne fume jamais. (3) Non, elle n'habite plus à Londres. (4) Non, je ne vois rien. (5) Non, je n'attends personne.

**Leçon 7.**

1. (1) Non, ce n'est pas un roman. (2) Non, je ne prends pas de café. (3) Non, il n'a pas de vélo. (4) Non, il n'aime pas le cinéma. (5) Non, je n'ai pas de plan de Paris.
2. (1) il y a un bureau. (2) il n'y a pas de télévision. (3) il n'y a pas de plante. (4) il y a un PC portable. (5) il n'y a pas de fauteuil.
3. (1) Je ne mets pas de lunettes dans mon sac. (2) Il ne lit guère de roman. (3) Je ne bois plus de vin. (4) Elle n'a pas de rendez-vous. (5) Vous ne prenez point de lait.

**Leçon 8.**

1. (1) son (2) son (3) leurs (4) ton, mon (5) leur
2. (1) sa, son (2) mon, ma (3) leurs
3. (1) ses tableaux impressionnistes (2) son sourire mystérieux (3) ses musiques symphoniques (4) ses poémes (5) leur cinématographe

**Leçon 9.**

1. (1) ce (2) cette (3) ces (4) cet (5) ce
2. (1) Ils sont à Charles. (2) Il est à Max. (3) Elle est à M. Kim. (4) Il est à Annie. (5) Elles sont à Julien.

3. (1) ce (2) ces (3) cette (4) cet, cette (5) ce, ce

**Leçon 10.**

1. (1) e (2) ez (3) eons (4) es (5) ent
2. (1) tavaille (2) pèses (3) prépare (4) appelle (5) passe
3. (1) parles, parle (2) étudiez, étudions (3) préfères, préfère (4) commencez, commençons (5) achetez, achète

**Leçon 11.**

1. (1) cinquante et un (2) soixante-quinze (3) quatre-vingt-sept (4) cent quatre-vingt-dix-huit (5) neuf cent quatre-vingt-dix-neuf
2. (1) douze (2) trois cent soixante-cinq (3) soixante (4) quatre (5) onze
3. (1) quatrième (2) huitième (3) douzième (4) première (5) quatrième

**Leçon 12.**

1. (1) Quel (2) Quelle (3) Quel (4) Quels (5) Quelles
2. (1) Quelle petite fille mignonne! (2) Quel vent! (3) Quel film intéressant! (4) Quel roman ennuyeux! (5) Quelle belle statue!
3. (1) Quel est votre nom? (2) Quel film aime-t-elle? (3) À quelle heure le bus arrive? (4) À quel étage habites-tu? (5) Quelle musique préfères-tu/ Quelle musique préférez-vous?

**Leçon 13.**

1. (1) Où (2) Comment (3) Combien (4) Où (5) Quand
2. (1) Dans une poste (2) Quanrante euros (3) À Séoul (4) À pied (5) Dans dix minutes
4. (1) Où allez-vous?/ Où vas-tu? (2) Quand rentre-t-elle? (3) Comment va-t-il? (4) Combien coûte le chapeau? (5) Où travaille-tu?

**Leçon 14.**

1. (1) C'est la moto du médecin. (2) J'ai la carte de la France. (3) C'est le drapeau des les Pays-bas. (4) J'aime la pizza au jambon.
2. (1) à, en, en (2) à, en (3) en, en (4) à, en, en (5) au, en
3. (1) Sa femme vient des États-Unis. (2) Léa vient de France. (3) Charles vient du Maroc. (4)

Mes ami viennent d'Angleterre.

4. (1) Danièle est belge. Il vient de Bruxelles, et il habite à Marseille. (2) Carlo est italien. Il vient de Rome, et il habite à Venise. (3) Bora est coréenne. Elle vient de Busan, et elle habite à Séoul.

**Leçon 15.**

1. (1) moi (2) eux (3) lui (4) elle (5) elles
2. (1) Eux, ils aiment la ville. (2) Lui, il travaille à Versailles. (3) Elle, elle habite en banlieue. (4) Elles, elles arrivent tard. (5) Lui, il aime le whisky.

**Leçon 16.**

1. (1) Le concert termine à dix heures et quart/ à dix heures quinze. (2) Le match de foot commence à midi. (3) J'arrive à quatre heures trois quart./ J'arrive à quatre heures quarante-cinq./ J'arrive à cinq heures moins le quart.
2. (1) C'est le quatorze juillet. (2) C'est mercredi. (3) C'est septembre.
3. (1) Dimanche (2) Le dimanche (3) Le dimanche
4. (1) il pleut (2) il fait froid (3) il neige
5. (1) Il fait doux. (2) On ramasse les feuilles mortes. (3) Il fait de la neige.

**Leçon 17.**

1. (1) aucune (2) quelques (3) tous (4) Aucun (5) même
2. (1) j'ai lu plusieurs romans de Maupassant. (2) elle n'a aucun ami. (3) je ne vais jamais au théâtre. (4) certains étidiants ne sont pas encore arrivés. (5) Il y a quelques restaurants.
3. (1) quelque chose (2) Tout (3) Certains (4) tous (5) toutes

**Leçon 18.**

1. (1) Qui / Qui est-ce qui (2) quoi (3) Qu'est-ce qu' (4) quoi (5) qui
2. (1) C'est une table. (2) Elle joue du piano. (3) C'est Max (4) Il parle son voyage. (5)Je mange du pain et de la salade.
3. (1) Laquelle (2) De laquelle (3) Lequel (4) Laquelle (5) À laquelle

**Leçon 19.**

1. (1) vois (2) prenez (3) va
2. (1) prends, prends (2) peux, pouvez (3) suis, suis
3. (1) Oui, quand je mange du pain, je mets du beurre sur le pain. (2) Oui, quand il a rendez-vous, il arrive toujours à l'heure. (3) Oui, quand je vais au bureau, je prends le bus.
4. (1) Je bois/ nous buvons de la bière. (2) Alex va au musée avec Cécile. (3) Je mets les livres dans mon sac. (4) Elle attend ses amis. (5) Je parle à ma mère.

**Leçon 20.**

1. (1) de, de la, du (2) du, de la (3) de l' (4) du (5) du, des
2. (1) de la, de (2) du, de (3) de l' (4) des (5) du, de
3. (1) J'aime le pain. Je mange du pain. (2) J'aime la viande. Je mange de la viande. (3) J'aime le sport. Je fais du sport. (4) J'aime le piano. Je fais du piano. (5) J'aime la peinture. Je fais de la peinture.

**Leçon 21.**

1. (1) deux kilos de sucre (2) un paquet de farine (3) dix grammes de sel (4) deux morceaux de fromage (5) trois litres de lait
2. (1) il ne boit pas beaucoup de café. (2) il n'y a pas trop de sel dans les spaguettis. (3) il y a assez de soleil en été.

**Leçon 22.**

1. (1) se sent (2) s'envolent (3) se regarde (4) vous lavez (5) me donne
2. (1) je me couche tôt. (2) nous nous respectons. (3) il ne se battent pas souvent. (4) je m'intéresse pas au cinéma./ nous nous intéressons pas au cinéma. (5) ils se vendent bien.
3. (1) je me réveille. (2) je me couche. (3) je me brosse les dents. (4) je me maquille. (5) je me repose.

**Leçon 23.**

1. (1) finissons (2) choisissent (3) rougissent (4) mûrissent (5) blanchit
2. (1) j'obéis à mes parents. (2) je ne choisis pas la couleur noire. (3) je finis mes devoirs./ nous finissons nos devoirs. (4) les tulipes fleurissent au printemps. (5) je hais/nous haïssons

l'infidélité.

3. (1) Les fleurs rougissent. (2) Il obéit à ses parents. (3) Elle choisit ce pantalon noir. (4) Il vieillit bien. (5) Ce vendredi, nous nous réunissons.

**Leçon 24.**

1. (1) Donne ces livres à Lucie! (2) Asseyez-vous! (3) Entrons dans la salle! (4) Soyez heureux! (5) Ouvre la porte!
2. (1) Ne fais pas de bruit! (2) Ne prêtez pas d'argent à Max! (3) Ne dis pas le secret à tes amis! (4) Ne vous inquiétez pas! (5) Ne courez pas trop vite!
3. (1) Ouvre la fenêtre de ta chambre! (2) Dépêchez-vous! (3) Couchez-vous tôt! (4) Aie du courage! (5) Repose-toi!

**Leçon 25.**

1. (1) plus (2) moins (3) plus (4) aussi/ si (5) plus
2. (1) o (2) o (3) o (4) x (5) x
3. (1) Le chat n'est pas si rapide que le lion. (2) Le TGV est plus rapide que le bus. (3) La Chine est la plus peuplée du monde. (4) Le printemps est le plus beau de l'année. (5) *Le Notre-Dame de Paris* de Victor Hugo est un roman des plus connus.

**Leçon 26.**

1. (1) il n'y a pas de téléphone portable sur la table. (2) il y a un tableau sur le mur. (3) il n'y a pas d'étudiants dans la classe. (4) il y a des vêtements dans l'armoire. (5) il n'y a pas de plante dans ma chambre.
2. (1) Il y a des livres dans la bibliothèque. (2) Il y a des habitants dans la ville. (3) Il y a des clients dans le magasin. (4) Il y a des fleurs dans le jardin. (5) Il y a des pains dans la boulangerie.
3. (1) Il y a l'Arc de triomphe à Paris. (2) Il y a des girafes en Afrique. (3) Il y a des pyramides en Égypte. (4) Il y a des koalas en Australie. (5) Il y a le Colosée à Rome.

**Leçon 27.**

1. (1) Nous allons déjeuner à midi. (2) Je vais partir pour la France. (3) Ils vont arriver à la gare.

2. (1) Je viens d'acheter des livres. (2) Nous venons de jouer de la guitare. (3) Elle vient de voir un cinéma.
3. (1) Elle va voyager. (2) Je vais manger. (3) Tu vas boire de l'eau. (4) Nous allons voir un film. (5) Il va pleuvoir.
4. (1) viens de prendre (2) vient de se reposer (3) venons de manger (4) vient de terminer (5) viens de déjà voir

**Leçon 28.**

1. (1) Isabelle a attendu le R.E.R. (2) Danielle a mis un pull. (3) Arthur a retiré de l'argent.
2. (1) Non, je n'ai pas lu ce roman. (2) Non, elle n'a pas visité le musée du Louvre. (3) Non, le cours n'a pas encore commencé.
3. (1) cette semaine j'ai travaillé cinq jours par semaine. (2) aujourd'hui, elle a pris le bus à 9 heures du matin. (3) ce soir, il a regardé la TV. (4) aujourd'hui, elle a mangé des spaghettis. (5) cet été, nous avons passé nos vacances en France.

**Leçon 29.**

1. (1) Elle est restée chez elle. (2) Elles sont montées dans l'autobus. (3) Ils sont entrés dans un café.
2. (1) Elle est passée devant l'église. (2) Marie et ses amies sont allées au musée d'Orsay. (3) L'avion est arrivé à l'aéroport.
3. (1) elle est rentrée avant quatre heures. (2) je suis restée chez moi. (3) ils sont déjà partis. (4) je n'ai pas été en retard. (5) nous ne sommes pas allés à la campagne.
4. (1) est arrivée (2) est allée à l'école (3) sommes allé(e)s
(4) est revenue (5) suis sorti(e)

**Leçon 30.**

1. (1) Elle s'est douchée. (2) Ils se sont battus. (3) Elle s'est dépêchée pour arriver à l'heure. (4) il s'est souvenu de son enfance heureuse. (5) Jean et Marie se sont promenés au parc.
2. (1) Elle s'est lavé le visage. (2) Elle s'est cassé le bras. (3) Elle sest assise sur l'escalier. (4) Elles se sont ennuyées au film. (5) Ils se sont serré les mains.
3. (1) me suis couché(e) tard. (2) s'est endormi (3) il s'est levé (4) s'est réveillée (5) nous nous sommes promené(e)s

**Leçon 31.**

1. (1) est sortie, faisait (2) as téléphoné, dormais (3) avez cherché, restait (4) ont dîné, pleuvait. (5) suis entré(e), n'étais pas là
2. (1) suis revenu(e), était déjà tombé (2) s'est levé, avait préparé (3) avais lu, me suis couché(e) (4) ai perdu, avais acheté (5) est arrivée, était déjà parti
3. (1) Il a dit qu'elle allait revenir. (2) Ils ont dit qu'ils écoutaient la musique. (3) Il a dit qu'elle était déjà arrivée. (4) Elle a dit qu'elle avait mangé un sandwich. (5) Il a dit qu'il avait perdu mon parapluie.

**Leçon 32.**

1. (1) Quelle (2) Quelle (3) Que (4) Que (5) Comme/ Qu'
2. (1) Quel film ennuyeux! (2) Comme elle est gentille! (3) Comme/ Qu'il fait beau! (4) Qu'il fait froid! (5) Quel idiot!

**Leçon 33.**

1. (1) La moto est conduite par Marc. (2) La montagne est couverte de neige. (3) Élise est aimée de ses camarades. (4) La voiture a été démarrée par Alain. (5) La maison est entourée des arbres.
2. (1) *L'Étrager* a été écrit par Albert Camus. (2) Le cinéma a été inventé par Les Lumière. (3) L'imprimerie a été inventée par Gutenberg. (4) Le phonographe a été inventé par Thomas Edison. (5) L'Amérique a été découverte par Christophe Colomb.
3. (1) Julie a été invitée pas Jean. (2) Marc est respecté de tout le monde. (3) La porte va être ouverte par Pierre. (4) La ville est couverte de neige. (5) La fenêtre vient d'être fermée par le vent.

**Leçon 34.**

1. (1) la sienne (2) les nôtres (3) les vôtres (4) le mien (5) les leurs
2. (1) le sien (2) la vôtre (3) le mien (4) les nôtres (5) le leur
3. (1) c'est la mienne. (2) ce n'est pas le sien. (3) ce sont les leurs. (4) ce n'est pas le sien. (5) ce sont les leurs.

**Leçon 35.**

1. (1) Ça (2) C' (3) C' (4) Ce (5) Ceci, cela
2. (1) celle (2) celui (3) ceux (4) celles (5) celle
3. (1) celui (2) celui-là (3) celles (4) celle (5) celui-ci

**Leçon 36.**

1. (1) Elle l'ouvre. (2) Vous les leur envoyez. (3) Tu la regardes. (4) Je l'ai perdu. (5) Il lui téléphone.
2. (1) Oui, elle me plaît. (2) Oui, je les aime. (3) Oui, il vient de le lire. (4) Oui, mon fils me ressemble. (5) Oui, elle me les explique.
3. (1) Non, je ne le prends pas. (2) Non, elle ne l'attend pas. (3) Non, je ne veux pas le voir. (4) Non, ils ne les ont pas achetés à la librairie. (5) Non, il n'aime pas l'écouter.

**Leçon 37.**

1. (1) j'en prends. (2) elle en a besoin. (3) j'en ai beaucoup./ nous en avons beaucoup. (4) elle n'y va pas. (5) j'en reviens/ nous en revenons.
2. (1) n'en mange pas. (2) n'en avez pas. (3) n'en achète pas. (4) n'en boit pas. (5) n'en a pas. (6) ne m'y intéresse pas. (7) n'y allez pas. (8) ne l'aime pas. (9) ne l'est pas. (10) n'y habite pas.

**Leçon 38.**

1. (1) Il leur en a parlé. (2) Tu les lui as envoyés. (3) Elle les y met. (4) Je les y ai invités. (5) Il lui en a donné.
2. (1) Oui, elle me plaît beaucoup. (2) Oui, j'y en ai acheté. (3) Oui, j'y suis allé.
3. (1) Non, je ne lui en ai pas emprunté. (2) Non, il ne lui en donne pas. (3) Non, je n'y en ai pas mis.

**Leçon 39.**

1. (1) que (2) qui (3) que (4) où (5) dont
2. (1) Elle lit un roman qui est très intéressant. (2) La ville où nous allons visiter est très grande. (3) Je mange des spaghettis qui sont délicieux. (4) Je vois le film dont tu m'as parlé. (5) Je porte le pull que j'ai acheté hier.

3. (1) avec qui (2) De qui (3) à quoi (4) à qui (5) de quoi

**Leçon 40.**

1. (1) à qui / auquel (2) sur lesquelles (3) dans lequel (4) avec lesquelles (5) pour laquelle
2. (1) C'est la problème à laquelle je pense. (2) Elle a passé l'examen pour lequel elle se préparait depuis deux ans. (3) Ce sont les films de Truffaud lesquelles J'aime bien. (4) J'habite à la maison près de laquelle il y a un parc. (5) Le vélo duquel je me sers souvent pour aller à l'école est bleu.
3. (1) la chambre dans laquelle je demeure est comfortable. (2) le cinéma auquel je m'intéresse est le film noir. (3) la boulangerie en face duquelle elle habite est fameuse. (4) les amis avec lesquels il mange sont sympas. (5) le village auquel elle habite est tranquille.

**Leçon 41.**

1. (1) irai (2) choisira (3) verra (4) mettrez (5) pourrez finir
2. (1) Je boirai du café. (2) Ils partiront en voyage. (3) Nous mangerons le dîner au restaurant. (4) On travaillera cinq jours par semaine. (5) Elle prendra un bus.
3. (1) serai, b. irai (2) étudieras, a. réussiras (3) aurons, e. ferons (4) voudront, c. devront (5) viendras, d. ferai

**Leçon 42.**

1. (1) voudrais (2) Pourriez (3) dirait
2. (1) avais, irais (2) courait, pourrait (3) avait, irions (4) arrivait, accompagerais (5) pleuvait, aurait
3. (1) avais vu, aurais guéri (2) avais eu, aurais envoyé (3) étais arrivé(e), aurait pu

**Leçon 43.**

1. (1) accepterais (2) n'auriez pas manqué (3) auait pu
2. (1) passerai (2) restera (3) sortirai
3. (1) Si tu voulais arriver à l'heure, tu devrais prendre le métro. (2) Si j'avais une semaine de congé, je partirais en voyage. (3) Si j'étais riche, je ferais le tour du monde.
4. (1) Si elle avait pu venir, ses amis se seraient amusés. (2) Si nous ne nous étions pas trompés de route, nous n'aurions pas été en retard. (3) Si tu n'avais pas été malade, tu aurais pu

assister au spectacle.

**Leçon 44.**

1. (1) parte (2) viennes (3) comprenions (4) fasse (5) pleuve
2. (1) fasse cela (2) vous couchiez (3) arrivions à l'heure (4) résolve le problème (5) doives respecter la règle
3. (1) vous soyez plus honnête (2) tu ne fasses pas tant de bruit (3) tu sois heureux (4) nous finissions nos devoirs (5) vous partiez tout de suite

**Leçon 45.**

1. (1) ne sois en retard (2) ne vienne (3) ne soit malade (4) ne fasse froid (5) n'aie raison?
2. (1) ne parte (2) ne pleuve (3) ne venions (4) ne soient (5) n'ayez

**Leçon 46.**

1. (1) Je suis heureux de rencontrer mon vieil ami. (2) Il est désolé d'être en retard. (3) Elle est contente de participer à la fête.
2. (1) Après m'être douché, j'ai pris le petit déjeuner. (2) Après avoir fini nos devoirs, nous sommes allés au concert. (3) Après avoir lu un roman, il s'est endormi.
3. (1) Je pense avoir lu ce roman jusqu'à demain. (2) Vous croyez avoir fini ce travail dans trois heures. (3) Il espère être arrivé avant douze heures. (4) Je crois être rentré(e) avant ton départ. (5) Elle regrette ne pas être partie en voyage demain.

**Leçon 47.**

1. (1) Voilà un homme parlant le français. (2) Étant occupé, il ne passe pas chez elle. (3) Voulant se reposer, elle s'est assise sur le fauteuil.
2. (1) Partant précipitamment, j'ai oublié mon portable sur la table. (2) Travaillant mieux, vous réussirez. (3) Arrivant à l'école, il a vu Sophie. (4) Ayant faim, elle entre dans un restaurant. (5) Nous promenant longtemps, nous nous sentions fatigués.

**Leçon 48.**

1. (1) Il entre dans l'appartement en saluant mes parents. (2) Le matin, elle chante en prenant sa douche. (3) Tu pourras réussir en suivant mes conseils. (4) Je lis le journal en regardant la

télé. (5) Il a passé à l'examen en travaillant mieux.

2. (1) Il a vu Sophie en entrant dans la classe. (2) Elle est malheureuse en étant riche. (3) Nous avons raté le train en arrivant en retard à la gare. (4) Il se couche sur le lit en étant fatigué. (5) Je suis tombé en montant l'escalier.

**Leçon 49.**

1. (1) plut (2) devint (3) conquirent
2. (1) lurent (2) eut (3) peignit
3. (1) eut tombé (2) eus fini (3) fûmes arrivé(e)s
4. (1) Après qu'il eut plu, le soleil réapparut. (2) Aussitôt que j'eus reçu le message, j'envoyai une réponse. (3) Dès que nous fûmes arrivé(e)s, le train partit.

**Leçon 50.**

1. (1) fait (2) est (3) a (4) faut (5) fait
2. (1) en hiver (2) trois heures (3) mieux rester ici (4) finir ce travail (5) facile d'expliquer mon projet.

**Leçon 51.**

1. (1) Vous avez eu raison (2) Elle vient de sortir (3) J'avais fini (4) Il aura arrivé (5) Nous allons faire
2. (1) Nous devons finir nos devoirs. (2) Elle est en train de chanter. (3) Je veux lire ce roman. (4) Il est sur le point d'arroser les fleurs. (5) Vous pouvez faire la cuisine.

**Leçon 52.**

1. (1) de (2) à (3) de (4) de (5) à (6) sur (7) à (8) entre (9) en (10) en
2. (1) Il est regrettable d'être malade. (2) Je suis envie d'habiter à la campagne. (3) Il est désolé d'être en retard. (4) Elle est ravie de réussir à l'examen. (5) Je suis heureux de voir mes vieux amis.

**Leçon 53.**

1. (1) longuement (2) profondément (3) nouvellement (4) gaiement, gaîment (5) élégamment (6) heureusement (7) couramment (8) joliment (9) précisément (10) doucement

2. (1) prudemment (2) plus (3) sérieusement (4) vite (5) rapidement
3. (1) Non, je me lève tôt. (2) Non, elle va rarement au cinéma. (3) Non, j'écoute souvent la radio. (4) Non, je conduis lentement en ville. (5) Non, je dîne tard.

**Leçon 54.**

1. (1) et (2) mais (3) qu' (4) ni 5) ou
2. (1) Oui, je ne travaille que huit heures par jour. (2) Non, Je ne connais ni Paul ni Sophie. (3) Non, Il ne boit ni vin ni de la bière.
3. (1) Parce que sa voiture ne marche pas. (2) Parce qu'il a la grippe. (3) Parce que l'ascenseur est en panne.
4. (1) si bien que j'ai eu sommeil. (2) car il n'y avait plus de place dans le TGV. (3) pour que je fasse un stage en France.

# 동사 변화표

# La Conjugaison

| avoir | | | |
|---|---|---|---|
| 직설법 | | | |
| 현재 | 복합과거 | 반과거 | 대과거 |
| j'ai<br>tu as<br>il a<br>elle a<br>nous avons<br>vous avez<br>ils ont<br>elles ont | j'ai eu<br>tu as eu<br>il a eu<br>elle a eu<br>nous avons eu<br>vous avez eu<br>ils ont eu<br>elles ont eu | j'avais<br>tu avais<br>il avait<br>elle avait<br>nous avions<br>vous aviez<br>ils avaient<br>elles avaient | j'avais eu<br>tu avais eu<br>il avait eu<br>elle avait eu<br>nous avions eu<br>vous aviez eu<br>ils avaient eu<br>elles avaient eu |
| 단순과거 | 전과거 | 단순미래 | 전미래 |
| j'eus<br>tu eus<br>il eut<br>elle eut<br>nous eûmes<br>vous eûtes<br>ils eurent<br>elles eurent | j'eus eu<br>tu eus eu<br>il eut eu<br>elle eut eu<br>nous eûmes eu<br>vous eûtes eu<br>ils eurent eu<br>elles eurent eu | j'aurai<br>tu auras<br>il aura<br>elle aura<br>nous aurons<br>vous aurez<br>ils auront<br>elles auront | j'aurai eu<br>tu auras eu<br>il aura eu<br>elle aura eu<br>nous aurons eu<br>vous aurez eu<br>ils auront eu<br>elles auront eu |
| 조건법 | | 접속법 | 명령법 |
| 현재 | 과거 | 현재 | |
| j'aurais<br>tu aurais<br>il aurait<br>elle aurait<br>nous aurions<br>vous auriez<br>ils auraient<br>elles auraient | j'aurais eu<br>tu aurais eu<br>il aurait eu<br>elle aurait eu<br>nous aurions eu<br>vous auriez eu<br>ils auraient eu<br>elles auraient eu | que j'aie<br>que tu aies<br>qu'il ait<br>qu'elle ait<br>que nous ayons<br>que vous ayez<br>qu'ils aient<br>qu'elles aient | aie<br>ayons<br>ayez |
| 부정법 과거 | 현재분사 | 분사복합형 | 제롱디프 |
| avoir eu | ayant | ayant eu | en ayant |

| être | | | |
|---|---|---|---|
| 직설법 | | | |
| 현재 | 복합과거 | 반과거 | 대과거 |
| je suis<br>tu es<br>il est<br>elle est<br>nous sommes<br>vous êtes<br>ils sont<br>elles sont | j'ai été<br>tu as été<br>il a été<br>elle a été<br>nous avons été<br>vous avez été<br>ils ont été<br>elles ont été | j'étais<br>tu étais<br>il était<br>elle était<br>nous étions<br>vous étiez<br>ils étaient<br>elles étaient | j'avais été<br>tu avais été<br>il avait été<br>elle avait été<br>nous avions été<br>vous aviez été<br>ils avaient été<br>elles avaient été |
| 단순과거 | 전과거 | 단순미래 | 전미래 |
| je fus<br>tu fus<br>il fut<br>elle fut<br>nous fûmes<br>vous fûtes<br>ils furent<br>elles furent | j'eus été<br>tu eus été<br>il eut été<br>elle eut été<br>nous eûmes été<br>vous eûtes été<br>ils eurent été<br>elles eurent été | je serai<br>tu seras<br>il sera<br>elle sera<br>nous serons<br>vous serez<br>ils seront<br>elles seront | j'aurai été<br>tu auras été<br>il aura été<br>elle aura été<br>nous aurons été<br>vous aurez été<br>ils auront été<br>elles auront été |
| 조건법 | | 접속법 | 명령법 |
| 현재 | 과거 | 현재 | |
| je serais<br>tu serais<br>il serait<br>elle serait<br>nous serions<br>vous seriez<br>ils seraient<br>elles seraient | j'aurais été<br>tu aurais été<br>il aurait été<br>elle aurait été<br>nous aurions été<br>vous auriez été<br>ils auraient été<br>elles auraient été | que je sois<br>que tu sois<br>qu'il soit<br>qu'elle soit<br>que nous soyons<br>que vous soyez<br>qu'ils soient<br>qu'elles soient | sois<br>soyons<br>soyez |
| 부정법 과거 | 현재분사 | 분사복합형 | 제롱디프 |
| avoir été | étant | ayant été | en étant |

| aller | | | |
|---|---|---|---|
| 직설법 | | | |
| 현재 | 복합과거 | 반과거 | 대과거 |
| je vais<br>tu vas<br>il va<br>elle va<br>nous allons<br>vous allez<br>ils vont<br>elles vont | je suis allé(e)<br>tu es allé(e)<br>il est allé<br>elle est allée<br>nous sommes allé(e)s<br>vous êtes allé(e)(s)(es)<br>ils sont allés<br>elles sont allées | j'allais<br>tu allais<br>il allait<br>elle allait<br>nous allions<br>vous alliez<br>ils allaient<br>elles allaient | j'étais allé(e)<br>tu étais allé(e)<br>il était allé<br>elle était allée<br>nous étions allé(e)s<br>vous étiez allé(e)(s)(es)<br>ils étaient allés<br>elles étaient allées |
| 단순과거 | 전과거 | 단순미래 | 전미래 |
| j'allai<br>tu allas<br>il alla<br>elle alla<br>nous allâmes<br>vous allâtes<br>ils allèrent<br>elles allèrent | je fus allé(e)<br>tu fus allé(e)<br>il fut allé<br>elle fut allé(e)<br>nous fûmes allé(e)s<br>vous fûtes allé(e)(s)(es)<br>ils furent allés<br>elles furent allées | j'irai<br>tu iras<br>il ira<br>elle ira<br>nous irons<br>vous irez<br>ils iront<br>elles iront | je serai allé(e)<br>tu seras allé(e)<br>il sera allé<br>elle sera allée<br>nous serons allé(e)s<br>vous serez allé(e)(s)(es)<br>ils seront allés<br>elles seront allées |
| 조건법 | | 접속법 | 명령법 |
| 현재 | 과거 | 현재 | |
| j'irais<br>tu irais<br>il irait<br>elle irait<br>nous irions<br>vous iriez<br>ils iraient<br>elles iraient | je serais allé(e)<br>tu serais allé(e)<br>il serait allé<br>lle serait allée<br>nous serions allé(e)s<br>vous seriez allé(e)(s)(es)<br>ils seraient allés<br>elles seraient allées | que j'aille<br>que tu ailles<br>qu'il aille<br>qu'elle aille<br>que nous allions<br>que vous alliez<br>qu'ils aillent<br>qu'elles aillent | va<br>allons<br>allez |
| 부정법 과거 | 현재분사 | 분사복합형 | 제롱디프 |
| être allé(e, s, es) | allant | étant allé(e, s, es) | en allant |

| appeler | | | |
|---|---|---|---|
| 직설법 | | | |
| 현재 | 복합과거 | 반과거 | 대과거 |
| j'appelle<br>tu appelles<br>il appelle<br>elle appelle<br>nous appelons<br>vous appelez<br>ils appellent<br>elles appellent | j'ai appelé<br>tu as appelé<br>il a appelé<br>elle a appelé<br>nous avons appelé<br>vous avez appelé<br>ils ont appelé<br>elles ont appelé | j'appelais<br>tu appelais<br>il appelait<br>elle appelait<br>nous appelions<br>vous appeliez<br>ils appelaient<br>elles appelaient | j'avais appelé<br>tu avais appelé<br>il avait appelé<br>elle avait appelé<br>nous avions appelé<br>vous aviez appelé<br>ils avaient appelé<br>elles avaient appelé |
| 단순과거 | 전과거 | 단순미래 | 전미래 |
| j'appelai<br>tu appelas<br>il appela<br>elle appela<br>nous appelâmes<br>vous appelâtes<br>ils appelèrent<br>elles appelèrent | j'eus appelé<br>tu eus appelé<br>il eut appelé<br>elle eut appelé<br>nous eûmes appelé<br>vous eûtes appelé<br>ils eurent appelé<br>elles eurent appelé | j'appellerai<br>tu appelleras<br>il appellera<br>elle appellera<br>nous appellerons<br>vous appellerez<br>ils appelleront<br>elles appelleront | j'aurai appelé<br>tu auras appelé<br>il aura appelé<br>elle aura appelé<br>nous aurons appelé<br>vous aurez appelé<br>ils auront appelé<br>elles auront appelé |
| 조건법 | | 접속법 | 명령법 |
| 현재 | 과거 | 현재 | |
| j'appellerais<br>tu appellerais<br>il appellerait<br>elle appellerait<br>nous appellerions<br>vous appelleriez<br>ils appelleraient<br>elles appelleraient | j'aurais appelé<br>tu aurais appelé<br>il aurait appelé<br>elle aurait appelé<br>nous aurions appelé<br>vous auriez appelé<br>ils auraient appelé<br>elles auraient appelé | que j'appelle<br>que tu appelles<br>qu'il appelle<br>qu'elle appelle<br>que nous appelions<br>que vous appeliez<br>qu'ils appellent<br>qu'elles appellent | appelle<br>appelons<br>appelez |
| 부정법 과거 | 현재분사 | 분사복합형 | 제롱디프 |
| avoir appelé | appelant | ayant appelé | en appelant |
| 동일 변화 하는 동사 | | | |
| jeter rappeler renouveler | | | |

| asseoir | | | |
|---|---|---|---|
| 직설법 | | | |
| 현재 | 복합과거 | 반과거 | 대과거 |
| j'assieds<br>tu assieds<br>il assied<br>elle assied<br>nous aaseyons<br>vous asseyez<br>ils asseyent<br>elles asseyent | j'ai assis<br>tu as assis<br>il a assis<br>elle a assis<br>nous avons assis<br>vous avez assis<br>ils ont assis<br>elles ont assis | j'asseyais<br>tu asseyais<br>il asseyait<br>elle asseyait<br>nous asseyions<br>vous asseyiez<br>ils asseyaient<br>elles asseyaient | j'avais assis<br>tu avais assis<br>il avait assis<br>elle avait assis<br>nous avions assis<br>vous aviez assis<br>ils avaient assis<br>elles avaient assis |
| 단순과거 | 전과거 | 단순미래 | 전미래 |
| j'assis<br>tu assis<br>il assit<br>elle assis<br>nous assîmes<br>vous assîtes<br>ils assirent<br>elles assirent | j'eus assis<br>tu eus assis<br>il eut assis<br>elle eut assis<br>nous eûmes assis<br>vous eûtes assis<br>ils eurent assis<br>elles eurent assis | j'assiérai<br>tu assiéras<br>il assiéra<br>elle assiéra<br>nous assiérons<br>vous assiérez<br>ils assiéront<br>elles assiéront | j'aurai assis<br>tu auras assis<br>il aura assis<br>elle aura assis<br>nous aurons assis<br>vous aurez assis<br>ils auront assis<br>elles auront assis |
| 조건법 | | 접속법 | 명령법 |
| 현재 | 과거 | 현재 | |
| j'assiérais<br>tu assiérais<br>il assiérait<br>elle assiérait<br>nous assiérions<br>vous assiériez<br>ils assiéraient<br>elles assiéraient | j'aurais assis<br>tu aurais assis<br>il aurait assis<br>elle aurait assis<br>nous aurions assis<br>vous auriez assis<br>ils auraient assis<br>elles auraient assis | que j'asseye<br>que tu asseyes<br>qu'il asseye<br>qu'elle asseye<br>que nous asseyions<br>que vous asseyiez<br>qu'ils asseyent<br>qu'elles asseyent | assieds<br>asseyons<br>asseyez |
| 부정법 과거 | 현재분사 | 분사복합형 | 제롱디프 |
| avoir assis | asseyant | ayant assis | en asseyant |

| asseoir | | | |
|---|---|---|---|
| 직설법 | | | |
| 현재 | 복합과거 | 반과거 | 대과거 |
| j'assois<br>tu assois<br>il assoit<br>elle assoit<br>nous aasoyons<br>vous assoyez<br>ils assoient<br>elles assoient | j'ai assis<br>tu as assis<br>il a assis<br>elle a assis<br>nous avons assis<br>vous avez assis<br>ils ont assis<br>elles ont assis | j'assoyais<br>tu assoyais<br>il assoyait<br>elle assoyait<br>nous assoyions<br>vous assoyiez<br>ils assoyaient<br>elles assoyaient | j'avais assis<br>tu avais assis<br>il avait assis<br>elle avait assis<br>nous avions assis<br>vous aviez assis<br>ils avaient assis<br>elles avaient assis |
| 단순과거 | 전과거 | 단순미래 | 전미래 |
| j'assis<br>tu assis<br>il assit<br>elle assis<br>nous assîmes<br>vous assîtes<br>ils assirent<br>elles assirent | j'eus assis<br>tu eus assis<br>il eut assis<br>elle eut assis<br>nous eûmes assis<br>vous eûtes assis<br>ils eurent assis<br>elles eurent assis | j'assoirai<br>tu assoiras<br>il assoira<br>elle assoira<br>nous assoirons<br>vous assoirez<br>ils assoiront<br>elles assoiront | j'aurai assis<br>tu auras assis<br>il aura assis<br>elle aura assis<br>nous aurons assis<br>vous aurez assis<br>ils auront assis<br>elles auront assis |
| 조건법 | | 접속법 | 명령법 |
| 현재 | 과거 | 현재 | |
| j'assoirais<br>tu assoirais<br>il assoirait<br>elle assoirait<br>nous assoirions<br>vous assoiriez<br>ils assoiraient<br>elles assoiraient | j'aurais assis<br>tu aurais assis<br>il aurait assis<br>elle aurait assis<br>nous aurions assis<br>vous auriez assis<br>ils auraient assis<br>elles auraient assis | que j'assoie<br>que tu assoies<br>qu'il assoie<br>qu'elle assoie<br>que nous assoyions<br>que vous asseyiez<br>qu'ils assoient<br>qu'elles assoient | assois<br>assoyons<br>assoyez |
| 부정법 과거 | 현재분사 | 분사복합형 | 제롱디프 |
| avoir assis | assoyant | ayant assis | en assoyant |

| boire | | | |
|---|---|---|---|
| 직설법 | | | |
| 현재 | 복합과거 | 반과거 | 대과거 |
| je bois<br>tu bois<br>il boit<br>elle boit<br>nous buvons<br>vous buvez<br>ils boivent<br>elles boivent | j'ai bu<br>tu as bu<br>il a bu<br>elle a bu<br>nous avons bu<br>vous avez bu<br>ils ont bu<br>elles ont bu | je buvais<br>tu buvais<br>il buvait<br>elle buvait<br>nous buvions<br>vous buviez<br>ils buvaient<br>elles buvaient | j'avais bu<br>tu avais bu<br>il avait bu<br>elle avait bu<br>nous avions bu<br>vous aviez bu<br>ils avaient bu<br>elles avaient bu |
| 단순과거 | 전과거 | 단순미래 | 전미래 |
| je bus<br>tu bus<br>il but<br>elle but<br>nous bûmes<br>vous bûtes<br>ils burent<br>elles burent | j'eus bu<br>tu eus bu<br>il eut bu<br>elle eut bu<br>nous eûmes bu<br>vous eûtes bu<br>ils eurent bu<br>elles eurent bu | je boirai<br>tu boiras<br>il boira<br>elle boira<br>nous boirons<br>vous boirez<br>ils boiront<br>elles boiront | j'aurai bu<br>tu auras bu<br>il aura bu<br>elle aura bu<br>nous aurons bu<br>vous aurez bu<br>ils auront bu<br>elles auront bu |
| 조건법 | | 접속법 | 명령법 |
| 현재 | 과거 | 현재 | |
| je boirais<br>tu boirais<br>il boirait<br>elle boirait<br>nous boirons<br>vous boiriez<br>ils boiraient<br>elles boiraient | j'aurais bu<br>tu aurais bu<br>il aurait bu<br>elle aurait bu<br>nous aurions bu<br>vous auriez bu<br>ils auraient bu<br>elles auraient bu | que je boive<br>que tu boives<br>qu'il boive<br>qu'elle boive<br>que nous buvions<br>que vous buviez<br>qu'ils boivent<br>qu'elles boivent | bois<br>buvons<br>buvez |
| 부정법 과거 | 현재분사 | 분사복합형 | 제롱디프 |
| avoir bu | buvant | ayant bu | en buvant |

| bouillir | | | |
|---|---|---|---|
| 직설법 | | | |
| 현재 | 복합과거 | 반과거 | 대과거 |
| je bous<br>tu bous<br>il bout<br>elle bout<br>nous bouillons<br>vous bouillez<br>ils bouillent<br>elles bouillent | j'ai bouilli<br>tu as bouilli<br>il a bouilli<br>elle a bouilli<br>nous avons bouilli<br>vous avez bouilli<br>ils ont bouilli<br>elles ont bouilli | je bouillais<br>tu bouillais<br>il bouillait<br>elle bouillait<br>nous bouillions<br>vous bouilliez<br>ils bouillaient<br>elles bouillaient | j'avais bouilli<br>tu avais bouilli<br>il avait bouilli<br>elle avait bouilli<br>nous avions bouilli<br>vous aviez bouilli<br>ils avaient bouilli<br>elles avaient bouilli |
| 단순과거 | 전과거 | 단순미래 | 전미래 |
| je bouillis<br>tu bouillis<br>il bouillit<br>elle bouillit<br>nous bouillîmes<br>vous bouillîtes<br>ils bouillirent<br>elles bouillirent | j'eus bouilli<br>tu eus bouilli<br>il eut bouilli<br>elle eut bouilli<br>nous eûmes bouilli<br>vous eûtes bouilli<br>ils eurent bouilli<br>elles eurent bouilli | je bouillirai<br>tu bouilliras<br>il bouillira<br>elle bouillira<br>nous bouillirons<br>vous bouillirez<br>ils bouilliront<br>elles bouilliront | j'aurai bouilli<br>tu auras bouilli<br>il aura bouilli<br>elle aura bouilli<br>nous aurons bouilli<br>vous aurez bouilli<br>ils auront bouilli<br>elles auront bouilli |
| 조건법 | | 접속법 | 명령법 |
| 현재 | 과거 | 현재 | |
| je bouillirais<br>tu bouillirais<br>il bouillirait<br>elle bouillirait<br>nous bouillirions<br>vous bouilliriez<br>ils bouilliraient<br>elles bouilliraient | j'aurais bouilli<br>tu aurais bouilli<br>il aurait bouilli<br>elle aurait bouilli<br>nous aurions bouilli<br>vous auriez bouilli<br>ils auraient bouilli<br>elles auraient bouilli | que je bouille<br>que tu bouilles<br>qu'il bouille<br>qu'elle bouille<br>que nous bouillions<br>que vous bouilliez<br>qu'ils bouillent<br>qu'elles bouillent | bous<br>bouillons<br>bouillez |
| 부정법 과거 | 현재분사 | 분사복합형 | 제롱디프 |
| avoir bouilli | bouillant | ayant bouilli | en bouillant |

| commencer | | | |
|---|---|---|---|
| 직설법 | | | |
| 현재 | 복합과거 | 반과거 | 대과거 |
| je commence<br>tu commences<br>il commence<br>elle commence<br>nous commençons<br>vous commencez<br>ils commencent<br>elles commencent | j'ai commencé<br>tu as commencé<br>il a commencé<br>elle a commencé<br>nous avons commencé<br>vous avez commencé<br>ils ont commencé<br>elles ont commencé | je commençais<br>tu commençais<br>il commençait<br>elle commençait<br>nous commencions<br>vous commenciez<br>ils commençaient<br>elles commençaient | j'avais commencé<br>tu avais commencé<br>il avait commencé<br>elle avait commencé<br>nous avions commencé<br>vous aviez commencé<br>ils avaient commencé<br>elles avaient commencé |
| 단순과거 | 전과거 | 단순미래 | 전미래 |
| je commençai<br>tu commenças<br>il commença<br>elle commença<br>nous commençâmes<br>vous commençâtes<br>ils commencèrent<br>elles commencèrent | j'eus commencé<br>tu eus commencé<br>il eut commencé<br>elle eut commencé<br>nous eûmes commencé<br>vous eûtes commencé<br>ils eurent commencé<br>elles eurent commencé | je commencerai<br>tu commenceras<br>il commencera<br>elle commencera<br>nous commencerons<br>vous commencerez<br>ils commenceront<br>elles commenceront | j'aurai commencé<br>tu auras commencé<br>il aura commencé<br>elle aura commencé<br>nous aurons commencé<br>vous aurez commencé<br>ils auront commencé<br>elles auront commencé |
| 조건법 | | 접속법 | 명령법 |
| 현재 | 과거 | 현재 | |
| je commencerais<br>tu commencerais<br>il commencerait<br>elle commencerait<br>nous commencerions<br>vous commenceriez<br>ils commenceraient<br>elles commenceraient | j'aurais commencé<br>tu aurais commencé<br>il aurait commencé<br>elle aurait commencé<br>nous aurions commencé<br>vous auriez commencé<br>ils auraient commencé<br>elles auraient commencé | que je commence<br>que tu commences<br>qu'il commence<br>qu'elle commence<br>que nous commencions<br>que vous commenciez<br>qu'ils commencent<br>qu'elles commencent | commence<br>commençons<br>commencez |
| 부정법 과거 | 현재분사 | 분사복합형 | 제롱디프 |
| avoir commencé | commençant | ayant commencé | en commençant |
| 동일 변화 하는 동사 | | | |
| annoncer avancer exercer lancer placer prononcer | | | |

| conduire | | | |
|---|---|---|---|
| 직설법 | | | |
| 현재 | 복합과거 | 반과거 | 대과거 |
| je connais<br>tu connais<br>il connaît<br>elle connaît<br>nous connaissons<br>vous conaissez<br>ils connaissent<br>elles connaissent | j'ai connu<br>tu as connu<br>il a connu<br>elle a connu<br>nous avons connu<br>vous avez connu<br>ils ont connu<br>elles ont connu | je connaissais<br>tu connaissais<br>il connaissait<br>elle connaissait<br>nous connaissions<br>vous connaissiez<br>ils connaissaient<br>elles connaissaient | j'avais connu<br>tu avais connu<br>il avait connu<br>elle avait connu<br>nous avions connu<br>vous aviez connu<br>ils avaient connu<br>elles avaient connu |
| 단순과거 | 전과거 | 단순미래 | 전미래 |
| je connus<br>tu connus<br>il connut<br>elle connu<br>nous connûmes<br>vous connûtes<br>ils connurent<br>elles connurent | j'eus connu<br>tu eus connu<br>il eut connu<br>elle eut connu<br>nous eûmes connu<br>vous eûtes connu<br>ils eurent connu<br>elles eurent connu | je connaîtrai<br>tu connaîtras<br>il connaîtra<br>elle connaîtra<br>nous connaîtrons<br>vous connaîtrez<br>ils connaîtront<br>elles connaîtront | j'aurai connu<br>tu auras connu<br>il aura connu<br>elle aura connu<br>nous aurons connu<br>vous aurez connu<br>ils auront connu<br>elles auront connu |
| 조건법 | | 접속법 | 명령법 |
| 현재 | 과거 | 현재 | |
| j'aurai connu<br>tu auras connu<br>il aura connu<br>elle aura connu<br>nous aurons connu<br>vous aurez connu<br>ils auront connu<br>elles auront connu | je connaîtrais<br>tu connaîtrais<br>il connaîtrait<br>elle connaîtrait<br>nous connaîtrions<br>vous connaîtriez<br>ils connaîtraient<br>elles connaîtraient | j'aurais connu<br>tu aurais connu<br>il aurait connu<br>elle aurait connu<br>nous aurions connu<br>vous auriez connu<br>ils auraient connu<br>elles auraient connu | connais<br>connaissons<br>conaissez |
| 부정법 과거 | 현재분사 | 분사복합형 | 제롱디프 |
| avoir connu | connaissant | ayant connu | en connaissant |
| 동일 변화 하는 동사 | | | |
| apparaître comparaître disparaître méconnaître paraître reconnaître | | | |

| courir | | | |
|---|---|---|---|
| 직설법 | | | |
| 현재 | 복합과거 | 반과거 | 대과거 |
| je cours<br>tu cours<br>il court<br>elle court<br>nous courons<br>vous courez<br>ils courent<br>elles courent | j'ai couru<br>tu as couru<br>il a couru<br>elle a couru<br>nous avons couru<br>vous avez couru<br>ils ont couru<br>elles ont couru | je courais<br>tu courais<br>il courait<br>elle courait<br>nous courions<br>vous couriez<br>ils couraient<br>elles couraient | j'avais couru<br>tu avais couru<br>il avait couru<br>elle avait couru<br>nous avions couru<br>vous aviez couru<br>ils avaient couru<br>elles avaient couru |
| 단순과거 | 전과거 | 단순미래 | 전미래 |
| je courus<br>tu courus<br>il cousut<br>elle courut<br>nous courûmes<br>vous courûtes<br>ils coururent<br>elles coururent | j'eus couru<br>tu eus couru<br>il eut couru<br>elle eut couru<br>nous eûmes couru<br>vous eûtes couru<br>ils eurent couru<br>elles eurent couru | je courrai<br>tu courras<br>il courra<br>elle courra<br>nous courrons<br>vous courrez<br>ils courront<br>elles courront | j'aurai couru<br>tu auras couru<br>il aura couru<br>elle aura couru<br>nous aurons couru<br>vous aurez couru<br>ils auront couru<br>elles auront couru |
| 조건법 | | 접속법 | 명령법 |
| 현재 | 과거 | 현재 | |
| je courrais<br>tu courrais<br>il courrait<br>elle courrait<br>nous courrions<br>vous courriez<br>ils courraient<br>elles courraient | j'aurais couru<br>tu aurais couru<br>il aurait couru<br>elle aurait couru<br>nous aurions couru<br>vous auriez couru<br>ils auraient couru<br>elles auraient couru | que je coure<br>que tu coures<br>qu'il coure<br>qu'elle coure<br>que nous courions<br>que vous couriez<br>qu'ils courent<br>qu'elles courent | cours<br>courons<br>courez |
| 부정법 과거 | 현재분사 | 분사복합형 | 제롱디프 |
| avoir couru | courant | ayant couru | en courant |
| 동일 변화 하는 동사 | | | |
| concourir discourir parcourir recourir secourir | | | |

| couvrir | | | |
|---|---|---|---|
| 직설법 | | | |
| 현재 | 복합과거 | 반과거 | 대과거 |
| je couvre<br>tu couvres<br>il couvre<br>elle couvre<br>nous couvrons<br>vous couvrez<br>ils couvrent<br>elles couvrent | j'ai couvert<br>tu as couvert<br>il a couvert<br>elle a couvert<br>nous avons couvert<br>vous avez couvert<br>ils ont couvert<br>elles ont couvert | je couvrais<br>tu couvrais<br>il couvrait<br>elle couvrait<br>nous couvrions<br>vous couvriez<br>ils couvraient<br>elles couvraient | j'avais couvert<br>tu avais couvert<br>il avait couvert<br>elle avait couvert<br>nous avions couvert<br>vous aviez couvert<br>ils avaient couvert<br>elles avaient couvrirent |
| 단순과거 | 전과거 | 단순미래 | 전미래 |
| je couvris<br>tu couvris<br>il couvrit<br>elle couvrit<br>nous couvrÎmes<br>vous couvrÎtes<br>ils couvrirent<br>elles couvirent | j'eus couvert<br>tu eus couvert<br>il eut couvert<br>elle eut couvert<br>nous eûmes couvert<br>vous eûtes couvert<br>ils eurent couvert<br>elles eurent couvert | je couvrirai<br>tu couvriras<br>il couvrira<br>elle couvrira<br>nous couvrirons<br>vous couvrirez<br>ils couvrrriront<br>elles couvriront | j'aurai couvert<br>tu auras couvert<br>il aura couvert<br>elle aura couvert<br>nous aurons couvert<br>vous aurez couvert<br>ils auront couvert<br>elles auront couvert |
| 조건법 | | 접속법 | 명령법 |
| 현재 | 과거 | 현재 | |
| je couvrirais<br>tu couvrirais<br>il couvrirait<br>elle couvrirait<br>nous couvririons<br>vous couvririez<br>ils couvriraient<br>elles couvriraient | j'aurais couvert<br>tu aurais couvert<br>il aurait couvert<br>elle aurait couvert<br>nous aurions couvert<br>vous auriez couvert<br>ils auraient couvert<br>elles auraient couvert | que je couvre<br>que tu couvres<br>qu'il couvre<br>qu'elle couvre<br>que nous couvrions<br>que vous couvriez<br>qu'ils couvrent<br>qu'elles couvrent | couvre<br>couvrons<br>couvrez |
| 부정법 과거 | 현재분사 | 분사복합형 | 제롱디프 |
| avoir couvert | couvrant | ayant couvert | en couvrant |
| 동일 변화 하는 동사 | | | |
| découvrir offrir recouvir souffrir | | | |

| craindre | | | |
|---|---|---|---|
| 직설법 | | | |
| 현재 | 복합과거 | 반과거 | 대과거 |
| je crains<br>tu crains<br>il craint<br>elle craint<br>nous craignons<br>vous craignez<br>ils craignent<br>elles craignent | j'ai craint<br>tu as craint<br>il a craint<br>elle a craint<br>nous avons craint<br>vous avez craint<br>ils ont craint<br>elles ont craint | je craignais<br>tu craignais<br>il craignait<br>elle craignait<br>nous craignions<br>vous craigniez<br>ils craignaient<br>elles craignaient | j'avais craint<br>tu avais craint<br>il avait craint<br>elle avait craint<br>nous avions craint<br>vous aviez craint<br>ils avaient craint<br>elles avaient craint |
| 단순과거 | 전과거 | 단순미래 | 전미래 |
| je craignis<br>tu craignis<br>il craignit<br>elle craignit<br>nous craignîmes<br>vous craignîtes<br>ils craignaient<br>elles craignirent | j'eus craint<br>tu eus craint<br>il eut craint<br>elle eut craint<br>nous eûmes craint<br>vous eûtes craint<br>ils eurent craint<br>elles eurent craint | je craindrai<br>tu craindras<br>il craindra<br>elle craindra<br>nous craindrons<br>vous craindrez<br>ils craindront<br>elle craindront | j'aurai craint<br>tu auras craint<br>il aura craint<br>elle aura craint<br>nous aurons craint<br>vous aurez craint<br>ils auront craint<br>elles auront craint |
| 조건법 | | 접속법 | 명령법 |
| 현재 | 과거 | 현재 | |
| je craindrais<br>tu craindrais<br>il craindrait<br>elle craindrait<br>nous craindrions<br>vous craindriez<br>ils craindraient<br>elle craindraient | j'aurais craint<br>tu aurais craint<br>il aurait craint<br>elle aurait craint<br>nous aurions craint<br>vous auriez craint<br>ils auraient craint<br>elles auraient craint | que je craigne<br>que tu craignes<br>qu'il craigne<br>qu'elle craigne<br>que nous craignions<br>que vous craigniez<br>qu'ils craignent<br>qu'elles craignent | crains<br>craignons<br>craignez |
| 부정법 과거 | 현재분사 | 분사복합형 | 제롱디프 |
| avoir craint | craignant | ayant craint | en craignant |
| 동일 변화 하는 동사 | | | |
| contraindre plaindre | | | |

| croire | | | |
|---|---|---|---|
| 직설법 | | | |
| 현재 | 복합과거 | 반과거 | 대과거 |
| je crois<br>tu crois<br>il croit<br>elle croit<br>nous croyons<br>vous croyez<br>ils croient<br>elles croient | j'ai cru<br>tu as cru<br>il a cru<br>elle a cru<br>nous avons cru<br>vous avez cru<br>ils ont cru<br>elles ont cru | je croyais<br>tu croyais<br>il croyait<br>elle croyait<br>nous croyions<br>vous croyiez<br>ils croyaient<br>elles croyaient | j'avais cru<br>tu avais cru<br>il avait cru<br>elle avait cru<br>nous avions cru<br>vous aviez cru<br>ils avaient cru<br>elles avaient cru |
| 단순과거 | 전과거 | 단순미래 | 전미래 |
| je crus<br>tu crus<br>il crut<br>elle crut<br>nous crûmes<br>vous crûtes<br>ils crurent<br>elles crurent | j'eus cru<br>tu eus cru<br>il eut cru<br>elle eut cru<br>nous eûmes cru<br>vous eûtes cru<br>ils eurent cru<br>elles eurent cru | je croirai<br>tu croiras<br>il croira<br>elle croira<br>nous croirons<br>vous croirez<br>ils croiront<br>elles croiront | j'aurai cru<br>tu auras cru<br>il aura cru<br>elle aura cru<br>nous aurons cru<br>vous aurez cru<br>ils auront cru<br>elles auront cru |
| 조건법 | | 접속법 | 명령법 |
| 현재 | 과거 | 현재 | |
| je croirais<br>tu croirais<br>il croirait<br>elle croirait<br>nous croirions<br>vous croiriez<br>ils croiraient<br>elles croiraient | j'aurais cru<br>tu aurais cru<br>il aurait cru<br>elle aurait cru<br>nous aurions cru<br>vous auriez cru<br>ils auraient cru<br>elles auraient cru | que je croie<br>que tu croies<br>qu'il croie<br>qu'elle croie<br>que nous croyions<br>que vous croyiez<br>qu'ils croient<br>qu'elles croient | crois<br>croyons<br>croyez |
| 부정법 과거 | 현재분사 | 분사복합형 | 제롱디프 |
| avoir cru | croyant | ayant cru | en croyant |

| devoir | | | |
|---|---|---|---|
| 직설법 | | | |
| 현재 | 복합과거 | 반과거 | 대과거 |
| je dois<br>tu dois<br>il doit<br>elle doit<br>nous devons<br>vous devez<br>ils doivent<br>elles doivent | j'ai dû<br>tu as dû<br>il a dû<br>elle a dû<br>nous avons dû<br>vous avez dû<br>ils ont dû<br>elles ont dû | je devais<br>tu devais<br>il devait<br>elle devait<br>nous devions<br>vous deviez<br>ils devaient<br>elles devaient | j'avais dû<br>tu avais dû<br>il avait dû<br>elle avait dû<br>nous avions dû<br>vous aviez dû<br>ils avaient dû<br>elles avaient dû |
| 단순과거 | 전과거 | 단순미래 | 전미래 |
| je dus<br>tu dus<br>il dut<br>elle dut<br>nous dûmes<br>vous dûtes<br>ils durent<br>elles durent | j'eus dû<br>tu eus dû<br>il eut dû<br>elle eut dû<br>nous eûmes dû<br>vous eûtes dû<br>ils eurent dû<br>elles eurent dû | je devrai<br>tu devras<br>il devra<br>elle devra<br>nous devrons<br>vous devrez<br>ils devront<br>elles devront | j'aurai dû<br>tu auras dû<br>il aura dû<br>elle aura dû<br>nous aurons dû<br>vous aurez dû<br>ils auront dû<br>elles auront dû |
| 조건법 | | 접속법 | 명령법 |
| 현재 | 과거 | 현재 | |
| je devrais<br>tu devrais<br>il devrait<br>elle devrait<br>nous devrions<br>vous devriez<br>ils devraient<br>elles devraient | j'aurais dû<br>tu aurais dû<br>il aurait dû<br>elle aurait dû<br>nous aurions dû<br>vous auriez dû<br>ils auraient dû<br>elles auraient dû | que je doive<br>que tu doives<br>qu'il doive<br>qu'elle doive<br>que nous devions<br>que vous deviez<br>qu'ils doivent<br>qu'elles doivent | dois<br>devons<br>devez |
| 부정법 과거 | 현재분사 | 분사복합형 | 제롱디프 |
| avoir dû | devant | ayant dû | en devant |

| dire | | | |
|---|---|---|---|
| 직설법 | | | |
| 현재 | 복합과거 | 반과거 | 대과거 |
| je dis<br>tu dis<br>il dit<br>elle dit<br>nous disons<br>vous dites<br>ils disent<br>elles disent | j'ai dit<br>tu as dit<br>il a dit<br>elle a dit<br>nous avons dit<br>vous avez dit<br>ils ont dit<br>elles ont dit | je disais<br>tu disais<br>il disait<br>elle disait<br>nous disions<br>vous disiez<br>ils disaient<br>elles disaient | j'avais dit<br>tu avais dit<br>il avait dit<br>elle avait dit<br>nous avions dit<br>vous aviez dit<br>ils avaient dit<br>elles avaient dit |
| 단순과거 | 전과거 | 단순미래 | 전미래 |
| je dis<br>tu dis<br>il dit<br>elle dit<br>nous dîmes<br>vous dîtes<br>ils dirent<br>elles dirent | j'eus dit<br>tu eus dit<br>il eut dit<br>elle eut dit<br>nous eûmes dit<br>vous eûtes dit<br>ils eurent dit<br>elles eurent dit | je dirai<br>tu diras<br>il dira<br>elle dira<br>nous dirons<br>vous direz<br>ils diront<br>elles diront | j'aurai dit<br>tu auras dit<br>il aura dit<br>elle aura dit<br>nous aurons dit<br>vous aurez dit<br>ils auront dit<br>elles auront dit |
| 조건법 | | 접속법 | 명령법 |
| 현재 | 과거 | 현재 | |
| je dirais<br>tu dirais<br>il dirait<br>elle dirait<br>nous dirions<br>vous diriez<br>ils diraient<br>elles diraient | j'aurais dit<br>tu aurais dit<br>il aurait dit<br>elle aurait dit<br>nous aurions dit<br>vous auriez dit<br>ils auraient dit<br>elles auraient dit | que je dise<br>que tu dises<br>qu'il dise<br>qu'elle dise<br>que nous disions<br>que vous disiez<br>qu'ils disent<br>qu'elles disent | dis<br>disons<br>dites |
| 부정법 과거 | 현재분사 | 분사복합형 | 제롱디프 |
| avoir dit | disant | ayant dit | en disant |

| dormir | | | |
|---|---|---|---|
| 직설법 | | | |
| 현재 | 복합과거 | 반과거 | 대과거 |
| je dors<br>tu dors<br>il dort<br>elle dort<br>nous dormons<br>vous dormez<br>ils dorment<br>elles dorment | j'ai dormi<br>tu as dormi<br>il a dormi<br>elle a dormi<br>nous avons dormi<br>vous avez dormi<br>ils ont dormi<br>elles ont dormi | je dormais<br>tu dormais<br>il dormait<br>elle dormait<br>nous dormions<br>vous dormiez<br>ils dormaient<br>elles dormaient | j'avais dormi<br>tu avais dormi<br>il avait dormi<br>elle avait dormi<br>nous avions dormi<br>vous aviez dormi<br>ils avaient dormi<br>elles avaient dormi |
| 단순과거 | 전과거 | 단순미래 | 전미래 |
| je dormis<br>tu dormis<br>il dormit<br>elle dormit<br>nous dormîmes<br>vous dormîtes<br>ils dormirent<br>elles dormirent | j'eus dormi<br>tu eus dormi<br>il eut dormi<br>elle eut dormi<br>nous eûmes dormi<br>vous eûtes dormi<br>ils eurent dormi<br>elles eurent dormi | je dornirai<br>tu dormiras<br>il dormira<br>elle dormira<br>nous dormirons<br>vous dormirez<br>ils dormiront<br>elles dormiront | j'aurai dormi<br>tu auras dormi<br>il aura dormi<br>elle aura dormi<br>nous aurons dormi<br>vous aurez dormi<br>ils auront dormi<br>elles auront dormi |
| 조건법 | | 접속법 | 명령법 |
| 현재 | 과거 | 현재 | |
| je dornirais<br>tu dormirais<br>il dormirait<br>elle dormirait<br>nous dormirions<br>vous dormiriez<br>ils dormiraient<br>elles dormiraient | j'aurais dormi<br>tu aurais dormi<br>il aurait dormi<br>elle aurait dormi<br>nous aurions dormi<br>vous auriez dormi<br>ils auraient dormi<br>elles auraient dormi | que je dorme<br>que tu dormes<br>qu'il dorme<br>qu'elle dorme<br>que nous dormions<br>que vous dormiez<br>qu'ils dorment<br>qu'elles dorment | dors<br>dormons<br>dormez |
| 부정법 과거 | 현재분사 | 분사복합형 | 제롱디프 |
| avoir dormi | dormant | ayant dormi | en dormant |
| 동일 변화 하는 동사 | | | |
| endormir rendormir | | | |

| écrire | | | |
|---|---|---|---|
| 직설법 | | | |
| 현재 | 복합과거 | 반과거 | 대과거 |
| j'écris<br>tu écris<br>il écrit<br>elle écrit<br>nous écrivons<br>vous écrivez<br>ils écrivent<br>elles écrivent | j'ai écrit<br>tu as écrit<br>il a écrit<br>elle a écrit<br>nous avons écrit<br>vous avez écrit<br>ils ont écrit<br>elles ont écrit | j'écrivais<br>tu écrivais<br>il écrivait<br>elle écrivait<br>nous écrivions<br>vous écriviez<br>ils écrivaient<br>elles écrivaient | j'avais écrit<br>tu avais écrit<br>il avait écrit<br>elle avait écrit<br>nous avions écrit<br>vous aviez écrit<br>ils avaient écrit<br>elles avaient écrit |
| 단순과거 | 전과거 | 단순미래 | 전미래 |
| j'écrivis<br>tu écrivis<br>il écrivit<br>elle écrivit<br>nous écrivîmes<br>vous écrivîtes<br>ils écrivirent<br>elles écrivirent | j'eus écrit<br>tu eus écrit<br>il eut écrit<br>elle eut écrit<br>nous eûmes écrit<br>vous eûtes écrit<br>ils eurent écrit<br>elles eurent écrit | j'écrirai<br>tu écriras<br>il écrira<br>elle écrira<br>nous écrirons<br>vous écrirez<br>ils écriront<br>elles écriront | j'aurai écrit<br>tu auras écrit<br>il aura écrit<br>elle aura écrit<br>nous aurons écrit<br>vous aurez écrit<br>ils auront écrit<br>elles auront écrit |
| 조건법 | | 접속법 | 명령법 |
| 현재 | 과거 | 현재 | |
| j'écrirais<br>tu écrirais<br>il écrirait<br>elle écrirait<br>nous écririons<br>vous écririez<br>ils écriraient<br>elles écriraient | j'aurais écrit<br>tu aurais écrit<br>il aurait écrit<br>elle aurait écrit<br>nous aurions écrit<br>vous auriez écrit<br>ils auraient écrit<br>elles auraient écrit | que j'écrive<br>que tu écrives<br>qu'il écrive<br>qu'elle écrive<br>que nous écrivions<br>que vous écriviez<br>qu'ils écrivent<br>qu'elles écrivent | écris<br>écrivons<br>écrivez |
| 부정법 과거 | 현재분사 | 분사복합형 | 제롱디프 |
| avoir écrit | écrivant | ayant écrit | en écrivant |
| 동일 변화 하는 동사 | | | |
| décrire inscrire prescrire proscrire transcrire | | | |

| employer | | | |
|---|---|---|---|
| 직설법 | | | |
| 현재 | 복합과거 | 반과거 | 대과거 |
| j'emploie<br>tu emploies<br>il emploie<br>elle emploie<br>nous employons<br>vous employez<br>ils emploient<br>elles emploient | j'ai employé<br>tu as employé<br>il a employé<br>elle a employé<br>nous avons employé<br>vous avez employé<br>ils ont employé<br>elles ont employé | j'employais<br>tu employais<br>il employait<br>elle employait<br>nous employions<br>vous employiez<br>ils employaient<br>elles employaient | j'avais employé<br>tu avais employé<br>il avait employé<br>elle avait employé<br>nous avions employé<br>vous aviez employé<br>ils avaient employé<br>elles avaient employé |
| 단순과거 | 전과거 | 단순미래 | 전미래 |
| j'employai<br>tu employas<br>il emploiya<br>elle employa<br>nous employâmes<br>vous employâtes<br>ils employèrent<br>elles employèrent | j'eus employé<br>tu eus employé<br>il eut employé<br>elle eut employé<br>nous eûmes employé<br>vous eûtes employé<br>ils eurent employé<br>elles eurent employé | j'emploierai<br>tu emploieras<br>il emploiera<br>elle emploiera<br>nous emploierons<br>vous emploierez<br>ils emploieront<br>elles emploieront | j'aurai employé<br>tu auras employé<br>il aura employé<br>elle aura employé<br>nous aurons employé<br>vous aurez employé<br>ils auront employé<br>elles auront employé |
| 조건법 | | 접속법 | 명령법 |
| 현재 | 과거 | 현재 | |
| j'emploierais<br>tu emploierais<br>il emploierait<br>elle emploierait<br>nous emploierions<br>vous emploieriez<br>ils emploieraient<br>elles emploieraient | j'aurais employé<br>tu aurais employé<br>il aurait employé<br>elle aurait employé<br>nous aurions employé<br>vous auriez employé<br>ils auraient employé<br>elles auraient employé | que j'emploie<br>que tu emploies<br>qu'il emploie<br>qu'elle emploie<br>que nous employions<br>que vous employiez<br>qu'ils emploient<br>qu'elles emploient | emploie<br>employons<br>employez |
| 부정법 과거 | 현재분사 | 분사복합형 | 제롱디프 |
| avoir employé | employant | ayant employé | en employant |
| 동일 변화 하는 동사 | | | |
| appuyer essayer essuyer nettoyer noyer | | | |

| entendre | | | |
|---|---|---|---|
| 직설법 | | | |
| 현재 | 복합과거 | 반과거 | 대과거 |
| j'entends<br>tu entends<br>il entend<br>elle entend<br>nous entendons<br>vous entendez<br>ils entendent<br>elles entendent | j'ai entendu<br>tu as entendu<br>il a entendu<br>elle a entendu<br>nous avons entendu<br>vous avez entendu<br>ils ont entendu<br>elles ont entendu | j'entendais<br>tu entendais<br>il entendait<br>elle entendait<br>nous entendions<br>vous entendiez<br>ils entendaient<br>elles entendaient | j'avais entendu<br>tu avais entendu<br>il avait entendu<br>elle avait entendu<br>nous avions entendu<br>vous aviez entendu<br>ils avaient entendu<br>elles avaient entendu |
| 단순과거 | 전과거 | 단순미래 | 전미래 |
| j'entendis<br>tu entendis<br>il entendit<br>elle entendit<br>nous entendîmes<br>vous entendîtes<br>ils entendirent<br>elles entendirent | j'eus entendu<br>tu eus entendu<br>il eut entendu<br>elle eut entendu<br>nous eûmes entendu<br>vous eûtes entendu<br>ils eurent entendu<br>elles eurent entendu | j'entendrai<br>tu entendras<br>il entendra<br>elle entendra<br>nous entendrons<br>vous entendrez<br>ils entendront<br>elles entendront | j'aurai entendu<br>tu auras entendu<br>il aura entendu<br>elle aura entendu<br>nous aurons entendu<br>vous aurez entendu<br>ils auront entendu<br>elles auront entendu |
| 조건법 | | 접속법 | 명령법 |
| 현재 | 과거 | 현재 | |
| j'entendrais<br>tu entendrais<br>il entendrait<br>elle entendrait<br>nous entendrions<br>vous entendriez<br>ils entendraient<br>elles entendraient | j'aurais entendu<br>tu aurais entendu<br>il aurait entendu<br>elle aurait entendu<br>nous aurions entendu<br>vous auriez entendu<br>ils auraient entendu<br>elles auraient entendu | que j'entende<br>que tu entendes<br>qu'il entende<br>qu'elle entende<br>que nous entendions<br>que vous entendiez<br>qu'ils entendent<br>qu'elles entendent | entends<br>entendons<br>entendez |
| 부정법 과거 | 현재분사 | 분사복합형 | 제롱디프 |
| avoir entendu | entendant | ayant entendu | en entendant |
| 동일 변화 하는 동사 | | | |
| attendre confondre correspondre défendre descendre fondre perdre rendre répondre tendre vendre | | | |

<table>
<tr><th colspan="4">faire</th></tr>
<tr><td colspan="4">직설법</td></tr>
<tr><td>현재</td><td>복합과거</td><td>반과거</td><td>대과거</td></tr>
<tr><td>je fais<br>tu fais<br>il fait<br>elle fait<br>nous faisons<br>vous faites<br>ils font<br>elles font</td><td>j'ai fait<br>tu as fait<br>il a fait<br>elle a fait<br>nous avons fait<br>vous avez fait<br>ils ont fait<br>elles ont fait</td><td>je faisais<br>tu faisais<br>il faisait<br>elle faisait<br>nous faisions<br>vous faisiez<br>ils faisaient<br>elles faisaient</td><td>j'avais fait<br>tu avais fait<br>il avait fait<br>elle avait fait<br>nous avions fait<br>vous aviez fait<br>ils avaient fait<br>elles avaient fait</td></tr>
<tr><td>단순과거</td><td>전과거</td><td>단순미래</td><td>전미래</td></tr>
<tr><td>je fis<br>tu fis<br>il fit<br>elle fit<br>nous fîmes<br>vous fîtes<br>ils firent<br>elles firent</td><td>j'eus fait<br>tu eus fait<br>il eut fait<br>elle eut fait<br>nous eûmes fait<br>vous eûtes fait<br>ils eurent fait<br>elles eurent fait</td><td>je ferai<br>tu feras<br>il fera<br>elle fera<br>nous ferons<br>vous ferez<br>ils feront<br>elles feront</td><td>j'aurai fait<br>tu auras fait<br>il aura fait<br>elle aura fait<br>nous aurons fait<br>vous aurez fait<br>ils auront fait<br>elles auront fait</td></tr>
<tr><td colspan="2">조건법</td><td>접속법</td><td rowspan="2">명령법</td></tr>
<tr><td>현재</td><td>과거</td><td>현재</td></tr>
<tr><td>je ferais<br>tu ferais<br>il ferait<br>elle ferait<br>nous ferions<br>vous feriez<br>ils feraient<br>elles feraient</td><td>j'aurais fait<br>tu aurais fait<br>il aurait fait<br>elle aurait fait<br>nous aurions fait<br>vous auriez fait<br>ils auraient fait<br>elles auraient fait</td><td>que je fasse<br>que tu fasses<br>qu'il fasse<br>qu'elle fasse<br>que nous fassions<br>que vous fassiez<br>qu'ils fassent<br>qu'elles fassent</td><td>fais<br>faisons<br>faites</td></tr>
<tr><td>부정법 과거</td><td>현재분사</td><td>분사복합형</td><td>제롱디프</td></tr>
<tr><td>avoir fait</td><td>faisant</td><td>ayant fait</td><td>en faisant</td></tr>
<tr><td colspan="4">동일 변화 하는 동사</td></tr>
<tr><td colspan="4">défaire refaire satisfaire</td></tr>
</table>

| haïr | | | |
|---|---|---|---|
| 직설법 | | | |
| 현재 | 복합과거 | 반과거 | 대과거 |
| je hais<br>tu hais<br>il hait<br>elle haie<br>nous haïssons<br>vous haïssez<br>ils haïssent<br>elles haïssent | j'ai haï<br>tu as haï<br>il a haï<br>elle a haï<br>nous avons haï<br>vous avez haï<br>ils ont haï<br>elles ont haï | je haïssais<br>tu haïssais<br>il haïssait<br>elle haïssait<br>nous haïssions<br>vous haïssissez<br>ils haïssaient<br>elles haïssaient | j'avais haï<br>tu avais haï<br>il avait haï<br>elle avait haï<br>nous avions haï<br>vous aviez haï<br>ils avaient haï<br>elles avaient haï |
| 단순과거 | 전과거 | 단순미래 | 전미래 |
| je haïs<br>tu haïs<br>il haït<br>elle haïssait<br>nous haïmes<br>vous haïtes<br>ils haïrent<br>elles haïrent | j'eus haï<br>tu eus haï<br>il eut haï<br>elle eut haï<br>nous eûmes haï<br>vous eûtes haï<br>ils eurent haï<br>elles eurent haï | je haïrai<br>tu haïras<br>il haïra<br>elle haïra<br>nous haïrons<br>vous haïrez<br>ils haïront<br>elles haïront | j'aurai haï<br>tu auras haï<br>il aura haï<br>elle aura haï<br>nous aurons haï<br>vous aurez haï<br>ils auront haï<br>elles auront haï |
| 조건법 | | 접속법 | 명령법 |
| 현재 | 과거 | 현재 | |
| je haïrais<br>tu haïrais<br>il haïrait<br>elle haïrait<br>nous haïrions<br>vous haïriez<br>ils haïraient<br>elles haïraient | j'aurais haï<br>tu aurais haï<br>il aurait haï<br>elle aurait haï<br>nous aurions haï<br>vous auriez haï<br>ils auraient haï<br>elles auraient haï | que je haïsse<br>que tu haïsses<br>qu'il haïsse<br>qu'elle haïsse<br>que nous haïssions<br>que vous haïssissez<br>qu'ils haïssent<br>qu'elles haïssent | haïe<br>haïssons<br>haïssez |
| 부정법 과거 | 현재분사 | 분사복합형 | 제롱디프 |
| avoir haï | haïssant | ayant haï | en haïssant |

| jeter | | | |
|---|---|---|---|
| 직설법 | | | |
| 현재 | 복합과거 | 반과거 | 대과거 |
| je jette<br>tu jettes<br>il jette<br>elle jette<br>nous jetons<br>vous jetez<br>ils jettent<br>elles jettent | j'ai jeté<br>tu as jeté<br>il a jeté<br>elle a jeté<br>nous avons jeté<br>vous avez jeté<br>ils ont jeté<br>elles ont jeté | je jetais<br>tu jetais<br>il jetait<br>elle jetait<br>nous jetions<br>vous jetiez<br>ils jetaient<br>elles jetaient | j'avais jeté<br>tu avais jeté<br>il avait jeté<br>elle avait jeté<br>nous avions jeté<br>vous aviez jeté<br>ils avaient jeté<br>elles avaient jeté |
| 단순과거 | 전과거 | 단순미래 | 전미래 |
| je jetai<br>tu jetas<br>il jeta<br>elle jeta<br>nous jetâmes<br>vous jetâtes<br>ils jetèrent<br>elles jetèrent | j'eus jeté<br>tu eus jeté<br>il eut jeté<br>elle eut jeté<br>nous eûmes jeté<br>vous eûtes jeté<br>ils eurent jeté<br>elles eurent jeté | je jetterai<br>tu jetteras<br>il jettera<br>elle jettera<br>nous jetterons<br>vous jetterez<br>ils jetteront<br>elles jetteront | j'aurai jeté<br>tu auras jeté<br>il aura jeté<br>elle aura jeté<br>nous aurons jeté<br>vous aurez jeté<br>ils auront jeté<br>elles auront jeté |
| 조건법 | | 접속법 | 명령법 |
| 현재 | 과거 | 현재 | |
| je jetterais<br>tu jetterais<br>il jetterait<br>elle jetterait<br>nous jetterions<br>vous jetteriez<br>ils jetteraient<br>elles jetteraient | j'aurais jeté<br>tu aurais jeté<br>il aurait jeté<br>elle aurait jeté<br>nous aurions jeté<br>vous auriez jeté<br>ils auraient jeté<br>elles auraient jeté | que je jette<br>que tu jettes<br>qu'il jette<br>qu'elle jette<br>que nous jetions<br>que vous jetiez<br>qu'ils jettent<br>qu'elles jettent | jette<br>jetons<br>jetez |
| 부정법 과거 | 현재분사 | 분사복합형 | 제롱디프 |
| avoir jeté | jetant | ayant jeté | en jetant |
| 동일 변화 하는 동사 | | | |
| appeler étinceler rappeler renouveler | | | |

| lever | | | |
|---|---|---|---|
| 직설법 | | | |
| 현재 | 복합과거 | 반과거 | 대과거 |
| je lève<br>tu lèves<br>il lève<br>elle lève<br>nous levons<br>vous levez<br>ils lèvent<br>elles lèvent | j'ai levé<br>tu as levé<br>il a levé<br>elle a levé<br>nous avons levé<br>vous avez levé<br>ils ont levé<br>elles ont levé | je levais<br>tu levais<br>il levait<br>elle levait<br>nous levions<br>vous leviez<br>ils levaient<br>elles levaient | j'avais levé<br>tu avais levé<br>il avait levé<br>elle avait levé<br>nous avions levé<br>vous aviez levé<br>ils avaient levé<br>elles avaient levé |
| 단순과거 | 전과거 | 단순미래 | 전미래 |
| je levai<br>tu levas<br>il leva<br>elle leva<br>nous levâmes<br>vous levâtes<br>ils levèrent<br>elles levèrent | j'eus levé<br>tu eus levé<br>il eut levé<br>elle eut levé<br>nous eûmes levé<br>vous eûtes levé<br>ils eurent levé<br>elles eurent levé | je lèverai<br>tu lèveras<br>il lèvera<br>elle lèvera<br>nous lèverons<br>vous lèverez<br>ils lèveront<br>elles lèveront | j'aurai levé<br>tu auras levé<br>il aura levé<br>elle aura levé<br>nous aurons levé<br>vous aurez levé<br>ils auront levé<br>elles auront levé |
| 조건법 | | 접속법 | 명령법 |
| 현재 | 과거 | 현재 | |
| je lèverais<br>tu lèverais<br>il lèverait<br>elle lèverait<br>nous lèverions<br>vous llèveriez<br>ils lèveraient<br>elles lèveraient | j'aurais levé<br>tu aurais levé<br>il aurait levé<br>elle aurait levé<br>nous aurions levé<br>vous auriez levé<br>ils auraient levé<br>elles auraient levé | que je lève<br>que tu lèves<br>qu'il lève<br>qu'elle lève<br>que nous levions<br>que vous leviez<br>qu'ils lèvent<br>qu'elles lèvent | lève<br>lèvons<br>lèvez |
| 부정법 과거 | 현재분사 | 분사복합형 | 제롱디프 |
| avoir levé | levant | ayant levé | en levant |
| 동일 변화 하는 동사 | | | |
| acheter élever geler mener promener semer | | | |

| lire | | | |
|---|---|---|---|
| 직설법 | | | |
| 현재 | 복합과거 | 반과거 | 대과거 |
| je lis<br>tu lis<br>il lit<br>elle lit<br>nous lisons<br>vous lisez<br>ils lisent<br>elles lisent | j'ai lu<br>tu as lu<br>il a lu<br>elle a lu<br>nous avons lu<br>vous avez lu<br>ils ont lu<br>elles ont lu | je lisais<br>tu lisais<br>il lisait<br>elle lisait<br>nous lisions<br>vous lisiez<br>ils lisaient<br>elles lisaient | j'avais lu<br>tu avais lu<br>il avait lu<br>elle avait lu<br>nous avions lu<br>vous aviez lu<br>ils avaient lu<br>elles avaient lu |
| 단순과거 | 전과거 | 단순미래 | 전미래 |
| je lus<br>tu lus<br>il lut<br>elle lut<br>nous lûmes<br>vous lûtes<br>ils lurent<br>elles lurent | j'eus lu<br>tu eus lu<br>il eut lu<br>elle eut lu<br>nous eûmes lu<br>vous eûtes lu<br>ils eurent lu<br>elles eurent lu | je lirai<br>tu liras<br>il lira<br>elle lira<br>nous lirons<br>vous lirez<br>ils liront<br>elles liront | j'aurai lu<br>tu auras lu<br>il aura lu<br>elle aura lu<br>nous aurons lu<br>vous aurez lu<br>ils auront lu<br>elles auront lu |
| 조건법 | | 접속법 | 명령법 |
| 현재 | 과거 | 현재 | |
| je lirais<br>tu lirais<br>il lirait<br>elle lirait<br>nous lirions<br>vous liriez<br>ils liraient<br>elles liraient | j'aurais lu<br>tu aurais lu<br>il aurait lu<br>elle aurait lu<br>nous aurions lu<br>vous auriez lu<br>ils auraient lu<br>elles auraient lu | que je lise<br>que tu lises<br>qu'il lise<br>qu'elle lise<br>que nous lisions<br>que vous lisiez<br>qu'ils lisent<br>qu'elles lisent | lis<br>lisons<br>lisez |
| 부정법 과거 | 현재분사 | 분사복합형 | 제롱디프 |
| avoir lu | lisant | ayant lu | en lisant |
| 동일 변화 하는 동사 | | | |
| élire relire | | | |

| manger | | | |
|---|---|---|---|
| 직설법 | | | |
| 현재 | 복합과거 | 반과거 | 대과거 |
| je mange<br>tu manges<br>il mange<br>elle mange<br>nous mangeons<br>vous mangez<br>ils mangent<br>ellesmangent | j'ai mangé<br>tu as mangé<br>il a mangé<br>elle a mangé<br>nous avons mangé<br>vous avez mangé<br>ils ont mangé<br>elles ont mangé | je mangeais<br>tu mangeais<br>il mangeait<br>elle mangeait<br>nous mangions<br>vous mangiez<br>ils mangeaient<br>elles mangeaient | j'avais mangé<br>tu avais mangé<br>il avait mangé<br>elle avait mangé<br>nous avions mangé<br>vous aviez mangé<br>ils avaient mangé<br>elles avaient mangé |
| 단순과거 | 전과거 | 단순미래 | 전미래 |
| je mangeai<br>tu mangeas<br>il mangea<br>elle mangea<br>nous mangeâmes<br>vous mangeâtes<br>ils mangèrent<br>ellesmangèrent | j'eus mangé<br>tu eus mangé<br>il eut mangé<br>elle eut mangé<br>nous eûmes mangé<br>vous eûtes mangé<br>ils eurent mangé<br>elles eurent mangé | je mangerai<br>tu mangeras<br>il mangera<br>elle mangera<br>nous mangerons<br>vous mangerez<br>ils mangeront<br>ellesmangeront | j'aurai mangé<br>tu auras mangé<br>il aura mangé<br>elle aura mangé<br>nous aurons mangé<br>vous aurez mangé<br>ils auront mangé<br>elles auront mangé |
| 조건법 | | 접속법 | 명령법 |
| 현재 | 과거 | 현재 | |
| je mangerais<br>tu mangerais<br>il mangerait<br>elle mangerait<br>nous mangerions<br>vous mangeriez<br>ils mangeraient<br>elles mangeraient | j'aurais mangé<br>tu aurais mangé<br>il aurait mangé<br>elle aurait mangé<br>nous aurions mangé<br>vous auriez mangé<br>ils auraient mangé<br>elles auraient mangé | que je mange<br>que tu manges<br>qu'il mange<br>qu'elle mange<br>que nous mangions<br>que vous mangiez<br>qu'ils mangent<br>qu'elles mangent | mange<br>mangeons<br>mangez |
| 부정법 과거 | 현재분사 | 분사복합형 | 제롱디프 |
| avoir mangé | mangeant | ayant mangé | en mangeant |
| 동일 변화 하는 동사 | | | |
| bouger changer exiger juger nager songer voyager | | | |

| mettre | | | |
|---|---|---|---|
| 직설법 | | | |
| 현재 | 복합과거 | 반과거 | 대과거 |
| je mets<br>tu mets<br>il met<br>elle met<br>nous mettons<br>vous mettez<br>ils mettent<br>elles mettent | j'ai mis<br>tu as mis<br>il a mis<br>elle a mis<br>nous avons mis<br>vous avez mis<br>ils ont mis<br>elles ont mis | je mettais<br>tu mettais<br>il mettait<br>elle mettait<br>nous mettions<br>vous mettiez<br>ils mettaient<br>elles mettaient | j'avais mis<br>tu avais mis<br>il avait mis<br>elle avait mis<br>nous avions mis<br>vous aviez mis<br>ils avaient mis<br>elles avaient mis |
| 단순과거 | 전과거 | 단순미래 | 전미래 |
| je mis<br>tu mis<br>il mit<br>elle mit<br>nous mîmes<br>vous mîtes<br>ils mirent<br>elles mirent | j'eus mis<br>tu eus mis<br>il eut mis<br>elle eut mis<br>nous eûmes mis<br>vous eûtes mis<br>ils eurent mis<br>elles eurent mis | je mettrai<br>tu mettras<br>il mettra<br>elle mettra<br>nous mettrons<br>vous mettrez<br>ils mettront<br>elles mettront | j'aurai mis<br>tu auras mis<br>il aura mis<br>elle aura mis<br>nous aurons mis<br>vous aurez mis<br>ils auront mis<br>elles auront mis |
| 조건법 | | 접속법 | 명령법 |
| 현재 | 과거 | 현재 | |
| je mettrais<br>tu mettrais<br>il mettrait<br>elle mettrait<br>nous mettrions<br>vous mettriez<br>ils mettraient<br>elles mettraient | j'aurais mis<br>tu aurais mis<br>il aurait mis<br>elle aurait mis<br>nous aurions mis<br>vous auriez mis<br>ils auraient mis<br>elles auraient mis | que je mette<br>que tu mettes<br>qu'il mette<br>qu'elle mette<br>que nous mettions<br>que vous mettiez<br>qu'ils mettent<br>qu'elles mettent | mets<br>mettons<br>mettez |
| 부정법 과거 | 현재분사 | 분사복합형 | 제롱디프 |
| avoir mis | mettant | ayant mis | en mettant |
| 동일 변화 하는 동사 | | | |
| admettre compromettre émettre permettre promettre remettre transmettre | | | |

| mourir | | | |
|---|---|---|---|
| 직설법 | | | |
| 현재 | 복합과거 | 반과거 | 대과거 |
| je meurs<br>tu meurs<br>il meurt<br>elle meurt<br>nous mourons<br>vous mourez<br>ils meurent<br>elles meurent | je suis mort(e)<br>tu es mort(e)<br>il est mort<br>elle est morte<br>nous sommes mort(e)s<br>vous êtes mort(e)(s)(es)<br>ils sont morts<br>elles sont mortes | je mourais<br>tu mourais<br>il mourait<br>elle mourait<br>nous mourions<br>vous mouriez<br>ils mouraient<br>elles mouraient | j'étais mort(e)<br>tu étais mort(e)<br>il était mort<br>elle était morte<br>nous étions mort(e)s<br>vous étiez mort(e)(s)(es)<br>ils étaient morts<br>elles étaient mortes |
| 단순과거 | 전과거 | 단순미래 | 전미래 |
| je mourus<br>tu mourus<br>il mourut<br>elle mourut<br>nous mourûmes<br>vous mourûtes<br>ils moururent<br>elles moururent | je fus mort(e)<br>tu fus mort(e)<br>il fut mort<br>elle fut morte<br>nous fûmes mort(e)s<br>vous fûtes mort(e)(s)(es)<br>ils furent morts<br>elles furent mortes | je mourrai<br>tu mourras<br>il mourra<br>elle mourra<br>nous mourrons<br>vous mourrez<br>ils mourront<br>elles mourront | je serai mort(e)<br>tu seras mort(e)<br>il sera mort<br>elle sera morte<br>nous serons mort(e)s<br>vous serez mort(e)(s)(es)<br>ils seront morts<br>elles seront mortes |
| 조건법 | | 접속법 | 명령법 |
| 현재 | 과거 | 현재 | |
| je mourrais<br>tu mourrais<br>il mourrait<br>elle mourrait<br>nous mourrions<br>vous mourriez<br>ils mourraient<br>elles mourraient | je serais mort(e)<br>tu serais mort(e)<br>il serait mort<br>elle serait morte<br>nous serions mort(e)s<br>vous seriez mort(e)(s)(es)<br>ils seraient morts<br>elles seraient mortes | que je meure<br>que tu meures<br>qu'il meure<br>qu'elle meure<br>que nous mourions<br>que vous mouriez<br>qu'ils meurent<br>qu'elles meurent | meurs<br>mourons<br>mourez |
| 부정법 과거 | 현재분사 | 분사복합형 | 제롱디프 |
| étre mort(e, s, es) | mourant | étant mort(e, s, es) | en mourant |

| mouvoir | | | |
|---|---|---|---|
| 직설법 | | | |
| 현재 | 복합과거 | 반과거 | 대과거 |
| je meus<br>tu meus<br>il meut<br>elle meut<br>nous mouvons<br>vous mouvez<br>ils meuvent<br>elles meuvent | j'ai mû<br>tu as mû<br>il a mû<br>elle a mû<br>nous avons mû<br>vous avez mû<br>ils ont mû<br>elles ont mû | je mouvais<br>tu mouvais<br>il mouvait<br>elle mouvait<br>nous mouvions<br>vous mouviez<br>ils mouvaient<br>elles mouvaient | j'avais mû<br>tu avais mû<br>il avait mû<br>elle avait mû<br>nous avions mû<br>vous aviez mû<br>ils avaient mû<br>elles avaient mû |
| 단순과거 | 전과거 | 단순미래 | 전미래 |
| je mus<br>tu mus<br>il mut<br>elle mut<br>nous mûmes<br>vous mûtes<br>ils murent<br>elles murent | j'eus mû<br>tu eus mû<br>il eut mû<br>elle eut mû<br>nous eûmes mû<br>vous eûtes mû<br>ils eurent mû<br>elles eurent mû | je mouvrai<br>tu mouvras<br>il mouvra<br>elle mouvra<br>nous mouvrons<br>vous mouvrez<br>ils mouvront<br>elles mouvront | j'aurai mû<br>tu auras mû<br>il aura mû<br>elle aura mû<br>nous aurons mû<br>vous aurez mû<br>ils auront mû<br>elles auront mû |
| 조건법 | | 접속법 | 명령법 |
| 현재 | 과거 | 현재 | |
| je mouvrais<br>tu mouvrais<br>il mouvrait<br>elle mouvrait<br>nous mouvrions<br>vous mouvriez<br>ils mouvraient<br>elles mouvraient | j'aurais mû<br>tu aurais mû<br>il aurait mû<br>elle aurait mû<br>nous aurions mû<br>vous auriez mû<br>ils auraient mû<br>elles auraient mû | que je meuve<br>que tu meuves<br>qu'il meuve<br>qu'elle meuve<br>que nous mouvions<br>que vous mouviez<br>qu'ils meuvent<br>qu'elles meuvent | meus<br>mouvons<br>mouvez |
| 부정법 과거 | 현재분사 | 분사복합형 | 제롱디프 |
| avoir mû | mouvant | ayant mû | en mouvant |
| 동일 변화 하는 동사 | | | |
| émouvoir (p.p.: ému) promouvoir (p.p.: promu) | | | |

| naître | | | |
|---|---|---|---|
| 직설법 | | | |
| 현재 | 복합과거 | 반과거 | 대과거 |
| je nais<br>tu nais<br>il naît<br>elle naît<br>nous naissons<br>vous naissez<br>ils naissent<br>elles naissent | je suis né(e)<br>tu es né(e)<br>il est né<br>elle est née<br>nous sommes né(e)s<br>vous êtes né(e)(s)(es)<br>ils sont nés<br>elles sont nées | je naissais<br>tu naissais<br>il naissait<br>elle naissait<br>nous naissions<br>vous naissiez<br>ils naissaient<br>elles naissaient | j'étais né(e)<br>tu étais né(e)<br>il était né<br>elle était née<br>nous étions né(e)s<br>vous étiez né(e)(s)(es)<br>ils étaient nés<br>elles étaient nées |
| 단순과거 | 전과거 | 단순미래 | 전미래 |
| je naquis<br>tu naquis<br>il naquit<br>elle naquit<br>nous naquîmes<br>vous naquîtes<br>ils naquirent<br>elles naquirent | je fus né(e)<br>tu fus né(e)<br>il fut né<br>elle fut née<br>nous fûmes né(e)s<br>vous fûtes né(e)(s)(es)<br>ils furent nés<br>elles furent nées | je naîtrai<br>tu naîtras<br>il naîtra<br>elle naîtra<br>nous naîtrons<br>vous naîtrez<br>ils naîtront<br>elles naîtront | je serai né(e)<br>tu seras né(e)<br>il sera né<br>elle sera née<br>nous serons né(e)s<br>vous serez né(e)(s)(es)<br>ils seront nés<br>elles seront nées |
| 조건법 | | 접속법 | 명령법 |
| 현재 | 과거 | 현재 | |
| je naîtrais<br>tu naîtrais<br>il naîtrait<br>elle naîtrait<br>nous naîtrions<br>vous naîtriez<br>ils naîtraient<br>elles naîtraient | je serais né(e)<br>tu serais né(e)<br>il serait né<br>elle serait née<br>nous serions né(e)s<br>vous seriez né(e)(s)(es)<br>ils seraient nés<br>elles seraient nées | que je naisse<br>que tu naisses<br>qu'il naisse<br>qu'elle naisse<br>que nous naissions<br>que vous naissiez<br>qu'ils naissent<br>qu'elles naissent | nais<br>naissons<br>naissez |
| 부정법 과거 | 현재분사 | 분사복합형 | 제롱디프 |
| être né(e, s, es) | naissant | étant né(e, s, es) | en naissant |
| 동일 변화 하는 동사 | | | |
| renaître | | | |

| ouvrir | | | |
|---|---|---|---|
| 직설법 | | | |
| 현재 | 복합과거 | 반과거 | 대과거 |
| j'ouvre<br>tu ouvres<br>il ouvre<br>elle ouvre<br>nous ouvrons<br>vous ouvrez<br>ils ouvent<br>elles ouvrent | j'ai ouvert<br>tu as ouvert<br>il a ouvert<br>elle a ouvert<br>nous avons ouvert<br>vous avez ouvert<br>ils ont ouvert<br>elles ont ouvert | j'ouvrais<br>tu ouvrais<br>il ouvrait<br>elle ouvrait<br>nous ouvrions<br>vous ouvriez<br>ils ouvraient<br>elles ouvraient | j'avais ouvert<br>tu avais ouvert<br>il avait ouvert<br>elle avait ouvert<br>nous avions ouvert<br>vous aviez ouvert<br>ils avaient ouvert<br>elles avaient ouvert |
| 단순과거 | 전과거 | 단순미래 | 전미래 |
| j'ouvris<br>tu ouvris<br>il ouvrit<br>elle ouvrit<br>nous ouvrîmes<br>vous ouvrîtes<br>ils ouvrirent<br>elles ouvrirent | j'eus ouvert<br>tu eus ouvert<br>il eut ouvert<br>elle eut ouvert<br>nous eûmes ouvert<br>vous eûtes ouvert<br>ils eurent ouvert<br>elles eurent ouvert | j'ouvrirai<br>tu ouvriras<br>il ouvrira<br>elle ouvrira<br>nous ouvrirons<br>vous ouvrirez<br>ils ouvriront<br>elles ouvriront | j'aurai ouvert<br>tu auras ouvert<br>il aura ouvert<br>elle aura ouvert<br>nous aurons ouvert<br>vous aurez ouvert<br>ils auront ouvert<br>elles auront ouvert |
| 조건법 | | 접속법 | 명령법 |
| 현재 | 과거 | 현재 | |
| j'ouvrirais<br>tu ouvrirais<br>il ouvrirait<br>elle ouvrirait<br>nous ouvririons<br>vous ouvririez<br>ils ouvriraient<br>elles ouvririent | j'aurais ouvert<br>tu aurais ouvert<br>il aurait ouvert<br>elle aurait ouvert<br>nous aurions ouvert<br>vous auriez ouvert<br>ils auraient ouvert<br>elles auraient ouvert | que j'ouvre<br>que tu ouvres<br>qu'il ouvre<br>qu'elle ouvre<br>que nous ouvrions<br>que vous ouvriez<br>qu'ils ouvrent<br>qu'elles ouvrent | ouvre<br>ouvrons<br>ouvrez |
| 부정법 과거 | 현재분사 | 분사복합형 | 제롱디프 |
| avoir ouvert | ouvrant | ayant ouvert | en ouvrant |
| 동일 변화 하는 동사 | | | |
| couvrir découvrir entr'ouvrir offrir souffrir | | | |

| paraître | | | |
|---|---|---|---|
| 직설법 | | | |
| 현재 | 복합과거 | 반과거 | 대과거 |
| je parais<br>tu parais<br>il paraît<br>elle paraît<br>nous paraissons<br>vous paraissez<br>ils paraissent<br>elles paraissent | j'ai paru<br>tu as paru<br>il a paru<br>elle a paru<br>nous avons paru<br>vous avez paru<br>ils ont paru<br>elles ont paru | je paraissais<br>tu paraissais<br>il paraissait<br>elle paraissait<br>nous paraissions<br>vous paraissiez<br>ils paraissaient<br>elles paraissaient | j'avais paru<br>tu avais paru<br>il avait paru<br>elle avait paru<br>nous avions paru<br>vous aviez paru<br>ils avaient paru<br>elles avaient paru |
| 단순과거 | 전과거 | 단순미래 | 전미래 |
| je parus<br>tu parus<br>il parut<br>elle parut<br>nous parûmes<br>vous parûtes<br>ils parurent<br>elles parurent | j'eus paru<br>tu eus paru<br>il eut paru<br>elle eut paru<br>nous eûmes paru<br>vous eûtes paru<br>ils eurent paru<br>elles eurent paru | je paraîtrai<br>tu paraîtras<br>il paraîtra<br>elle paraîtra<br>nous paraîtrons<br>vous paraîtrez<br>ils paraîtront<br>elles paraîtront | j'aurai paru<br>tu auras paru<br>il aura paru<br>elle aura paru<br>nous aurons paru<br>vous aurez paru<br>ils auront paru<br>elles auront paru |
| 조건법 | | 접속법 | 명령법 |
| 현재 | 과거 | 현재 | |
| je paraîtrais<br>tu paraîtrais<br>il paraîtrait<br>elle paraîtrait<br>nous paraîtrions<br>vous paraîtriez<br>ils paraîtraient<br>elles paraîtraient | j'aurais paru<br>tu aurais paru<br>il aurait paru<br>elle aurait paru<br>nous aurions paru<br>vous auriez paru<br>ils auraient paru<br>elles auraient paru | que je paraisse<br>que tu paraisses<br>qu'il paraisse<br>qu'elle paraisse<br>que nous paraissions<br>que vous paraissiez<br>qu'ils paraissent<br>qu'elles paraissent | parais<br>paraissons<br>paraissez |
| 부정법 과거 | 현재분사 | 분사복합형 | 제롱디프 |
| avoir paru | paraissant | ayant paru | en paraissant |
| 동일 변화 하는 동사 | | | |
| apparaître comparaître disparaître reparaître | | | |

| partir | | | |
|---|---|---|---|
| 직설법 | | | |
| 현재 | 복합과거 | 반과거 | 대과거 |
| je pars<br>tu pars<br>il part<br>elle part<br>nous partons<br>vous partez<br>ils partent<br>elles partent | je suis parti(e)<br>tu es parti(e)<br>il est parti<br>elle est partie<br>nous sommes parti(e)s<br>vous êtes parti(e)(s)(es)<br>ils sont partis<br>elles sont parties | je partais<br>tu partais<br>il partait<br>elle partait<br>nous partions<br>vous partiez<br>ils partaient<br>elles partaient | j'étais parti(e)<br>tu étais parti(e)<br>il était parti<br>elle était partie<br>nous étions parti(e)s<br>vous étiez parti(e)(s)(es)<br>ils étaient partis<br>elles étaient parties |
| 단순과거 | 전과거 | 단순미래 | 전미래 |
| je partis<br>tu partis<br>il partit<br>elle partit<br>nous partîmes<br>vous partîtes<br>ils partirent<br>elles partirent | je fus parti(e)<br>tu fus parti(e)<br>il fut parti<br>elle fut partie<br>nous fûmes parti(e)s<br>vous fûtes parti(e)(s)(es)<br>ils furent partis<br>elles furent parties | je partirai<br>tu partiras<br>il partira<br>elle partira<br>nous partirons<br>vous partirez<br>ils partiront<br>elles partiront | j'aurai parti(e)<br>tu auras parti(e)<br>il aura parti<br>elle aura partie<br>nous aurons parti(e)s<br>vous aurez parti(e)(s)(es)<br>ils auront partis<br>elles auront parties |
| 조건법 | | 접속법 | 명령법 |
| 현재 | 과거 | 현재 | |
| je partirais<br>tu partirais<br>il partirait<br>elle partirait<br>nous partirions<br>vous partiriez<br>ils partiraient<br>elles partiraient | je serais parti(e)<br>tu serais parti(e)<br>il serait parti<br>elle serait partie<br>nous serions parti(e)s<br>vous seriez parti(e)(s)(es)<br>ils seraient partis<br>elles seraient parties | que je parte<br>que tu partes<br>qu'il parte<br>qu'elle parte<br>que nous partions<br>que vous partiez<br>qu'ils partent<br>qu'elles partent | pars<br>partons<br>partez |
| 부정법 과거 | 현재분사 | 분사복합형 | 제롱디프 |
| être parti(e, s, es) | partant | ayant parti(e, s, es) | en partant |
| 동일 변화 하는 동사 | | | |
| dormir mentir sentir servir sortir | | | |

| peindre | | | |
|---|---|---|---|
| 직설법 | | | |
| 현재 | 복합과거 | 반과거 | 대과거 |
| je peins<br>tu peins<br>il peint<br>elle peint<br>nous peignons<br>vous peignez<br>ils peignent<br>elles peignent | j'ai peint<br>tu as peint<br>il a peint<br>elle a peint<br>nous avons peint<br>vous avez peint<br>ils ont peint<br>elles ont peint | je peignais<br>tu peignais<br>il peignait<br>elle peignait<br>nous peignions<br>vous peigniez<br>ils peignaient<br>elles peignaient | j'avais peint<br>tu avais peint<br>il avait peint<br>elle avait peint<br>nous avions peint<br>vous aviez peint<br>ils avaient peint<br>elles avaient peint |
| 단순과거 | 전과거 | 단순미래 | 전미래 |
| je peignis<br>tu peignis<br>il peignit<br>elle peignit<br>nous peignîmes<br>vous peignîtes<br>ils peignirent<br>elles peignirent | j'eus peint<br>tu eus peint<br>il eut peint<br>elle eut peint<br>nous eûmes peint<br>vous eûtes peint<br>ils eurent peint<br>elles eurent peint | je peindrai<br>tu peindras<br>il peindra<br>elle peindra<br>nous peindrons<br>vous peidrez<br>ils peindront<br>elles peindront | j'aurai peint<br>tu auras peint<br>il aura peint<br>elle aura peint<br>nous aurons peint<br>vous aurez peint<br>ils auront peint<br>elles auront peint |
| 조건법 | | 접속법 | 명령법 |
| 현재 | 과거 | 현재 | |
| je peindrais<br>tu peindrais<br>il peindrait<br>elle peindrait<br>nous peindrions<br>vous peidriez<br>ils peindraient<br>elles peindraient | j'aurais peint<br>tu aurais peint<br>il aurait peint<br>elle aurait peint<br>nous aurions peint<br>vous auriez peint<br>ils auraient peint<br>elles auraient peint | que je peigne<br>que tu peignes<br>qu'il peigne<br>qu'elle peigne<br>que nous peignions<br>que vous peigniez<br>qu'ils peignent<br>qu'elles peignent | peins<br>peignons<br>peignez |
| 부정법 과거 | 현재분사 | 분사복합형 | 제롱디프 |
| avoir peint | peignant | ayant peint | en peignant |
| 동일 변화 하는 동사 | | | |
| atteindre dépeindre éteindre feindre | | | |

| pouvoir | | | |
|---|---|---|---|
| 직설법 | | | |
| 현재 | 복합과거 | 반과거 | 대과거 |
| je peux, puis<br>tu peux<br>il peut<br>ellepeut<br>nous pouvons<br>vous pouvez<br>ils peuvent<br>elles peuvent | j'ai pu<br>tu as pu<br>il a pu<br>elle a pu<br>nous avons pu<br>vous avez pu<br>ils ont pu<br>elles ont pu | je pouvais<br>tu pouvais<br>il pouvait<br>elle pouvait<br>nous pouvions<br>vous pouviez<br>ils pouvaient<br>elles pouvaient | j'avais pu<br>tu avais pu<br>il avait pu<br>elle avait pu<br>nous avions pu<br>vous aviez pu<br>ils avaient pu<br>elles avaient pu |
| 단순과거 | 전과거 | 단순미래 | 전미래 |
| je pus<br>tu pus<br>il put<br>elle put<br>nous pûmes<br>vous pûtes<br>ils purent<br>elles purent | j'eus pu<br>tu eus pu<br>il eut pu<br>elle eut pu<br>nous eûmes pu<br>vous eûtes pu<br>ils eurent pu<br>elles eurent pu | je pourrai<br>tu pourras<br>il pourra<br>elle pourra<br>nous pourrons<br>vous pourrez<br>ils pourront<br>elles pourront | j'aurai pu<br>tu auras pu<br>il aura pu<br>elle aura pu<br>nous aurons pu<br>vous aurez pu<br>ils auront pu<br>elles auront pu |
| 조건법 | | 접속법 | 명령법 |
| 현재 | 과거 | 현재 | |
| je pourrais<br>tu pourrais<br>il pourrait<br>elle pourrait<br>nous pourrions<br>vous pouriez<br>ils pourraient<br>elles pourraient | j'aurais pu<br>tu aurais pu<br>il aurait pu<br>elle aurait pu<br>nous aurions pu<br>vous auriez pu<br>ils auraient pu<br>elles auraient pu | que je puisse<br>que tu puisses<br>qu'il puisse<br>qu'elle puisse<br>que nous puissions<br>que vous puissiez<br>qu'ils puissent<br>qu'elles puissent | peux<br>pouvons<br>pouvez |
| 부정법 과거 | 현재분사 | 분사복합형 | 제롱디프 |
| avoir pu | pouvant | ayant pu | en pouvant |

| préférer | | | |
|---|---|---|---|
| 직설법 | | | |
| 현재 | 복합과거 | 반과거 | 대과거 |
| je préfère<br>tu préfères<br>il préfère<br>elle préfère<br>nous préférons<br>vous préférez<br>ils préfèrent<br>elles préfèrent | j'ai préféré<br>tu as préféré<br>il a préféré<br>elle a préféré<br>nous avons préféré<br>vous avez préféré<br>ils ont préféré<br>elles ont préféré | je préférais<br>tu préférais<br>il préférait<br>elle préférait<br>nous préférions<br>vous préfériez<br>ils préféraient<br>elles préféraient | j'avais préféré<br>tu avais préféré<br>il avait préféré<br>elle avait préféré<br>nous avions préféré<br>vous aviez préféré<br>ils avaient préféré<br>elles avaient préféré |
| 단순과거 | 전과거 | 단순미래 | 전미래 |
| je préférai<br>tu préféras<br>il préféra<br>elle préféra<br>nous préférâmes<br>vous préférâtes<br>ils préférèrent<br>elles préférèrent | j'eus préféré<br>tu eus préféré<br>il eut préféré<br>elle eut préféré<br>nous eûmes préféré<br>vous eûtes préféré<br>ils eurent préféré<br>elles eurent préféré | je préférerai<br>tu préféreras<br>il préférera<br>elle préférera<br>nous préférerons<br>vous préférerez<br>ils préféreront<br>elles préféreront | j'aurai préféré<br>tu auras préféré<br>il aura préféré<br>elle aura préféré<br>nous aurons préféré<br>vous aurez préféré<br>ils auront préféré<br>elles auront préféré |
| 조건법 | | 접속법 | 명령법 |
| 현재 | 과거 | 현재 | |
| je préférerais<br>tu préférerais<br>il préférerait<br>elle préférerait<br>nous préférerions<br>vous préféreriez<br>ils préféreraient<br>elles préféreraient | j'aurais préféré<br>tu aurais préféré<br>il aurait préféré<br>elle aurait préféré<br>nous aurions préféré<br>vous auriez préféré<br>ils auraient préféré<br>elles auraient préféré | que je préfère<br>que tu préfères<br>qu'il préfère<br>qu'elle préfère<br>que nous préférions<br>que vous préfériez<br>qu'ils préfèrent<br>qu'elles préfèrent | préfère<br>préférons<br>préférez |
| 부정법 과거 | 현재분사 | 분사복합형 | 제롱디프 |
| avoir préféré | préférant | ayant préféré | en préférant |
| 동일 변화 하는 동사 | | | |
| céder espérer régner | | | |

<table>
<tr><th colspan="4">prendre</th></tr>
<tr><td colspan="4">직설법</td></tr>
<tr><td>현재</td><td>복합과거</td><td>반과거</td><td>대과거</td></tr>
<tr><td>je prends<br>tu prends<br>il prend<br>elle prend<br>nous prenons<br>vous prenez<br>ils prennent<br>elles prennent</td><td>j'ai pris<br>tu as pris<br>il a pris<br>elle a pris<br>nous avons pris<br>vous avez pris<br>ils ont pris<br>elles ont pris</td><td>je prenais<br>tu prenais<br>il prenait<br>elle prenait<br>nous prenions<br>vous preniez<br>ils prenaient<br>elles prenaient</td><td>j'avais pris<br>tu avais pris<br>il avait pris<br>elle avait pris<br>nous avions pris<br>vous aviez pris<br>ils avaient pris<br>elles avaient pris</td></tr>
<tr><td>단순과거</td><td>전과거</td><td>단순미래</td><td>전미래</td></tr>
<tr><td>je pris<br>tu pris<br>il prit<br>elle prit<br>nous prîmes<br>vous prîtes<br>ils prirent<br>elles prirent</td><td>j'eus pris<br>tu eus pris<br>il eut pris<br>elle eut pris<br>nous eûmes pris<br>vous eûtes pris<br>ils eurent pris<br>elles eurent pris</td><td>je prendrai<br>tu prendras<br>il prendra<br>elle prendra<br>nous prendrons<br>vous prendrez<br>ils prendront<br>elles prendront</td><td>j'aurai pris<br>tu auras pris<br>il aura pris<br>elle aura pris<br>nous aurons pris<br>vous aurez pris<br>ils auront pris<br>elles auront pris</td></tr>
<tr><td colspan="2">조건법</td><td>접속법</td><td rowspan="2">명령법</td></tr>
<tr><td>현재</td><td>과거</td><td>현재</td></tr>
<tr><td>je prendrais<br>tu prendrais<br>il prendrait<br>elle prendrait<br>nous prendrions<br>vous prendriez<br>ils prendraient<br>elles prendraient</td><td>j'aurais pris<br>tu aurais pris<br>il aurait pris<br>elle aurait pris<br>nous aurions pris<br>vous auriez pris<br>ils auraient pris<br>elles auraient pris</td><td>que je prenne<br>que tu prennes<br>qu'il prenne<br>qu'elle prenne<br>que nous prenions<br>que vous preniez<br>qu'ils prennent<br>qu'elles prennent</td><td>prends<br>prenons<br>prenez</td></tr>
<tr><td>부정법 과거</td><td>현재분사</td><td>분사복합형</td><td>제롱디프</td></tr>
<tr><td>avoir pris</td><td>prenant</td><td>ayant pris</td><td>en prenant</td></tr>
<tr><td colspan="4">동일 변화 하는 동사</td></tr>
<tr><td colspan="4">apprendre comprendre entreprendre reprendre surprendre</td></tr>
</table>

| promener | | | |
|---|---|---|---|
| 직설법 | | | |
| 현재 | 복합과거 | 반과거 | 대과거 |
| je promène<br>tu promènes<br>il promène<br>elle promène<br>nous promenons<br>vous promenez<br>ils promènent<br>elles promènent | j'ai promené<br>tu as promené<br>il a promené<br>elle a promené<br>nous avons promené<br>vous avez promené<br>ils ont promené<br>elles ont promené | je promenais<br>tu promenais<br>il promenait<br>elle promenait<br>nous promenions<br>vous promeniez<br>ils promenaient<br>elles promenaient | j'avais promené<br>tu avais promené<br>il avait promené<br>elle avait promené<br>nous avions promené<br>vous aviez promené<br>ils avaient promené<br>elles avaient promené |
| 단순과거 | 전과거 | 단순미래 | 전미래 |
| je promenai<br>tu promenas<br>il promena<br>elle promena<br>nous promenâmes<br>vous promenâtes<br>ils promenèrent<br>elles promenèrent | j'eus promené<br>tu eus promené<br>il eut promené<br>elle eut promené<br>nous eûmes promené<br>vous eûtes promené<br>ils eurent promené<br>elles eurent promené | je promènerai<br>tu promèneras<br>il promènera<br>elle promènera<br>nous promènerons<br>vous lpromènerez<br>ils promèneront<br>elles promèneront | j'aurai promené<br>tu auras promené<br>il aura promené<br>elle aura promené<br>nous aurons promené<br>vous aurez promené<br>ils auront promené<br>elles auront promené |
| 조건법 | | 접속법 | 명령법 |
| 현재 | 과거 | 현재 | |
| je promènerais<br>tu promènerais<br>il promènerait<br>elle promènerait<br>nous promènerions<br>vous promèneriez<br>ils promèneraient<br>elles promèneraient | j'aurais promené<br>tu aurais promené<br>il aurait promené<br>elle aurait promené<br>nous aurions promené<br>vous auriez promené<br>ils auraient promené<br>elles auraient promené | que je promène<br>que tu promènes<br>qu'il promène<br>qu'elle promène<br>que nous promenions<br>que vous promeniez<br>qu'ils promènent<br>qu'elles promènent | promène<br>promenons<br>promenez |
| 부정법 과거 | 현재분사 | 분사복합형 | 제롱디프 |
| avoir promené | promenant | ayant promené | en promenant |
| 동일 변화 하는 동사 | | | |
| acheter dépercer élever geler mener peser semer sevrer | | | |

| recevoir | | | |
|---|---|---|---|
| 직설법 | | | |
| 현재 | 복합과거 | 반과거 | 대과거 |
| je reçois<br>tu reçois<br>il reçoit<br>elle reçoit<br>nous recevons<br>vous recevez<br>ils reçoivent<br>elles reçoivent | j'ai reçu<br>tu as reçu<br>il a reçu<br>elle a reçu<br>nous avons reçu<br>vous avez reçu<br>ils ont reçu<br>elles ont reçu | je recevais<br>tu recevais<br>il recevait<br>elle recevait<br>nous recevions<br>vous receviez<br>ils recevaient<br>elles recevaient | j'avais reçu<br>tu avais reçu<br>il avait reçu<br>elle avait reçu<br>nous avions reçu<br>vous aviez reçu<br>ils avaient reçu<br>elles avaient reçu |
| 단순과거 | 전과거 | 단순미래 | 전미래 |
| je reçus<br>tu reçus<br>il reçut<br>elle reçut<br>nous reçûmes<br>vous reçûtes<br>ils reçurent<br>elles reçurent | j'eus reçu<br>tu eus reçu<br>il eut reçu<br>elle eut reçu<br>nous eûmes reçu<br>vous eûtes reçu<br>ils eurent reçu<br>elles eurent reçu | je recevrai<br>tu recevras<br>il recevra<br>elle recevra<br>nous recevrons<br>vous recevrez<br>ils recevront<br>elles recevront | j'aurai reçu<br>tu auras reçu<br>il aura reçu<br>elle aura reçu<br>nous aurons reçu<br>vous aurez reçu<br>ils auront reçu<br>elles auront reçu |
| 조건법 | | 접속법 | 명령법 |
| 현재 | 과거 | 현재 | |
| je recevrais<br>tu recevrais<br>il recevrait<br>elle recevrait<br>nous recevrions<br>vous recevriez<br>ils recevraient<br>elles recevraient | j'aurais reçu<br>tu aurais reçu<br>il aurait reçu<br>elle aurait reçu<br>nous aurions reçu<br>vous auriez reçu<br>ils auraient reçu<br>elles auraient reçu | que je reçoive<br>que tu reçoives<br>qu'il reçoive<br>qu'elle reçoive<br>que nous recevions<br>que vous receviez<br>qu'ils reçoivent<br>qu'elles reçoivent | reçois<br>recevons<br>recevez |
| 부정법 과거 | 현재분사 | 분사복합형 | 제롱디프 |
| avoir reçu | recevant | ayant reçu | en recevant |
| 동일 변화 하는 동사 | | | |
| apercevoir concevoir décevoir percevoir | | | |

| répondre | | | |
|---|---|---|---|
| 직설법 | | | |
| 현재 | 복합과거 | 반과거 | 대과거 |
| je réponds | j'ai répondu | je répondais | j'avais répondu |
| tu réponds | tu as répondu | tu répondais | tu avais répondu |
| il répond | il a répondu | il répondait | il avait répondu |
| elle répond | elle a répondu | elle répondait | elle avait répondu |
| nous répondons | nous avons répondu | nous répondions | nous avions répondu |
| vous répondez | vous avez répondu | vous répondiez | vous aviez répondu |
| ils répondent | ils ont répondu | ils répondaient | ils avaient répondu |
| elles répondent | elles ont répondu | elles répondaient | elles avaient répondu |
| 단순과거 | 전과거 | 단순미래 | 전미래 |
| je répondis | j'eus répondu | je répondrai | j'aurai répondu |
| tu répondis | tu eus répondu | tu répondras | tu auras répondu |
| il répondit | il eut répondu | il répondra | il aura répondu |
| elle répondit | elle eut répondu | elle répondra | elle aura répondu |
| nous répondîmes | nous eûmes répondu | nous répondrons | nous aurons répondu |
| vous répondîtes | vous eûtes répondu | vous répondrez | vous aurez répondu |
| ils répondirent | ils eurent répondu | ils répondront | ils auront répondu |
| elles répondirent | elles eurent répondu | elles répondront | elles auront répondu |
| 조건법 | | 접속법 | 명령법 |
| 현재 | 과거 | 현재 | |
| je répondrais | j'aurais répondu | que je réponde | |
| tu répondrais | tu aurais répondu | que tu répondes | |
| il répondrait | il aurait répondu | qu'il réponde | réponds |
| elle répondrait | elle aurait répondu | qu'elle réponde | répondons |
| nous répondrions | nous aurions répondu | que nous répondions | répondez |
| vous répondriez | vous auriez répondu | que vous répondiez | |
| ils répondraient | ils auraient répondu | qu'ils répondent | |
| elles répondraient | elles auraient répondu | qu'elles répondent | |
| 부정법 과거 | 현재분사 | 분사복합형 | 제롱디프 |
| avoir répondu | répondant | ayant répondu | en répondant |
| 동일 변화 하는 동사 | | | |
| attendre confondre correspondre défendre descendre entendre fondre perdre rendre tendre vendre | | | |

| savoir | | | |
|---|---|---|---|
| 직설법 | | | |
| 현재 | 복합과거 | 반과거 | 대과거 |
| je sais<br>tu sais<br>il sait<br>ellesait<br>nous savons<br>vous savez<br>ils savent<br>elles savent | j'ai su<br>tu as su<br>il a su<br>elle a su<br>nous avons su<br>vous avez su<br>ils ont su<br>elles ont su | je savais<br>tu savais<br>il savait<br>elle savait<br>nous savions<br>vous saviez<br>ils savaient<br>elles savaient | j'avais su<br>tu avais su<br>il avait su<br>elle avait su<br>nous avions su<br>vous aviez su<br>ils avaient su<br>elles avaient su |
| 단순과거 | 전과거 | 단순미래 | 전미래 |
| je sus<br>tu sus<br>il sut<br>elle sut<br>nous sûmes<br>vous sûtes<br>ils surent<br>elles surent | j'eus su<br>tu eus su<br>il eut su<br>elle eut su<br>nous eûmes su<br>vous eûtes su<br>ils eurent su<br>elles eurent su | je saurai<br>tu sauras<br>il saura<br>elle saura<br>nous saurons<br>vous saurez<br>ils sauront<br>elles sauront | j'aurai su<br>tu auras su<br>il aura su<br>elle aura su<br>nous aurons su<br>vous aurez su<br>ils auront su<br>elles auront su |
| 조건법 | | 접속법 | 명령법 |
| 현재 | 과거 | 현재 | |
| je saurais<br>tu saurais<br>il saurait<br>elle saurait<br>nous saurions<br>vous sauriez<br>ils sauraient<br>elles sauraient | j'aurais su<br>tu aurais su<br>il aurait su<br>elle aurait su<br>nous aurions su<br>vous auriez su<br>ils auraient su<br>elles auraient su | que je sache<br>que tu saches<br>qu'il sache<br>qu'elle sache<br>que nous sachions<br>que vous sachiez<br>qu'ils sachent<br>qu'elles sachent | sache<br>sachons<br>sachez |
| 부정법 과거 | 현재분사 | 분사복합형 | 제롱디프 |
| avoir su | sachant | ayant su | en sachant |

| sentir | | | |
|---|---|---|---|
| 직설법 | | | |
| 현재 | 복합과거 | 반과거 | 대과거 |
| je sens<br>tu sens<br>il sent<br>elle sent<br>nous sentons<br>vous sentez<br>ils sentent<br>elles sentent | j'ai senti<br>tu as senti<br>il a senti<br>elle a senti<br>nous avons senti<br>vous avez senti<br>ils ont senti<br>elles ont senti | je sentais<br>tu sentais<br>il sentait<br>elle sentait<br>nous sentions<br>vous sentiez<br>ils sentaient<br>elles sentaient | j'avais senti<br>tu avais senti<br>il avait senti<br>elle avait senti<br>nous avions senti<br>vous aviez senti<br>ils avaient senti<br>elles avaient senti |
| 단순과거 | 전과거 | 단순미래 | 전미래 |
| je sentis<br>tu sentis<br>il sentit<br>elle sentit<br>nous sentîmes<br>vous sentîtes<br>ils sentirent<br>elles sentirent | j'eus senti<br>tu eus senti<br>il eut senti<br>elle eut senti<br>nous eûmes senti<br>vous eûtes senti<br>ils eurent senti<br>elles eurent senti | je sentirai<br>tu sentiras<br>il sentira<br>elle sentira<br>nous sentirons<br>vous sentirez<br>ils sentiront<br>elles sentiront | j'aurai senti<br>tu auras senti<br>il aura senti<br>elle aura senti<br>nous aurons senti<br>vous aurez senti<br>ils auront senti<br>elles auront senti |
| 조건법 | | 접속법 | 명령법 |
| 현재 | 과거 | 현재 | |
| je sentirais<br>tu sentirais<br>il sentirait<br>elle sentirait<br>nous sentirions<br>vous sentiriez<br>ils sentiraient<br>elles sentiraient | j'aurais senti<br>tu aurais senti<br>il aurait senti<br>elle aurait senti<br>nous aurions senti<br>vous auriez senti<br>ils auraient senti<br>elles auraient senti | que je sente<br>que tu sentes<br>qu'il sente<br>qu'elle sente<br>que nous sentions<br>que vous sentiez<br>qu'ils sentent<br>qu'elles sentent | sens<br>sentons<br>sentez |
| 부정법 과거 | 현재분사 | 분사복합형 | 제롱디프 |
| avoir senti | sentant | ayant senti | en sentant |
| 동일 변화 하는 동사 | | | |
| consentir démentir mentir partir pressentir repartir sentir sortir | | | |

<table>
<tr><th colspan="4">servir</th></tr>
<tr><td colspan="4">직설법</td></tr>
<tr><td>현재</td><td>복합과거</td><td>반과거</td><td>대과거</td></tr>
<tr><td>je sers<br>tu sers<br>il sert<br>elle sert<br>nous servons<br>vous servez<br>ils servent<br>elles servent</td><td>j'ai servi<br>tu as servi<br>il a servi<br>elle a servi<br>nous avons servi<br>vous avez servi<br>ils ont servi<br>elles ont servi</td><td>je servais<br>tu servais<br>il servait<br>elle servait<br>nous servions<br>vous serviez<br>ils servaient<br>elles servaient</td><td>j'avais servi<br>tu avais servi<br>il avait servi<br>elle avait servi<br>nous avions servi<br>vous aviez servi<br>ils avaient servi<br>elles avaient servi</td></tr>
<tr><td>단순과거</td><td>전과거</td><td>단순미래</td><td>전미래</td></tr>
<tr><td>je servis<br>tu servis<br>il servit<br>elle servit<br>nous servîmes<br>vous servîtes<br>ils servirent<br>elles servirent</td><td>j'eus servi<br>tu eus servi<br>il eut servi<br>elle eut servi<br>nous eûmes servi<br>vous eûtes servi<br>ils eurent servi<br>elles eurent servi</td><td>je servirai<br>tu serviras<br>il servira<br>elle servira<br>nous servirons<br>vous servirez<br>ils serviront<br>elles serviront</td><td>j'aurai servi<br>tu auras servi<br>il aura servi<br>elle aura servi<br>nous aurons servi<br>vous aurez servi<br>ils auront servi<br>elles auront servi</td></tr>
<tr><td colspan="2">조건법</td><td>접속법</td><td rowspan="2">명령법</td></tr>
<tr><td>현재</td><td>과거</td><td>현재</td></tr>
<tr><td>je servirais<br>tu servirais<br>il servirait<br>elle servirait<br>nous servirions<br>vous serviriez<br>ils serviraient<br>elles serviraient</td><td>j'aurais servi<br>tu aurais servi<br>il aurait servi<br>elle aurait servi<br>nous aurions servi<br>vous auriez servi<br>ils auraient servi<br>elles auraient servi</td><td>que je serve<br>que tu serves<br>qu'il serve<br>qu'elle serve<br>que nous servions<br>que vous serviez<br>qu'ils servent<br>qu'elles servent</td><td>sers<br>servons<br>servez</td></tr>
<tr><td>부정법 과거</td><td>현재분사</td><td>분사복합형</td><td>제롱디프</td></tr>
<tr><td>avoir servi</td><td>servant</td><td>ayant servi</td><td>en servant</td></tr>
<tr><td colspan="4">동일 변화 하는 동사</td></tr>
<tr><td colspan="4">desservir resservir</td></tr>
</table>

| suffire | | | |
|---|---|---|---|
| 직설법 | | | |
| 현재 | 복합과거 | 반과거 | 대과거 |
| je suffis<br>tu suffis<br>il suffit<br>elle suffit<br>nous suffisons<br>vous suffisez<br>ils suffisent<br>elles suffisent | j'ai suffi<br>tu as suffi<br>il a suffi<br>elle a suffi<br>nous avons suffi<br>vous avez suffi<br>ils ont suffi<br>elles ont suffi | je suffisais<br>tu suffisais<br>il suffisait<br>elle suffisait<br>nous suffisions<br>vous suffisiez<br>ils suffisaient<br>elles suffisaient | j'avais suffi<br>tu avais suffi<br>il avait suffi<br>elle avait suffi<br>nous avions suffi<br>vous aviez suffi<br>ils avaient suffi<br>elles avaient suffi |
| 단순과거 | 전과거 | 단순미래 | 전미래 |
| je suffis<br>tu suffis<br>il suffit<br>elle suffit<br>nous suffîmes<br>vous suffîtes<br>ils suffirent<br>elles suffirent | j'eus suffi<br>tu eus suffi<br>il eut suffi<br>elle eut suffi<br>nous eûmes suffi<br>vous eûtes suffi<br>ils eurent suffi<br>elles eurent suffi | je suffirai<br>tu suffiras<br>il suffira<br>elle suffira<br>nous suffirons<br>vous suffirez<br>ils suffiront<br>elles suffiront | j'aurai suffi<br>tu auras suffi<br>il aura suffi<br>elle aura suffi<br>nous aurons suffi<br>vous aurez suffi<br>ils auront suffi<br>elles auront suffi |
| 조건법 | | 접속법 | 명령법 |
| 현재 | 과거 | 현재 | |
| je suffirais<br>tu suffirais<br>il suffirait<br>elle suffirait<br>nous suffirions<br>vous suffiriez<br>ils suffiraient<br>elles suffiraient | j'aurais suffi<br>tu aurais suffi<br>il aurait suffi<br>elle aurait suffi<br>nous aurions suffi<br>vous auriez suffi<br>ils auraient suffi<br>elles auraient suffi | que je suffise<br>que tu suffises<br>qu'il suffise<br>qu'elle suffise<br>que nous suffisions<br>que vous suffisiez<br>qu'ils suffisent<br>qu'elles suffisent | suffis<br>suiffsons<br>suiffsez |
| 부정법 과거 | 현재분사 | 분사복합형 | 제롱디프 |
| avoir suffi | suffisant | ayant suffi | en suffisant |

| tenir | | | |
|---|---|---|---|
| 직설법 | | | |
| 현재 | 복합과거 | 반과거 | 대과거 |
| je tiens<br>tu tiens<br>il tient<br>elle tient<br>nous tenons<br>vous tenez<br>ils tiennent<br>elles tiennent | j'ai tenu<br>tu as tenu<br>il a tenu<br>elle a tenu<br>nous avons tenu<br>vous avez tenu<br>ils ont tenu<br>elles ont tenu | je tenais<br>tu tenais<br>il tenait<br>elle tenait<br>nous tenions<br>vous teniez<br>ils tenaient<br>elles tenaient | j'avais tenu<br>tu avais tenu<br>il avait tenu<br>elle avait tenu<br>nous avions tenu<br>vous aviez tenu<br>ils avaient tenu<br>elles avaient tenu |
| 단순과거 | 전과거 | 단순미래 | 전미래 |
| je tins<br>tu tins<br>il tint<br>elle tint<br>nous tînmes<br>vous tîntes<br>ils tinrent<br>elles tinrent | j'eus tenu<br>tu eus tenu<br>il eut tenu<br>elle eut tenu<br>nous eûmes tenu<br>vous eûtes tenu<br>ils eurent tenu<br>elles eurent tenu | je tiendrai<br>tu tiendras<br>il tiendra<br>elle tiendra<br>nous tiendrons<br>vous tiendrez<br>ils tiendront<br>elles tiendront | j'aurai tenu<br>tu auras tenu<br>il aura tenu<br>elle aura tenu<br>nous aurons tenu<br>vous aurez tenu<br>ils auront tenu<br>elles auront tenu |
| 조건법 | | 접속법 | 명령법 |
| 현재 | 과거 | 현재 | |
| je tiendrais<br>tu tiendrais<br>il tiendrait<br>elle tiendrait<br>nous tiendrions<br>vous tiendriez<br>ils tiendraient<br>elles tiendraient | j'aurais tenu<br>tu aurais tenu<br>il aurait tenu<br>elle aurait tenu<br>nous aurions tenu<br>vous auriez tenu<br>ils auraient tenu<br>elles auraient tenu | que je tienne<br>que tu tiennes<br>qu'il tienne<br>qu'elle tienne<br>que nous tenions<br>que vous teniez<br>qu'ils tiennent<br>qu'elles tiennent | tiens<br>tenons<br>tenez |
| 부정법 과거 | 현재분사 | 분사복합형 | 제롱디프 |
| avoir tenu | tenant | ayant tenu | en tenant |
| 동일 변화 하는 동사 | | | |
| appartenir convenir devenir entretenir maintenir parvenir soutenir se souvenir venir | | | |

| valoir | | | |
|---|---|---|---|
| 직설법 | | | |
| 현재 | 복합과거 | 반과거 | 대과거 |
| je vaux<br>tu vaux<br>il vaut<br>elle vaut<br>nous valons<br>vous valez<br>ils valent<br>elles valent | j'ai valu<br>tu as valu<br>il a valu<br>elle a valu<br>nous avons valu<br>vous avez valu<br>ils ont valu<br>elles ont valu | je valais<br>tu valais<br>il valait<br>elle valait<br>nous valions<br>vous valiez<br>ils valaient<br>elles valaient | j'avais valu<br>tu avais valu<br>il avait valu<br>elle avait valu<br>nous avions valu<br>vous aviez valu<br>ils avaient valu<br>elles avaient valu |
| 단순과거 | 전과거 | 단순미래 | 전미래 |
| je valus<br>tu valus<br>il valut<br>elle valut<br>nous valûmes<br>vous valûtes<br>ils valurent<br>elles valurent | j'eus valu<br>tu eus valu<br>il eut valu<br>elle eut valu<br>nous eûmes valu<br>vous eûtes valu<br>ils eurent valu<br>elles eurent valu | je vaudrai<br>tu vaudras<br>il vaudra<br>elle vaudra<br>nous vaudrons<br>vous vaudrez<br>ils vaudront<br>elles vaudront | j'aurai valu<br>tu auras valu<br>il aura valu<br>elle aura valu<br>nous aurons valu<br>vous aurez valu<br>ils auront valu<br>elles auront valu |
| 조건법 | | 접속법 | 명령법 |
| 현재 | 과거 | 현재 | |
| je vaudrais<br>tu vaudrais<br>il vaudrait<br>elle vaudrait<br>nous vaudrions<br>vous vaudriez<br>ils vaudraient<br>elles vaudraient | j'aurais valu<br>tu aurais valu<br>il aurait valu<br>elle aurait valu<br>nous aurions valu<br>vous auriez valu<br>ils auraient valu<br>elles auraient valu | que je vaille<br>que tu vailles<br>qu'il vaille<br>qu'elle vaille<br>que nous valions<br>que vous valiez<br>qu'ils vaillent<br>qu'elles vaillent | vaux<br>valons<br>valez |
| 부정법 과거 | 현재분사 | 분사복합형 | 제롱디프 |
| avoir valu | valant | ayant valu | en valant |
| 동일 변화 하는 동사 | | | |
| équivaloir revaloir | | | |

| venir | | | |
|---|---|---|---|
| 직설법 | | | |
| 현재 | 복합과거 | 반과거 | 대과거 |
| je viens<br>tu viens<br>il vient<br>elle vient<br>nous venons<br>vous venez<br>ils viennent<br>elles viennent | je suis venu(e)<br>tu es venu(e)<br>il est venu<br>elle est venue<br>nous sommes venu(e)s<br>vous êtes venu(e)(s)(es)<br>ils sont venus<br>elles sont venues | je venais<br>tu venais<br>il venait<br>elle venait<br>nous venions<br>vous veniez<br>ils venaient<br>elles venaient | j'étais venu(e)<br>tu étais venu(e)<br>il était venu<br>elle était venue<br>nous étions venu(e)s<br>vous étiez venu(e)(s)(es)<br>ils étaient venus<br>elles étaient venues |
| 단순과거 | 전과거 | 단순미래 | 전미래 |
| je vins<br>tu vins<br>il vint<br>elle vint<br>nous vînmes<br>vous vîntes<br>ils vinrent<br>elles vinrent | je fus venu(e)<br>tu fus venu(e)<br>il fut venu<br>elle fut venue<br>nous fûmes venu(e)s<br>vous fûtes venu(e)(s)(es)<br>ils furent venus<br>elles furent venues | je viendrai<br>tu viendras<br>il viendra<br>elle viendra<br>nous viendrons<br>vous viendrez<br>ils viendront<br>elles viendront | je serai venu(e)<br>tu seras venu(e)<br>il sera venu<br>elle sera venue<br>nous serons venu(e)s<br>vous serez venu(e)(s)(es)<br>ils seront venus<br>elles seront venues |
| 조건법 | | 접속법 | 명령법 |
| 현재 | 과거 | 현재 | |
| je viendrais<br>tu viendrais<br>il viendrait<br>elle viendrait<br>nous viendrions<br>vous viendriez<br>ils viendraient<br>elles viendraient | je serais venu(e)<br>tu serais venu(e)<br>il serait venu<br>elle serait venue<br>nous serions venu(e)(s)(es)<br>vous seriez venu(e)(s)(es)<br>ils seraient venus<br>elles seraient venues | que je vienne<br>que tu viennes<br>qu'il vienne<br>qu'elle vienne<br>que nous venions<br>que vous veniez<br>qu'ils viennent<br>qu'elles viennent | viens<br>venons<br>venez |
| 부정법 과거 | 현재분사 | 분사복합형 | 제롱디프 |
| être venu | venant | étant venu | en venant |
| 동일 변화 하는 동사 | | | |
| appartenir contenir devenir entretenir maintenir parvenir soutenir se souvenir tenir | | | |

| vivre | | | |
|---|---|---|---|
| 직설법 | | | |
| 현재 | 복합과거 | 반과거 | 대과거 |
| je vis<br>tu vis<br>il vit<br>elle vit<br>nous vivons<br>vous vivez<br>ils vivent<br>elles vivent | j'ai vécu<br>tu as vécu<br>il a vécu<br>elle a vécu<br>nous avons vécu<br>vous avez vécu<br>ils ont vécu<br>elles ont vécu | je vivais<br>tu vivais<br>il vivait<br>elle vivait<br>nous vivions<br>vous viviez<br>ils vivaient<br>elles vivaient | j'avais vécu<br>tu avais vécu<br>il avait vécu<br>elle avait vécu<br>nous avions vécu<br>vous aviez vécu<br>ils avaient vécu<br>elles avaient vécu |
| 단순과거 | 전과거 | 단순미래 | 전미래 |
| je vécus<br>tu vécus<br>il vécut<br>elle vécut<br>nous vécûmes<br>vous vécûtes<br>ils vécurent<br>elles vécurent | j'eus vécu<br>tu eus vécu<br>il eut vécu<br>elle eut vécu<br>nous eûmes vécu<br>vous eûtes vécu<br>ils eurent vécu<br>elles eurent vécu | je vivrai<br>tu vivras<br>il vivra<br>elle vivra<br>nous vivrons<br>vous vivrez<br>ils vivront<br>elles vivront | j'aurai vécu<br>tu auras vécu<br>il aura vécu<br>elle aura vécu<br>nous aurons vécu<br>vous aurez vécu<br>ils auront vécu<br>elles auront vécu |
| 조건법 | | 접속법 | 명령법 |
| 현재 | 과거 | 현재 | |
| je vivrais<br>tu vivais<br>il vivrait<br>elle vivrait<br>nous vivrions<br>vous vivriez<br>ils vivraient<br>elles vivraient | j'aurais vécu<br>tu aurais vécu<br>il aurait vécu<br>elle aurait vécu<br>nous aurions vécu<br>vous auriez vécu<br>ils auraient vécu<br>elles auraient vécu | que je vive<br>que tu vives<br>qu'il vive<br>qu'elle vive<br>que nous vivions<br>que vous viviez<br>qu'ils vivent<br>qu'elles vivent | vis<br>vivons<br>vivez |
| 부정법 과거 | 현재분사 | 분사복합형 | 제롱디프 |
| avoir vécu | vivant | ayant vécu | en vivant |
| 동일 변화 하는 동사 | | | |
| revivre survivre | | | |

| voir | | | |
|---|---|---|---|
| 직설법 | | | |
| 현재 | 복합과거 | 반과거 | 대과거 |
| je vois<br>tu vois<br>il voit<br>elle voit<br>nous voyons<br>vous voyez<br>ils voient<br>elles voient | j'ai vu<br>tu as vu<br>il a vu<br>elle a vu<br>nous avons vu<br>vous avez vu<br>ils ont vu<br>elles ont vu | je voyais<br>tu voyais<br>il voyait<br>elle voyait<br>nous voyions<br>vous voyiez<br>ils voyaient<br>elles voyaient | j'avais vu<br>tu avais vu<br>il avait vu<br>elle avait vu<br>nous avions vu<br>vous aviez vu<br>ils avaient vu<br>elles avaient vu |
| 단순과거 | 전과거 | 단순미래 | 전미래 |
| je vis<br>tu vis<br>il vit<br>elle vit<br>nous vîmes<br>vous vîtes<br>ils virent<br>elles virent | j'eus vu<br>tu eus vu<br>il eut vu<br>elle eut vu<br>nous eûmes vu<br>vous eûtes vu<br>ils eurent vu<br>elles eurent vu | je verrai<br>tu verras<br>il verra<br>elle verra<br>nous verrons<br>vous verrrez<br>ils verront<br>elles verront | j'aurai vu<br>tu auras vu<br>il aura vu<br>elle aura vu<br>nous aurons vu<br>vous aurez vu<br>ils auront vu<br>elles auront vu |
| 조건법 | | 접속법 | 명령법 |
| 현재 | 과거 | 현재 | |
| je verrais<br>tu verrais<br>il verrait<br>elle verrait<br>nous verrions<br>vous verrriez<br>ils verraient<br>elles verraient | j'aurais vu<br>tu aurais vu<br>il aurait vu<br>elle aurait vu<br>nous aurions vu<br>vous auriez vu<br>ils auraient vu<br>elles auraient vu | que je voie<br>que tu voies<br>qu'il voie<br>qu'elle voie<br>que nous voyions<br>que vous voyiez<br>qu'ils voient<br>qu'elles voient | vois<br>voyons<br>voyez |
| 부정법 과거 | 현재분사 | 분사복합형 | 제롱디프 |
| avoir vu | voyant | ayant vu | en voyant |
| 동일 변화 하는 동사 | | | |
| entrevoir revoir | | | |

| vouloir | | | |
|---|---|---|---|
| 직설법 | | | |
| 현재 | 복합과거 | 반과거 | 대과거 |
| je veux | j'ai voulu | je voulais | j'avais voulu |
| tu veux | tu as voulu | tu voulais | tu avais voulu |
| il veut | il a voulu | il voulait | il avait voulu |
| elle veut | elle a voulu | ellevoulait | elle avait voulu |
| nous voulons | nous avons voulu | nous voulions | nous avions voulu |
| vous voulez | vous avez voulu | vous vouliez | vous aviez voulu |
| ils veulent | ils ont voulu | ils voulaient | ils avaient voulu |
| elles veulent | elles ont voulu | elles voulaient | elles avaient voulu |
| 단순과거 | 전과거 | 단순미래 | 전미래 |
| je voulus | j'eus voulu | je voudrai | j'aurai voulu |
| tu voulus | tu eus voulu | tu voudras | tu auras voulu |
| il voulut | il eut voulu | il voudra | il aura voulu |
| elle voulut | elle eut voulu | elle voudra | elle aura voulu |
| nous voulûmes | nous eûmes voulu | nous voudrons | nous aurons voulu |
| vous voulûtes | vous eûtes voulu | vous voudrez | vous aurez voulu |
| ils voulurent | ils eurent voulu | ils voudront | ils auront voulu |
| elles voulurent | elles eurent voulu | elles voudront | elles auront voulu |
| 조건법 | | 접속법 | 명령법 |
| 현재 | 과거 | 현재 | |
| je voudrais | j'aurais voulu | que je veuille | |
| tu voudrais | tu aurais voulu | que tu veuilles | |
| il voudrait | il aurait voulu | qu'il veuille | |
| elle voudrait | elle aurait voulu | qu'elle veuille | veuille |
| nous voudrions | nous aurions voulu | que nous voulions | veuillons |
| vous voudriez | vous auriez voulu | que vous vouliez | veuillez |
| ils voudraient | ils auraient voulu | qu'ils veuillent | |
| elles voudraient | elles auraient voulu | qu'elles veuillent | |
| 부정법 과거 | 현재분사 | 분사복합형 | 제롱디프 |
| avoir voulu | voulant | ayant voulu | en voulant |